华中农业大学公共管理学院学科建设经费资助

公共政策与社会治理论丛

农村综合信息服务：供求分析、模式设计与制度安排

蒋 勇 罗利平/著

科学出版社

北 京

内 容 简 介

　　本书是一部深入探讨农村综合信息服务的著作。全书在组建农村综合信息服务的理论分析框架基础上，利用对湖北省农村综合信息服务客体与主体的调研数据，分析其供求特征和均衡状态，测算客体对信息服务的支付能力与支付意愿，评价主体信息服务供给的客体满意度和供给效率；对国内外典型农村综合信息服务模式予以分类剖析，得出经验性借鉴与启示，形成理论性结论，设计出符合我国国情的农村综合信息服务的逻辑模式与运营机制；在这一模式架构下分析相关利益主体的博弈行为与均衡可能，构建有效的运作机制与制度。

　　本书可为农村信息服务研究者提供理论借鉴，为农村信息服务工作者提供实践参考，也可作为高等院校农村信息服务、农村信息化、公共管理和信息管理等相关领域和专业的教学参考用书。

图书在版编目（CIP）数据

农村综合信息服务：供求分析、模式设计与制度安排 / 蒋勇，罗利平著.
—北京：科学出版社，2018.2

（公共政策与社会治理论丛）

ISBN 978-7-03-056554-9

Ⅰ. ①农⋯　Ⅱ. ①蒋⋯ ②罗⋯　Ⅲ. ①农村-信息服务业-研究-中国　Ⅳ.
①F320.1

中国版本图书馆 CIP 数据核字（2018）第 028677 号

责任编辑：邓　娴 / 责任校对：贾娜娜
责任印制：吴兆东 / 封面设计：无极书装

科学出版社 出版
北京东黄城根北街 16 号
邮政编码：100717
http://www.sciencep.com

北京京华虎彩印刷有限公司 印刷
科学出版社发行　各地新华书店经销

*

2018 年 2 月第 一 版　开本：720×1000 B5
2018 年 2 月第一次印刷　印张：15
字数：292 000

定价：**102.00 元**
（如有印装质量问题，我社负责调换）

"公共政策与社会治理论丛"总序

公共管理学科是管理学、经济学、政治学、法学和社会学等相关学科交叉而形成的一门应用型学科。自从 20 世纪 20 年代引进我国以后，特别是中华人民共和国成立、改革开放以来，公共管理理论与方法得到了长足的发展。国家治理体系、社会组织与社会治理能力、国家发展与国际竞争战略、能源、资源、环境与可持续发展战略、人口、卫生与社会保障、公共安全与危机管理、创新体系与公共政策成为国际公共管理学科普遍关注的重大课题。随着我国经济社会转型，政府法制化建设、政府职能转变、公共部门和非营利组织的发展，公共管理理论与方法研究已经在国家体制机制改革、政府和社会治理能力建设、改善民生中发挥着越来越重要的作用。

华中农业大学公共管理学科有近 60 年的历史。1961 年创办了全国第二个公共管理本科专业（土地资源管理）；1987 年获得全国第一个公共管理类硕士点（土地资源管理）；1996 年获得全国农业院校第一个教育经济与管理硕士点；2003 年获得全国第三批土地资源管理博士点；2005 年获得公共管理一级硕士点；2012 年获得公共管理博士后流动站；2015 年开始招收行政管理专业本科生。2018 年获得公共管理一级博士点。经过近 60 年，在几代华农公共管理人的不懈努力下，华中农业大学已经成为中国公共管理本科、硕士、博士和博士后教育体系齐全的人才培养重要基地。

华中农业大学 1960 年建立土地规划系；1996 年成立土地管理学院；2013 年土地管理学院从经济管理学院独立出来与高等教育研究所组成公共管理学院。经过近 60 年的研究积累，已经形成了行政管理与乡村治理、公共政策与社会服务、土地资源管理和教育经济管理等四个稳定的研究方向。近年来主持教育部哲学社会科学重大课题攻关项目 1 项，国家自然科学基金项目 36 项，国家社会科学基金项目 21 项，教育部人文社会科学基金、博士点基金项目 20 项，中国博士后科学基金项目 15 项。

华中农业大学公共管理学科在兄弟院校同行的大力支持下，经过学科前辈的艰苦奋斗，现在已经成为中国有影响力的、重要的人才培养、社会服务、科学研究基地。《县级政府基本公共服务质量管理体系研究》《新型城镇化进程中的县域合作治理研究》《典型治理——基于联系点制度运作的分析》《基于信任的网络社区口碑信息传播模式及其演化研究》《农村综合信息服务：供求分析、模式设计与制度安排》《研究生全面收费的政策分析：目标、限度与改进》《城市垃圾治理中的公众参与研究》《房地产市场与股票市场的关联性研究——基于政府治理的视角》《城市弱势群体住房保障制度研究》等为华中农业大学公共管理学科教师承担的国家自然科学基金、国家社会科学基金和教育部人文社会科学基金项目的部分研究成果，组成"公共政策与社会治理论丛"。

　　"公共政策与社会治理论丛"的出版，一来是对我们过去在四个研究方向所取得的研究成果的阶段性总结；二来是求教、答谢多年来关心、支持华中农业大学公共管理学科发展的领导、前辈、国内同行和广大读者。

张安录

2018 年 1 月 20 日

前　　言

信息与物质、能量被视为现代经济社会发展的三大资源，随着信息技术（information technology，IT）的飞速发展，信息产业已成为发达国家国民经济的主导产业，其向其他产业部门的渗透效益日益明显，信息资源对物质和能量消耗的替代效应成为信息经济时代追求低碳排放与可持续发展的重要路径。农村经济社会的发展也同样受益于信息化进程，极大地加速了其由传统农业向现代农业转变的过程。农村综合信息作为其中极为活跃的投入要素，通过对其他各要素的有序组织和有效协调，实现整体效益与效用的增值。农村综合信息服务（rural integrated information services，RIIS）是农村信息化最为基础的核心内容，构成达到这些目标的必要条件。

农业、农村和农民问题一直是困扰我国国民经济与社会发展的最突出问题。而从信息经济和信息社会的视角分析，农村综合信息服务滞后是当前制约这一问题解决的瓶颈之一。事实上，自 2004 年以来，我国连续出台 9 个中央一号文件关注农业农村信息化，党的十八报告进一步提出"促进工业化、信息化、城镇化和农业现代化同步发展"，都对农村综合信息服务给予了持续的重视，农村综合信息服务也取得了长足的进步。但随着市场经济的快速成长，一方面是农村经济社会对农村综合信息的依赖性越来越强，对信息的质量和数量要求越来越高；另一方面是农村综合信息资源（从信息、技术、人才到制度）配置的无序乃至缺失，导致现有的农村综合信息对促进农业生产力、提高农村生活水平和提升农民个人发展能力的作用仍相当有限。

本书运用"三农"理论、信息传播理论、信息管理理论和信息经济理论，以农村综合信息服务为研究对象，在调研农村综合信息服务供需状况的基础上，借鉴国内外农村综合信息服务模式的经验，设计适合我国农村经济社会发展特征的农村综合信息服务的逻辑性模式，并做出制度性安排，对农村综合信息资源强化现代农业基础、推进社会主义新农村建设、统筹城乡发展提供战略支撑具有非常积极的现实意义。本书的创新和贡献有以下三点：①基于农村综合信息服务主、客体的调查数据，全面分析农村综合信息服务的供需特征和均衡状态。从某个视角分别研究农业或农村的信息供给或需求的成果比较丰富，但将二者纳入一个体系，详细分析其供需特征的研究较为少见。本书使用扩展线支出系统（extended linear expenditure system，ELES）和 Logit 模型估计客体对农村综合信息服务的支付能力与支付意愿，对纯信息服务和依附性信息服务的划分与供给具有启示性意义；而运用结构方程模型（structural equation model，SEM）、数据包络分析（data envelopment analysis，DEA）、Tobit 模型测评农村综合信息服务供给的客体满意度和主体效率则是一种探索性尝试。②在系统总结国内外农村综合信息服务模式的基础上，对农村综合信息服务做了理论性归纳，进而设计出农村综合信息的"两级集散＋三级服务"模式及其运营机制。现有的研究多集中于某个国家或地区农村信息服务成功模式的分析与借鉴，很少对国内外农村综合信息服务模式做系统、规范的剖析和比较，并衍生出理论性结论，本书在这一方面具有一定的创新性；而最终设计的农村综合信息服务的逻辑模式及其运营机制则是一项开创性的研究。③根据农村综合信息服务模式，对相关参与方进行博弈模型的构建与分析，提出农村综合信息服务体系得以可持续发展的机制设计与制度安排。事实上，运用博弈理论与方法分析农村综合信息服务利益关联方的行为和均衡的研究很少，本书基于模式设计基础上的博弈分析与机制设计显然是这种创新性探究的进一步延展。

本书在明确农村综合信息服务的相关概念和理论支撑的基础上，从宏观层面简要回顾我国农村综合信息服务的历史变迁，从微观层面合理解释本书的基本假设和调研设计，重点阐述了以下几个问题。

（1）农村综合信息服务的需求分析。根据理论指导和农村综合信息服务客体的调查数据，详细剖析影响农村综合信息服务需求的三个主要因素：客体的个体特征、自然资源禀赋和社会经济发展，以及信息服务的可及性。分析了包含信息需求表述，对信息服务主体、服务技术或手段的选择，信息的获取、加工、吸收和利用在内的客体农村综合信息服务需求行为的整个过程。测度客体对农村综合信息服务的支付能力和支付意愿，认为大多数对农村综合信息服务具有支付能力，但其支付意愿会受到诸多因素影响。

（2）农村综合信息服务的供给分析。在理论支持与农村综合信息服务主体调查数据的基础上，描绘农村综合信息服务供给的一般过程，并深入解析影响这一过程实现的三个核心要素：主体特征、服务成本和服务模式。从客体对主体提供农村综合信息服务的满意度和主体农村综合信息服务的供给效率两个视角对当前农村综合信息服务的供给做出评价，发现满意度并不理想，供给效率和对"三农"的贡献率也普遍偏低。与上一问题的分析相结合，本书认为，农村综合信息服务仍处于低水平的供需均衡，表现为有效需求和有效供给均相对不足。

（3）国内外典型农村信息服务模式的经验启示。在世界范围内选取 8 个主要发达国家和 5 个综合实力较强的发展中国家，对其农村信息服务模式做深入剖析、描述和总结，认为发达国家的农村信息服务模式既特色鲜明，又有共性内容；而发展中国家农村经济社会相对贫困与落后，农村信息服务模式的实践中存在诸多值得注意的问题。对我国东、中、西部地区典型农村信息服务模式的分析表明，尽管我国面临着与其他发展中国家类似的情况，但各地根据自身资源禀赋和经济社会发展状况，借力农村信息化的进程，形成了各具亮点的信息服务模式。

（4）农村综合信息服务模式的设计与运营。根据前面的研究结论，进一步对农村综合信息服务模式设计中的客体与信息需求、主体与信息供给、服务的技术手段与运营机制做理性分析与总结，设计出两级信息集散、三级信息服务的全新农村综合信息服务模式，并详细阐述其概念结构与工作原理、逻辑结构与运营机制。

（5）农村综合信息服务的博弈分析与体系构建。在模式设计的基础上，对农村综合信息服务中的相关利益参与方建立博弈模型，分析其博弈行为、预期收益和可能的结果与均衡，寻求合理的制度安排。结合农村综合信息服务体系构建的理论架构，设计体系可持续发展的投资与利益分配机制、组织与管理协调机制。

由于作者水平有限，书中难免存在不足之处，望读者批评指正。

作　者

2017 年 9 月 9 日

目　　录

第1章 导 论

1.1 选题背景、目的和意义

1.1.1 选题背景

第三次科技革命后，随着信息技术的迅猛发展，信息已经成为现代经济增长的决定性要素，同时也是现代社会的一种重要资源。发达国家早在20世纪90年代就开始抢占信息高地，进入21世纪后，更是将信息提升到与能源同等重要的战略地位。美、日、欧等发达国家或地区采取了各种措施推进信息资源的开发和利用。我国中共中央办公厅、国务院办公厅在2004年就发布了《关于加强信息资源开发利用工作的若干意见》。尽管信息产业起步较晚，但与国外相比我国在信息开发与利用上具有一定的后发优势。

在解决"三农"问题上，信息已成为农业经济增长的新要素、农民增收的新源泉、新农村建设的新动力。党和国家早已预见农业信息化的重要战略意义。早在1994年"国家经济信息化联席会议"第三次会议上就提出了"建立农业综合管理和服务信息系统"的"金农"工程。该工程提出十余年以后，我国农业信息化建设再次提速。2007年，中央一号文件在"推进农业科技创新，强化建设现代农业的科技支撑"中提出："用信息技术装备农业，对于加速改造传统农业具有重要意义。健全农业信息收集和发布制度，整合涉农信息资源，推动农业信息数据收集整理规范化、标准化。加强信息服务平台建设，深入实施'金农'工程，建立国家、省、市、县四级农业信息网络互联中心。加快建设一批标准统一、实用性强的公用农业数据库。加强农村一体化的信息基础设施建设，创新服务模式，启动农村信息化示范工程。"2008年，中央一号文件在"着力强化农业科技和服务体系基本支撑"中提出："积极推进农村信息化。按照求实效、重服务、广覆盖、多模式的要求，整合资源，共建平台，健全农村信息服务体系。健全农业信息收集和发布制度，为农民和企业提供及时有效的信息服务。"

2013年，中央一号文件再次提出"必须统筹协调，促进工业化、信息化、城镇化、农业现代化同步发展，着力强化现代农业基础支撑"。进一步提升了农业领域信息化的战略高度。在"构建农业社会化服务新机制，大力培育发展多元服务主体"中提出"加快用信息化手段推进现代农业建设，启动"金农"工程二期，推动国家农村信息化试点省建设"。据中国互联网络信息中心（China Internet Network Information Center，CNNIC）发布的《第 23 次中国互联网络发展状况统计报告》显示，2008 年，从我国网民的城乡结构来看，农村网民规模已达到 8460 万人。在互联网高速地向农村地区渗透的同时网络也已经成为农民的一个重要工具。未来互联网将成为提升农村综合信息服务质量水平的物质基础。随着电视、网络等媒介在农村地区的普及，绝大部分农村地区具备了基本的信息化硬件设施。但是调查发现农村综合信息服务在供求方面依旧存在很多问题。例如，提供综合信息服务时，现代硬件设施利用率较低，农村信息资源的供给不能满足农户的个性化需求，农村信息资源未得到较好的整合，农村信息资源传输不通畅，缺乏对综合信息服务的评价指标体系和科学方法。以上问题使农业信息应用效果大打折扣。在这一背景下，如何设计一套合理的农村综合信息服务模式以便有效地利用现有的基础设施和现代信息技术为广大农户提供高效便捷、简明直观、双向互动的服务呢？这也是本书需要回答的现实问题。

1.1.2　选题目的

本书运用"三农"理论、信息传播理论、信息管理学和信息经济学的方法来研究我国农村综合信息服务的供求情况，并在总结和借鉴国内、外农村综合信息服务模式及其经验的基础上，设计了适合我国国情的农村综合信息服务模式，分析了该模式的逻辑结构和运行机制，在博弈分析的基础上构建了农村综合信息服务体系。研究目的是发现农村综合信息服务供求之间存在的主要矛盾和信息流运动的基本经济规律，通过抓住主要矛盾来探索农村综合信息服务体系中信息服务主体、客体、技术手段和运行机制之间的关系。进而设计出更好的农村综合信息服务的模式以提高农业信息"源""流""用"之间的循环效率，使农村信息要素更好地增值。最终实现有效的利用现有的基础设施和现代信息技术为广大农户提供高效便捷、简明直观、双向互动服务的目标。

1.1.3　选题意义

研究农村综合信息服务，既有促进城乡统筹发展、破解"三农"问题的实际意义，也为农业现代化建设提供理论支撑。

第一，有助于推进城乡统筹发展。农村综合信息服务是统筹城乡发展的重要内容。增加对农村地区信息要素的供给，有助于弥补城乡信息鸿沟，从而形成对统筹城乡战略任务的有力支持。加快农村信息化建设，可以提高农村地区的生产效率，增加农业剩余，增强乡镇企业活力，从而促进新型城镇化进程的快速发展并早日实现城乡融合。

第二，有利于破解"三农"问题。农村综合信息服务是加快农业信息化和现代化建设的重要途径，是维护广大农民利益的有效手段，是促进农村地区和谐发展的重大举措。用信息技术建设数字化农业、智能化农业、精准化农业可减少农业生产中的消耗，在降低成本的同时提高农业生产效益，促进农业产业结构优化升级；在农村地区开展信息化服务，帮助农户有效地化解小生产与大市场的矛盾，合理地规避市场风险和自然风险，同时让农民更好地掌握各种政策信息和经济信息，可以有效地维护农民自身的合法权益；农村综合信息服务的发展有利于促进城乡信息合理传递、互动和交换，也有利于开拓农村市场和提升农村发展的速度。

第三，为农业现代化提供理论支撑。在农业现代化建设中，理论发展明显滞后于实践的需要。随着科技的进步，农业现代化的主要内涵不仅体现在机械化上，更多地体现在信息基础的数字化、精准化和智能化上。尽管最近几年越来越多的学者开始关注中国农业的信息化，但是尚缺乏重大突破性的成果，研究还有待进一步深化。在研究中需要进一步总结各地区信息化实践过程中出现的典型案例，也需要在研究方法上有所改进。在这种背景下研究我国农村综合信息服务问题，提出可操作性强的对策建议，形成一套具有指导意义的理论分析体系，以期为我国农业现代化提供一个理论支撑。

1.2　国内外研究进展

1. 农村综合信息服务需求及获取途径分析

现有文献表明国内外普遍存在农民或农业组织对信息服务需求得不到很好满足的现象。Anwar 和 Supaat（1998）分析了马来西亚农村居民对信息服务的需求。研究表明需求量排在前五位的信息分别为宗教信息、家族信息、时事、健康信息、教育信息。居民获取信息目的排在前五位的是成就感、解决问题、自我发展、家族和睦、工作。获取信息的途径排在前五位的是电视或电台、朋友或邻居、印刷材料、城市中的亲属、学校图书馆。国际农业图书馆和文献工作者协会（International Association of Agricultural Libraries and Documentalists，IAALD）2006 年调查研究了加纳共和国一些农业代理机构对农业信息的需求及其搜寻信息的行为。这些机构远离信息源，交易费用过高导致其在搜寻信息时不愿付出太多努力，从而造成了信息需求和供给的矛盾。Duram 和 Larson（2001）通过调查指出 1988～1996 年美国农业部实施的可持续农业研究和教育项目并没有很好地满足农民的信息需求。Mooko（2005）研究了非洲博茨瓦纳的农村妇女的信息需求。导致农村妇女搜寻信息的主要动因有家庭基本需求、农业生产、雇佣关系和家庭暴力等，信息内容涉及政府救助、财政补贴、政策和培训等，而信息的来源主要有村庄的医护人员、政府官员、农村的其他妇女、村落的领袖等。Byamugisha 等（2008）研究了乌干达坎帕拉地区农民搜寻信息及使用信息的行为。研究表明在这一地区，人们在搜寻信息和使用信息时最常用方式为口述，但是农业研究机构、公共研究机构、大学图书馆和非政府组织所提供的信息往往以印刷物或电子信息形式存在，这增加了农民搜寻和利用信息的交易费用。Zhang 和 Yu（2009）分析了中国农村居民的信息需求及获取路径。该研究表明，中国农村居民对农业技术信息、市场信息、收入信息以及政策信息等有着广泛的需求，而人们主要通过人际关系来获取这些所需的信息。Diekmann 等（2009）发现印刷品仍旧是俄亥俄州农民获取信息的最主要途径，其次是人际间的交谈和广播，而电子媒介排在最后。

从 2004 年开始，我国政府就"三农"问题连续发布 6 个一号文件，其中都有对农村信息化与信息服务方面的强调和部署，推动了我国学者对农村信息服务及其相关问题的研究。其中，谭英（2004）对 12 个省市的 18 个县市，总计 730 份问卷做了统计、分析，在农业政策传播过程中，效果优劣顺序依次为印发农业政策的资料、组织培训、广播、电视和人际传播；其中，电子媒介传播效果欠佳，报纸传播效果不理想，大众传播媒介在及时性方面起重要作用，而组织传播渠道的传达和培训、人际传播渠道的交流探讨则起强化作用。韩军辉和李艳军（2005）通过问卷调查，发现湖北省谷城县农户获知种子信息的重要渠道是广播电视宣传、政府或村委会宣传。王崇桃等（2005）对我国 5 个玉米生产省的 14 个市、县的 1220 户农户的调查表明，当前农户主要通过农技人员田间指导、新闻媒体和邻里的示范效应来获取农业技术；不同地区农户选择技术来源渠道存在极显著差异；农技人员深入生产一线进行技术指导，培育科技示范户是加速农业技术推广的有效途径。周爱军（2006）研究了我国农村居民对科技信息的需求，发现我国农村基层用户对农村科技信息需求较大，并呈现不断上升趋势，涉农管理及技术部门需求的信息主要为农业技术（100%）、品种信息（90.8%）、市场信息（89.7%）。农户需求的信息主要为农业技术（73.7%）和农村生活（70.6%），科技图书期刊（83.9%）、网络（70.1%）是基层涉农管理及技术部门获得农村科技信息的主要方式。电视（50.4%）和报纸（40.5%）是农户获取农村科技信息来源的最主要渠道。符刚和林晓艳（2010）调查研究了四川省青白江地区农户的信息成本及其行为。研究发现农户的信息意识粗浅、收集信息的成本过高、抗信息风险能力较弱、有效信息需求水平偏低、信息的生产使用价值难以实现、信息获取渠道单一、信息传导机制不健全。

2. 农村综合信息服务供给分析

通常认为农村综合信息服务属于公共服务，供给主体应该是政府部门。学术界主要探讨了公共服务供给的满意度（朱玉春等，2010；唐娟莉等，2011）和公共品的供给效率（周思勤和陈礼芳，2010；刘天军等，2012）。Pick（2003）指出政府应该在农业领域制定标准和行业规范并提供担保来降低因某一方信息不充分而导致的市场低效运行。但也有学者认为随着农村经济体制改革的深化，单纯依靠无偿的农业信息服务将难以适应市场经济的需要，也难以向农户提供更加个性化的服务并提出了农业信息有偿服务的设想（蒋勇等，2010）。

也有学者研究了信息服务供给中存在的问题并提出了自己的见解。许鹿和邱珍（2009）调查了贵州六枝特区农村农业科技信息服务的供给情况。发现信息服务供给过程中主要存在的问题为缺乏公平性、信息供给主体单一、供给和需求不一致以及农民对信息服务认识不足。蔡璐和伍艺（2009）认为在农村公共文化信息服务供给过程中应该将网络媒介作为基础。何德华和鲁耀斌（2009）研究了信息服务供给过程中农户接受移动信息服务的行为，检验了成本、信任、满意、绩效期望、努力期望和社会影响及便利条件在农户接受移动信息服务行为中的作用，并发现"满意"对接受移动信息服务的使用意向起中介作用，而成本越高，使用移动服务的行为预期越低。Hueth 和 Marcoul（2006）研究了农业中介组织在信息共享过程中的囚徒困境问题，并指出了均衡解的经济含义。Evans（1992）研究了农户在获取农业信息时遇到的问题，指出信息政策的变动和经济压力会影响农户获取信息的数量与质量。

3. 农村综合信息服务的模式和机制研究

世界各国对农村信息服务模式和机制的研究及实践表现为模式设计的多样性与适用性、运行机制和制度安排的实效性，例如，Harris 和 Hannah（1993）、Vavrek（1995）分析了以农村图书馆为基础的综合性信息服务机构模式在美国、英国等发达国家的实施情况，并为很多发展中国家所借鉴；Kaniki（1988）在对南非考察的基础上提出的综合性农村信息资源中心模式，在印度也得到了较好的发展。农村经济发展和技术进步又要求信息服务模式不断革新与完善，各国学者对此积极探索。发达国家的研究侧重于服务质量和效果，Singh 和 Lauckner（2003）拓展了对农业信息产品和服务效果的评价；Lowe（2003）对加拿大农业信息服务分析发现，基于 Web 的信息服务存在明显优势；Just 等（2006）探讨了信息格式对美国农业信息服务的影响。在发展中国家，例如，Shatberashvili 和 Maru（2008）对中亚五国和高加索地区农业信息服务模式的分析，由于资金、技术和教育培训的缺乏，面向农户的信息服务仍处于初级阶段，Mubangizi 等（2005）对乌干达共和国的调查认为，农业信息服务私营部门面临机遇和挑战，应重视网络和客户关系的重要性；Parikh（2007）设计了发展中国家农村地区基于移动电话的信息服务模式及软件框架。

我国学者对农村信息服务系统或模式等相关问题的研究，主要涵盖三方面的内容：①农村（业）信息服务系统和平台开发，例如，任明艳（2006）设计了可供自动信息查询服务和人工坐席服务的农业信息服务系统；徐先文（2008）构建了农村综合信息服务平台。②农村（业）信息服务模式和体系的结构、功能、机制和保障措施研究，例如，李道亮（2007）系统探索了基层农业信息服务体系建设，力求解决"最后一公里"问题；王文生（2007）则深入分析了我国农村信息化服务模式和机制。③农村（业）信息服务能力、效果评价和制约因素分析，例如，庄传礼等评价了基层农业信息服务能力；于良芝等（2007）调查了农村信息服务效果及其制约因素；杨木容（2011）重点研究了中央政府各级部门、农村组织和档案、公共图书馆系统的"三农"政策信息服务模式。

实践中，部分地区形成了特色鲜明的农村信息服务模式和运行体系，例如，湖北省英山县、浙江省衢州市、河南省三门峡市等地政府推动的农村信息服务模式；广西壮族自治区田阳县各专业协会、广东温氏食品集团股份有限公司、北京新发地农产品批发市场等社会参与的农村信息服务模式。按照信息服务的组织主体，可以将农村信息服务组织模式分为政府主导、协会组织协调、科研教育系统与专业学会培训研讨模式、农业传媒的立体宣传模式、农村合作经济组织模式、示范户带动模式、企业投资拉动模式、"生产企业+农资经销商+农户"的完全市场经济组织模式（陈立平，2006）。根据信息服务的组织模式不同，可以将农业科技信息服务模式划分为"政府+农户""政府+协会+农户""政府+企业+农户""政府+协会+企业+农户""企业+农户"等几种主要模式（张博，2007）。廖桂平等（2012）针对城乡数字化鸿沟和现有多层管理服务体系不能很好地为"三农"提供一体化和一站式的信息服务等问题，提出了"两端两网"扁平化农业农村信息服务模式。从渠道扁平化、网络一体化、资源共享化、服务高效化、传递及时化和机制务实化等方面，分析了"两端两网"的特征。"两端两网"扁平化信息服务模式，为省级层面的信息服务提供了一个解决方案，它包含了信息高速公路体系、人网服务体系、省级公共服务平台、农村基层服务终端、服务保障机制等内容。

以"两端两网"扁平化信息服务为基础，建设农村信息化是目前农村社会经济条件下，政府行动的着力点和有效抓手，是社会力量包括通信运营商、信息技术企业、金融、龙头企业等参与农业农村信息化建设的切入点、业务延伸的拓展点和塑造社会形象的机遇点（廖桂平等，2012）。但从全国来看，随着农村体制改革深化和市场经济体系的逐步建立与完善，政府主导的以"七站八所"为主的传统农村信息服务体系已基本解体，而新的服务模式尚在摸索中，还没有形成科学高效的信息服务体系，严重制约了我国农业生产经营、农村经济发展和农民脱贫致富。

4. 研究述评

通过对现有文献的综述，可以发现现有文献尚需完善之处表现在以下几个方面。

第一，在研究对象的选择方面，国外研究除了选择一般的农户、企业或合作组织作为研究对象，还将这些研究对象进行了细分，例如，有文献专门讨论农村中妇女对信息服务的需求以及获取这些信息的途径。而国内尚缺乏这类较细致的研究。

第二，研究方法的使用方面，国外文献以微观研究为主，多通过田野调研和计量方法来揭示出问题是什么，而国内文献以宏观研究居多，主要通过实证分析总结出解决问题的模式、机制或对策。现有文献中将微观方法和宏观视角结合起来的研究并不多见。

第三，在研究设计的规范性方面，国内研究多采用方便抽样，样本代表性较差，无法保证结论的外部效度。另外，我国绝大多数研究是根据调研数据对现象进行描述或解释的，而通过统计推断对现有理论假设进行检验的研究较少。

基于此，本书在农村对综合信息服务需求日趋迫切的背景下，参照已有文献的研究方法和成果，通过引入信息传播理论、信息管理理论、信息经济理论和现代计量经济学的方法，对我国农村综合信息服务进行了定量与定性相结合、微观与宏观相结合的研究。通过对调研数据的整理和统计分析，旨在较为全面地把握我国农村综合信息服务供求特征，发现我国农村综合信息服务供求关系中的主要问题，探索不同国家和地区农村综合信息服务典型模式以及供求均衡实现机制，以期弥补该领域中的薄弱环节。

1.3　撰写思路与主要内容

1.3.1　撰写思路

本书以农村综合信息服务为研究对象，结合前人的相关研究，重点回答了如何设计一套合理的农村综合信息服务模式以便有效地利用现有的基础设施和现代信息技术为广大农户提供高效便捷、简明直观、双向互动的服务这样一个现实问题。首先，根据拟解决的问题和达到的目标设定了理论分析框架。其次，从农村综合信息服务的需求和供给两个方面进行实地调研，并结合 ELES 模型和 ACSI（American customer satisfaction index）模型研究了相关信息服务的需求和供给的影响因素及相关机理。再次，总结和借鉴了国内外相关经验与模式，在此基础上，设计了适合我国农村综合信息服务的模式并给出了相应的制度安排。然后，使用博弈分析方法分析了农村综合信息服务主体之间、客体之间以及主客体之间相互作用的机制并构建了农村综合信息服务体系。最后，总结了本书的主要结论并给出了相应的对策建议。

1.3.2　主要内容

本书共分为 8 章，第 1 章为导论，说明研究的背景、目的和意义，界定研究内容，阐述研究思路，拟订研究路线，总结研究的不足和可能的创新。第 2 章研究问题的理论分析框架和基础。第 3 章和第 4 章分别调查分析农村综合信息服务的需求与供给，第 5 章总结归纳国内外农村综合信息服务模式的经验和教训，在此基础上，第 6 章设计更加科学合理的模式，第 7 章构建农村综合信息服务体系，第 8 章提炼主要研究结论并给出有针对性的建议，最后对本书的研究前景做展望。

1.4　分析方法与技术路线

1.4.1　分析方法

本书将现代管理学、微观经济学、宏观经济学、信息经济学以及农业经济学等理论结合起来，对农村综合信息服务的需求供给、模式设计和体系构建等问题进行了系统研究。本书遵循历史和现实相统一原则，采取微观分析和宏观研究相结合、定性研究与定量分析相结合、规范研究与实证调查相结合、典型案例与比较分析相结合等多种方法。散见于各章节的具体定量方法如下。

第一，扩展线性支出系统。ELES 能够利用居民截面收支数据实现参数估计，分析需求收入弹性、边际消费倾向和基本需求，即便在没有价格资料的情况下，也可以考虑价格变动对消费结构的影响，并分析需求的价格弹性；因此，它成为消费需求和结构分析中具有广泛应用价值的经济计量模型。第 3 章采用 ELES 模型考察农户基本生活消费支出，进而界定其对农村综合信息服务需求的支付能力。

第二，SEM。SEM 是当前国际上流行的顾客满意度研究和分析手段。其中的 ACSI 模型是目前研究顾客满意度建模的主流思想。第 4 章以 ACSI 模型为基础，参考 SCSB（Sweden customer satisfaction barometer）、ECSI（European customer satisfaction index）、CCSI（Chinese customer satisfaction index）、KCSI（Korea customer satisfaction index）等模型，借鉴当前信息服务满意度测评的相关研究成果，根据农村综合信息服务的一般供给过程和实现要素，从客体的视角测评农村综合信息服务供给的满意度。

第三，博弈分析。博弈分析是经济学的标准分析工具之一，主要研究公式化的激励结构间的相互作用，也是研究具有斗争或竞争性质现象的数学理论和方法。第 7 章使用该方法分别研究了政府主导下的"政府+企业"合作供给博弈以及自由市场下"政府+企业+农户"供求博弈，并给出相应的制度启示。

1.4.2　技术路线

本书的研究路线与逻辑框架见图 1-1。

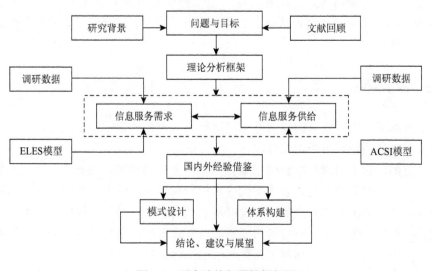

图 1-1　研究路线与逻辑框架图

1.5　创新与不足

1.5.1　本书的创新

本书的创新表现为以下三个方面。

（1）基于农村综合信息服务主、客体的调查数据，全面分析了农村综合信息服务的供需特征和均衡状态。从某个视角分别研究农业或农村的信息供给或需求的成果比较丰富，但将二者纳入一个体系，详细分析其供需特征的研究较为少见。本书使用 ELES 模型和 Logit 模型估计客体对农村综合信息服务的支付能力和支付意愿，对纯信息服务和依附性信息服务的划分与供给具有启示性意义；而运用 SEM、DEA、Tobit 模型测评农村综合信息服务供给的客体满意度和主体效率则是一种探索性尝试。

（2）在系统总结国内外农村综合信息服务模式的基础上，对农村综合信息服务做了理论性归纳，进而设计出农村综合信息的"两级集散＋三级服务"模式及其运营机制。现有的研究多集中于某个国家或地区农村信息服务成功模式的分析与借鉴，很少对国内外农村综合信息服务模式做系统、规范的剖析和比较，并衍生出理论性结论，本书在这一方面具有一定创新性；而最终设计的农村综合信息服务的逻辑模式及其运营机制则是一项开创性的研究。

（3）根据农村综合信息服务模式，对相关参与方进行博弈模型的构建与分析，提出农村综合信息服务体系得以可持续发展的机制设计与制度安排。事实上，运用博弈理论与方法分析农村综合信息服务利益关联方的行为和均衡的研究很少，本书基于模式设计基础上的博弈分析与机制设计显然是这种创新性探究的进一步延展。

1.5.2　研究的不足

尽管本书在农村综合信息服务领域进行了有益的探索，但是仍有一些不足之处需要在今后的研究中予以改进。

一方面，由于对农村综合信息服务主体与客体的调研范围有限，无论是数据分析还是结论都需要在更宏观的层次寻求检验。而农村综合信息服务需求、满意度和供给效率的影响因素众多，涉及经济、社会和心理等各个层面，本书借鉴现有研究的结论，选取了一些重要的因素进行实证分析；虽然基本达到了预期的研究目的，但仍需在今后的探索中完善相应的指标体系。

另一方面，农村综合信息的"两级集散+三级服务"模式作为一种全新的设计，具有开创性意义，但其功能是否健全，机制是否可行，是否具有普遍实用价值，仍有待实践的检验与完善。在此基础上的博弈模型可能需要进一步完全展现农村综合信息服务中利益关联方的行为选择，以求在制度安排上实现更好的可操作性和可持续性。

第 2 章　农村综合信息服务理论框架

农村既是与城市相对而言的地域概念，也是一个经济概念和社区概念，具有经济、社会、生活和生态功能。在发达国家，有学者提出依据人口密度和聚居规模来划分城市和农村；在我国，通常县城（包括县级政府驻地所在镇）以下的广大地区（乡村、集镇）都属于农村的范围，其大多以农业和农副业为主导产业，多数农民从事种植业与养殖业，物质、文化生活水平相对落后，农村具有独特的自然景观和乡土气息。这就意味着，农村综合信息不仅要为农业生产和农民生活服务，而且还要为农村社会发展与生态环境改善服务，并构建一个可持续发展的服务运营体系。研究和解决这样一个复杂的系统问题，必须立足于科学的理论基础之上；本章从我国的实际情况出发，通过界定农村综合信息服务的内涵，回顾中华人民共和国成立以来农村综合信息服务的宏观变迁，归纳出农村综合信息服务的理论基础，结合模式设计与体系构建的分析框架，给出本书研究的基本假设和微观调研方案，形成本书的理论指南与实践基础。

2.1　农村综合信息服务

信息服务是根据用户信息需求，通过研究用户，组织服务，以某种方式向用户传递有价值的信息的活动；而农村综合信息，可理解为与农业、农村、农民有关的一切消息、数据、资料、知识和情报等的总称。当组织或个人在相关活动中需要农村综合信息的支持，而又无法依靠自身努力及时、有效地得到满足时，便产生了对农村综合信息服务的述求。

2.1.1　农村综合信息服务的内涵

广义上的农村综合信息服务就是为组织或个人提供所需农村综合信息的活动。本书根据研究内容和目标，将这一概念限定在"三农"范畴之内，认为：农村综合信息服务是指服务供给者充分利用现有信息资源和适用信息技术，为农业生产经营、农村社会生活和农民个人发展中的信息需求者提供或传播及时、准确、安全的信息内容，指导生产经营，实现农业增效；引导社会生活，建设新型农村；辅导农民发展，提升自我价值的活动。其构成要素包括信息服务的主体、客体、内容、技术手段和运营机制 5 个方面（表 2-1）。农村综合信息服务的实质是供求关系作用下的农村综合信息的有效流动，它需要良好的经济技术环境、科学的制度法规等做支撑和保障。

表 2-1　农村综合信息服务的构成要素

要素	内涵	主要组成
信息服务主体	提供农村信息服务的组织或个人，通常采取适当技术手段，从事农村信息资源开发、信息产品制造和信息服务供给	各级政府、事业单位（教研组织、信息机构、各类服务站或中心等），企业（农资农贸公司、农产品加工企业、农业信息技术企业、信息咨询公司等），农民专业合作组织（协会、合作社等）及个人
信息服务客体	接受农村信息服务的组织或个人，通常借助相应知识和适用技术手段，消化吸收信息，产生行动	普通农户、种养大户、农村经纪人、涉农企业、相关农民专业合作组织、政府部门和事业单位等
信息服务内容	主体为客体提供的信息服务项目，涵盖农业生产、农村生活和农民个人发展所需的信息，通常借助一定的载体或媒介表达	农业政策法规、农业新闻、农业资源信息；农用物资信息、农村投融资信息、农产品市场信息、农村科技信息、生产经营管理信息、农产品储运信息；农村生活消费、交通、医疗卫生、体育文化、休闲娱乐等信息；农村教育培训、致富经验、就业信息等
信息服务技术手段	主体获取农村信息，将其传递到客体，并为后者利用的整个过程中所涉及的技术、载体和渠道的总和	农村信息处理（生产、采集、整理、加工、存储、传递和利用）技术、信息载体和传播渠道，主要表现为：印刷品；广播、电视、电话；计算机、网络、卫星；现场发布、洽谈、咨询和指导等
信息服务运营机制	在农村信息服务过程中，各构成要素相互依赖、相互作用（制约和促进）、共同发展的过程和方式	由信息服务的组织机制、投资机制、利益分配机制和协调管理机制等有机构成，共同作用；其中，利益分配机制是核心

　　信息服务内容是农村综合信息服务的核心，它决定主体的信息服务属性和功能的实现，以及主、客体的服务效益和效用，进而直接影响服务过程中技术手段的选择和主体服务运营机制的设计；而信息服务的技术手段和运营机制显然是为信息服务的内容、质量和效果提供支持保障的。信息服务主体只有努力实现信息服务内容、技术和机制的合理配套，才可能为客体提供满意的信息服务供给。本书将农村综合信息服务内容具体地分为四大类：农村基础信息（主要包括农业政策法规、农业新闻、农业资源信息等），农业生产信息（主要包括农用物资信息、农村投融资信息、农产品市场信息、农村科技信息、生产经营管理信息、农产品储运信息等），农村生活信息（主要包括农村生活消费、交通、医疗卫生、体育文化、休闲娱乐等信息）和农民发展信息（主要包括农村教育培训、致富经验、就业信息等）。

　　从信息服务的属性来看，农村综合信息服务的直接受益对象是"三农"，作为一种特殊的信息商品，它不仅具有一般物质商品的共性，即价值和使用价值；同时，又具有信息商品的非物质性、非损耗性、共享性、时效性、增值性、不完全性和层次性等特性；从而，导致其拥有显著的公共物品属性。这就要求农村综合信息服务的有效供需应充分发挥市场机制和政府调控的双重作用。为合理地划分政府和市场的职能，本书将农村综合信息服务分为纯信息服务和依附性信息服务，前者只向用户提供信息及必要的释疑与指导，用户据此采取措施，实现信息使用价值和自我权益，因而具有纯公共物品特性，应由政府统一供给；后者将信息及获取信息使用价值所需物资、技术、设备和人员等配套提供给用户，以辅助用户实现自我权益，因此其具有私人物品特性，由市场竞争供给。

2.1.2　农村综合信息服务的宏观变迁

根据农村综合信息服务的内涵，考察中华人民共和国成立以来农村综合信息服务的实践过程发现，制度的变迁，不仅带来了社会经济技术的变化，同时对农村综合信息服务产生决定性影响，概括地可分为如下三个发展阶段。

1. 中华人民共和国成立到农村经济体制改革（1949～1977 年）

从中华人民共和国成立到实施农村经济体制改革之前，我国农产品总体上处于短缺状态，在传统计划经济体制下，农村综合信息服务围绕着统计信息和指令性计划信息，主要为农业生产和发展服务，着力解决农产品供给问题；同时开展各种统计、汇总、上报工作，为上级决策和做计划服务。信息服务客体信息需求差异较小，具有很高的同质性；信息服务主体单一，信息服务自上而下，统一供给，且满足政治要求压过实际需要，但从整体上看，基本达到供需平衡。资金供给由国家财政与集体经济两大渠道实现，农民无论是否获取信息服务，都对此承担了隐性的和间接的支付。

在这个历史时期，我国农村综合信息服务事实上经历了从无到有的三个发展阶段：①1949～1952 年的三年国民经济恢复期，农村集体经济尚未建立，国家公共品供给体系非常脆弱，农村综合信息需求主要依靠农民自我供给；②1953～1957 年的"第一个五年计划"时期，通过农业生产合作社①组织实施的农村集体保障制度，

---

① 农业生产合作社是在中国共产党和人民政府的领导和帮助下，由劳动农民在自愿互利的基础上组织起来的以从事农业生产为主的合作经济组织，又称农业合作社，简称农业社，是我国在农村实施的生产资料所有制方面的社会主义改造。按照生产资料公有化程度，划分为半社会主义性质的初级社和完全社会主义性质的高级社。前者的社员以土地作股入社，统一经营，耕畜与大型农具等生产资料归社统一使用，社员参加集体组织的生产劳动；初级社的收入除扣留当年生产费用、缴纳一定数量的税金和提取一定数量的公积金、公益金，余下部分分配给社员，社员除按劳分配获取收入，还按提供的土地和其他生产资料分红；初级社的最高管理机构是社员大会，实行社员民主管理。后者完全实行土地等主要生产资料的公有制和社员个人收入的按劳分配。

主要提供基于农业生产的极为有限的农村综合信息服务；③1958～1977 年的"政社合一、一大二公"①的人民公社时期，由农村基层政府及其下设机构（各类站所，如农技站、农机站、水利站、经营管理站、畜牧禽医站、供销合作社、粮管站、卫生院等）提供职能范围内的各类农村综合信息服务。

2. 家庭联产承包责任制到农村税费改革（1978～1999 年）

十一届三中全会后实行的家庭联产承包责任制到农村税费改革之前，以市场为取向的经济体制改革，极大地激发了农民的积极性，搞活了农村经济，使生产要素开始流动，农民有了经营自主权和投资能力，乡镇企业异军突起，农村综合信息服务的需求广度与深度显著拓展。而在农村综合信息服务的供给上，一方面，信息服务主体主要是基层（乡镇）政府部门及其内设的"七站八所"②等事业单位，并向信息服务客体提供与其职能相对应的信息服务；由于缺失信息供给的有效制度安排，尚未适应农民日渐成为利益主体的现实，信息内容及针对性均较为有限，主要包括政策信息，重要农产品和农资市场供求与价格信息，大宗农产品生产管理，疫病、灾害等农村突发事件的信息和技术支持等。另一方面，农村综合信息服务的资金来源仍然是国家财政支农支出（即财政预算内资金）和以乡镇统筹费形式为主的非预算内资金（包括国家财政允许的预算外收入部分和乡镇发动农民的自筹资金），乡镇财政支出增长过快，支出结构不合理，行政成本过高（即所谓的"人头财政""吃饭财政"），使得用于农村综合信息服务供给的资金明显不足，且效率低下。此外，1994 年开始实行的财政分税制更是加剧了本已比较困难的县、乡镇财政，而中央政府又基本放弃了对农村综合信息服务的投资，作为主要供给者的地方政府往往将有限的资源投向工业和城市，且不断汲取农村剩余资源，使得貌似健全的农村综合信息服务体系运营起来举步维艰，滋生了乱收费、乱摊派、乱借债等现象，加重了农民负担。农民无论是否获取了信息服务，都对此承担货币化和显性化的支付。

---

① "政社合一"，在"人民公社化"以前，中国实行乡社分立的管理体制，乡是基层政权，合作社是农业经济组织；"人民公社化"运动之后，广大农村普遍建立了政社合一、分级管理的体制，农村人民公社既是经济组织，也是政权机构，不但负责全社的农业生产，还对工商学兵等实施统一管理。"一大二公"，指人民公社一是规模大，二是公有化程度高。为实现这一方针，各地普遍采用"一平二调"（即平均主义和无偿调拨物资）的具体措施。

② "七站八所"，主要指乡镇政府内设，并由其财政发工资的站所，一般包括农业技术推广站、林业站、果树站、水利站、渔技站、农业机械管理站、经管站、财政所、司法所、计划生育服务站、文化站、广播站、残疾人联合会、农村养老保险管理所、科学技术委员会等。"七"和"八"都是概指，并非确定数，在不同乡镇，站所设置会有差异；有的学者将县、市、区及上级部门在乡镇的派出机构也归入"七站八所"，如土管所、派出所、法庭、卫生院、税务所、邮政局、供电所、工商所、信用社等，则站所总数常多达二三十个。

3. 农村税费改革和农村财政支出改革实施以来（2000 年至今）

以"三取消、两调整、一改革"①为主要内容的农村税费改革和农村财政支出改革实施以来，中央以法律的形式解决了"交够国家的，留足集体的，剩下的全是自己的"作为农村"大包干"的经典分配原则，由于缺乏客观标准而导致农民负担增加的制度性缺陷，明确和规范了国家、集体与农民三者的权利义务关系；逐步实施对农村的"多予、少取、放活"方针，至 2006 年在全国范围取消了农业税、牧业税和农业特产税。随着农村税费改革深化和农村公共财政制度体系的建立，有效地废止了向农民乱收费、乱摊派现象，党群和干群关系得到明显改善，维护了农村社会的和谐稳定，调动了农民从事农业生产与发展农村经济的积极性，对农村综合信息服务需求的广度和深度也进一步增强。但同时加剧了农村基层政府的财源短缺（特别是以农业为主要收入来源的地区），对农村综合信息服务供给的支持更加捉襟见肘，以乡镇政府及其"七站八所"为主导的农村综合信息服务体系基本处于"网破、线断、人散"，面临解体的尴尬境地，日益增长的农村综合信息需求与日渐匮乏的信息供给之间的矛盾空前突显，成为制约我国发展现代农业、建设新型农村、培育现代农民的重要问题之一。

基于这一背景，2004 年开始的以"转变职能、精简机构、降低成本"为主要目标的新一轮乡镇机构改革试点工作率先在黑龙江、吉林、安徽和湖北四省展开，并不断扩展试点。2009 年 1 月 27 日，中共中央办公厅、国务院办公厅转发《中央机构编制委员会办公室关于深化乡镇机构改革的指导意见》，意味着我国乡镇机构改革经过 5 年多的试点探索，总结经验，不断完善，开始向全国范围推开；截至 2009 年 4 月 15 日，已完成和正在进行机构改革的乡镇为 19406 个，占全国乡镇总数 34301 个的 56.6%。本次乡镇机构改革将根据当地区域特点和经济社会发展实际，确定乡镇机构设置和职能配置的重点；改革后的乡镇要在 4 个方面全面履职，即促进经济发展、增加农民收入，强化公共服务、着力改善民生，加强社会管理、维护农村稳定，推进基层民主、促进农村和谐；乡镇不再兴办自收自支事业单位，综合设置的乡镇事业站所以乡镇管理为主、上级业务部门进行业务指导，提高人员素质，加强农村公共服务能力建设，并区分公益性职能和经营性活动，前者加强财政保障，后者转制为经济实体；鼓励发展多元化的农村社会化服务组织和农民专业合作社，扶持社会力量兴办为农服务的公益性机构和经济实体；

---

① "三取消"是指取消乡统筹和农村教育集资等专门向农民征收的行政事业性收费和政府性基金、集资，取消屠宰税，取消统一规定的劳动积累工和义务工；"两调整"是指调整现行农业税政策和调整农业特产税政策；"一改革"是指改革现行村提留征收使用办法。

力争 3 年内在全国普遍健全乡镇或区域性农业技术推广、动植物疫病防控、农产品质量监管等公共服务机构。

与此同时，随着统筹城乡经济社会发展和社会主义新农村建设的不断推进，各地和各级政府在传统农村综合信息服务的基础上，广泛吸纳社会力量（主要包括企业和专业组织等），或是创新或是补充，采取各种服务模式，不断丰富农村综合信息服务供给的内容、途径和方式。例如，农业部以中国农业信息网为核心，集 20 多个专业/行业网站和各省（自治区、直辖市）农业网站为一体的农业系统网站群；工业和信息化产业部的农村信息化试点、农村信息大篷车和农村综合信息服务站；有的地方则因地制宜，联合多方主体，开展"农技110""三电合一""信息服务大厅""手机短信""农业远程教育"等现代农村综合信息服务。

这一时期，农民自愿选择是否寻求或接受信息服务（包括免费的或有偿的）。

2.2　农村综合信息服务的理论基础

农村综合信息服务的概念界定与历史实践证明，对农村综合信息服务问题的思考必须以广大农村社会经济、技术、文化背景为基础，深入了解农业生产、农村生活与农民发展的实际需要与变化趋势，发现农村综合信息服务的供求特征，把握农村信息传播的关键环节，认知农村信息资源及信息活动的核心内容，梳理服务过程中的经济利益关系，才能形成科学的判断，为实效的服务模式与体系设计提供清晰的思路。因此，以下理论成为本书研究的基石。

2.2.1　"三农"理论

中国"三农"理论研究我国特定转型过程中农业、农村、农民的发展问题，是一种生产方式下生产力和生产关系各要素的总和，属于一个问题的三个侧面，实质是提高三者的现代性。它是本书研究的出发点和最终归宿，从整体上对我国农村综合信息服务内涵、模式和体系的研究背景、思路和目标予以指引；可以说，农村综合信息服务的有效设计离不开"三农"理论的奠基，而农村综合信息服务的实践宗旨就是服务于"三农"问题的解决，推进"三农"的健康发展。具体的，"三农"理论对深入研究农村综合信息服务用户（客体）的组成结构、信息需求和信息行为特征，农村综合信息来源和信息服务内容、方式和手段，信息服务模式设计和信息服务体系构建，从以下三个方面提供有力的理论和实践指导。

1. 现代农业

现代农业是以现代科学技术和物质装备为支撑，以提高劳动生产率、资源产出率和商品率为途径，以保障农产品供给、增加农民收入、促进农业可持续发展为目标，在市场机制和政府调控的综合作用下，农工贸紧密衔接、产加销融为一体，形成多元化产业形态和多功能产业体系的新型农业。因此，它应突破传统农业生产和分工上的局限性，实现农业产业链横向的延伸和纵向的拓展；突破传统农业功能和资源利用上的局限性，发挥农业的旅游、休闲、生态和教育等功能，充分开发国内、国际两个市场和两类资源，利用区位优势，提高生产要素的配置效率。形成一个包括安全稳定的粮食产业、健康的养殖业、特色农业、农业产业化龙头企业、生物质产业等在内的现代农业产业体系，进行科学的生产力布局、加快农业基础建设、加强农业的组织化程度、培养较强的科技创新能力和完善的农村市场体系。

2. 新型农村

农村是基于土地的，以农业为主要生产方式，以村落为基本生活单元，各种社会关系不断延伸与扩展的集合体或生存空间。新农村建设是促进城乡经济社会统筹协调发展、良性互动，实现农村经济、政治、文化和社会全面提升的过程。2006 年中共中央提出新农村建设的指导方针："生产发展，生活宽裕，乡风文明，村容整洁，管理民主。"概括了新农村建设的内涵和要求：①发展生产是核心，其目的是推进现代农业建设，包括生产条件现代化、生产技术科学化、生产组织社会化、生产过程标准化、生态环境优美化；②生活宽裕是核心目标，意味着农民物质生活条件的改善，包含农村教育、文化、医疗卫生和社会保障等社会事业的健康发展，实现丰衣足食、安居乐业；③乡风文明是关键环节，是培养新的乡村精神，指乡村的风气、风俗、风尚，应加强精神文化、行为文化和物质文化的建设，并在思想、意识观念、制度组织和习惯上不断得以提高；④村容整洁是直观内容，指村庄布局合理、基础设施完善、服务设施齐全、街巷整齐、庭院整洁、生态环境良好，建立农村环境长效管理机制；⑤管理民主是有力保障，即民主选举、民主决策、民主管理和民主监督，使村民真正当家做主，主导农村综合治理，维护其经济得益和政治权利。

3. 现代农民

农民是"三农"的核心问题，实质是农民的生存、转型和发展问题。其目标应彰显农民在农村经济、政治、社会、文化等方面的主体性，使农民逐步获得较为合理的从业方式、较为丰厚的经济收入、较为合意的生活品质、较为公平的社会地位、较为充足的知识水平，最终成为适应市场经济和民主政治的现代主体。其根本取向是统筹城乡发展、实现城乡一体化。具体的，应通过科学改革土地制度、合理转移剩余劳动力、实现农民合法自组织（包括农民专业合作组织、村民自治组织以及其他各类社会经济组织）和统筹安排农村公共品（如社会保障、基础教育、公共交通、医疗卫生、广播电视等）提高农民的主体性；通过增强以科学文化知识为基础的农村劳动力素质、鼓励农民融入产业组织（即农业组织化，实现从自然农户向法人农户的转变、传统农业向现代农业的转变，构建适应现代化发展要求的新型农业经营主体与农业经营体系）和进行社会化组织（如建立村民自治组织等），提高农民的现代性。

2.2.2 信息传播理论

信息传播理论诞生于 20 世纪 30 年代之后的欧美，美国学者亚历山大·戈德温（Alexander Godwin）在《传播的定义》一书中描述，"它（传播）就是使原为一个人或数人所独有的化为两个或更多人所共有的过程。"人类经历了口头传播、文字传播、电子传播，如今进入网络传播时代。信息是传播的前提，传播是信息共享的基础。农村综合信息服务实际上就是农村综合信息资源通过不断的传播，实现其价值和效用的过程，该理论至少在以下三方面对本书起到了引领与启示作用。

1. 信息传播的基本原理

信息传播与人类社会同时产生，是人类生存与发展的需要，它是传播者向接收者传递信息，并得到反馈，实现信息共享的过程（图 2-1），由 4 个基本要素构成：①传播者，可以是个人，也可是一个组织，决定信息的内容、质量、数量和流向；②信息，是符号化的传播内容，符号通常负载着某种信息，信息一般体现为某种符号；③传播媒介，是传递或负载符号（信息）的物质实体，包括言语、文字、广播、电视、电影和网络等多种技术或手段；④接受者，其外延可涵盖人类社会所有成员，但只有当其进入信息传播过程，成为传播媒介的接触者和传播内容的使用者时，才成为真正意义上的接受者。此外，接受者还可能就其使用的信息形成反馈，并将这一内容借助传播媒介传递给传播者，对其以后的信息传播产生影响。

图 2-1　信息传播过程

在这一过程中，一要把握信息的诸多特性，如客观性、时效性、不完全性、价值性、依附性、共享性、可加工性等；二要关注传播者和接受者的类型、特征、权利和义务；三要重视传播媒介的经济性、易用性、先进性、普及性和市场化趋势。

2. 信息传播的主要模式

信息传播主要有两种模式：①线性模式，所收集到的各种信息全部汇集到一些较大的传播者手中，经过这些专业信息机构的层层筛选，再经传播渠道传输给接受者，整个信息传播过程呈线性特征。传播者天然地担负着信息把关人的角色，成为信息过滤器，决定信息的内容和去向；接受者无法直面丰富的信息资源，被动地处于信息容器的地位。相对于传播者发出的信息集中有力、影响范围广泛，接受者的意见及信息反馈则显得零星分散、弱小无力。拉斯韦尔（Harold Dwight Lasswell）的 5W（who，what，whom，which channel，what effect）模式、施拉姆（Wilbur Schramm）和奥斯古德（Charles Osgood）的循环模式是典型代表。②网状传播模式，网络化的信息系统构建了高度开放的电子信息空间，使信息传播呈发散式态势。网络用户不仅可面对多样的信息资源，而且具有信息选择、发布和反馈的主动权，信息传播者和授受者的角色可能会频繁转换，原来作为信息受众的被动地位得到极大改善，形成互动传播的循环过程。罗杰斯（Everett M. Rogers）和金凯德（Lawrenceand Kincaid）的辐合传播模式、安月英的阳光模式是典型代表。

3. 信息传播的控制与效果评价

一方面强调信息传播行业的自律性，尽到对公众的责任与义务，充当好把关人的角色；另一方面社会必须对其予以有效控制，通过法律、政策制度、经济、受众监督、技术等手段使信息传播受到社会系统的有力制约。

信息传播效果的心理动力模式认为，有效信息能够改变个人的内在心理结构（如态度、动机、学习、认知）、进而改变其外在行为，以实现传播者的愿望与目标；突出的研究成果，例如，霍夫兰（Carl Hovland）等的劝服论、纽科姆（T. Newcomb）等的一致论、卡茨（Daniel Katz）的功能论、麦奎尔（William James McGuire）的防疫论及罗杰斯（Everett M. Rogers）等的创新-扩散论。信息传播效果的社会动力模式认为，信息构成一种社会现实，为人们提供一种世界观，界定、引导和修改个人的价值与行为，因而产生强大效果；比较成型的理论是梅尔文·德弗勒（M. Defleur）的文化规范论。

信息传播者的权威性与信源的可信度，信息内容的真实性与表达方式，传播媒介的选择，接受者个人特性、原有态度和所处的社会环境均会影响信息传播的效果。

2.2.3　信息管理理论

信息管理理论以信息资源及信息活动为研究对象，是个人或社会组织以现代信息技术为手段，为有效地开发和利用信息资源，对信息进行搜集、组织、分析、提供使用的过程，以及由此而产生的计划、组织、领导和控制的社会活动。信息论的奠基人香农（C. E. Shannon）认为"信息是用来消除不确定性的东西"；美国哈佛大学的研究小组提出著名的资源三角形（图 2-2），物质、能量、信息是构成现实世界的三大要素。广义的信息资源是信息生产者、信息、信息技术的有机结合体，狭义的信息资源仅指信息本身；信息活动的根本目的是控制信息流向，实现信息的效用与价值；信息管理成为信息转换为资源的必要条件。农村综合信息服务的内容就是农村综合信息资源和信息活动，无论是服务主体还是服务客体要想使二者的价值与效用最大化，信息管理是其重要的理论支撑。

图 2-2　资源三角形

1. 信息资源管理

信息资源是信息活动的构成要件，不仅具有经济资源的生产性、效用性、稀缺性、差异性等共性特征，而且拥有共享性、易流动性、时效性、可再生性等鲜明的个性特征，发挥着科学、教育、经济和管理的功能。信息资源管理主要关注三个方面的内容：①信息生产者，也就是信息的来源，指所有产生、持有和传递信息的人、事物和机构。掌握信息生产者的分布，准确鉴别信息源的类型，建立稳定的信息采集关系，是提供有效信息服务的前提。②信息，是对客观世界中各种事物的运动状态和变化的反映，是客观事物之间相互联系和相互作用的表征。控制论的创始人维纳（Norbert Wiener）认为"信息是人们在适应外部世界，并使这种适应反作用于外部世界的过程中，同外部世界进行互相交换的内容和名称"。在经济管理中，它是提供决策的有效数据。③信息技术，是在以信息论、系统论和控制论为支柱的信息科学的指导下，用于信息产生、传输、接收、变换、识别、存储和控制，实现信息资源开发、管理和利用，扩展人类信息处理功能的技术、设备及其使用方法和操作技能的总称。

2. 信息活动管理

信息活动是人类社会围绕信息资源的开发和利用而展开的管理与服务活动，要求用系统的观点，以信息为对象，以实现资源价值为目的，对个人（信息生产者、信息管理者和信息用户）及其组织行为和信息技术进行统筹管理。卢泰宏的三维结构图（图 2-3）认为，信息活动沿技术维形成信息技术管理，包括实现信息处理的软、硬件系统的开发、更新与维护；沿经济维形成信息经济（information economy，IE）管理，包括信息商品、市场、产业和经济的运行规律；沿人文维形成信息文化（information culture，IC）管理，包括人与社会的信息素养、信息政策和法律等的培育。

2.2.4　信息经济理论

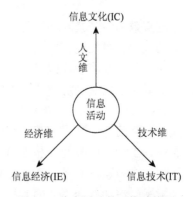

图 2-3　信息活动的三维结构图

信息经济理论研究经济活动中的信息问题，信息或信息活动中的经济问题。信息成为经济活动中的要素和经济运行的机制，信息经济从微观上介绍了不同信息结构状态下，决策主体行为发生直接相互作用时的决策及其均衡问题；宏观上，信息经济不仅本身可成为国民经济中的一个部门（信息产业），其实质是信息产品生产、分配、交换、消费各环节的经济活动；而且，与质能经济相比，它是产品中物质和能源消耗减少而信息含量加大、信息产业从业人员和产值占国民生产总值比例较大的一种社会经济结构。

农村综合信息是现代农村经济社会发展中的重要资源，信息服务主体希望通过信息传递实现资源的价值，追求效益最大化；而信息服务客体期望利用信息使用价值，改善信息状态，实现自身权益最大化，二者所形成的经济博弈关系和物质、能量转换会对农村经济社会产生重大影响，信息经济理论在以下三个方面具有显著的指导意义。

1. 不完全信息经济与非合作博弈

不完全信息经济与非合作博弈研究在信息不完全和不对称状态下，具有充分或有限理性、能力的个人或组织做出合理策略选择，并获得相应经济结果和效率的理论与方法，其实质是，解决信息不确定情况下，人们追求效用或效益的最大化问题，被广泛地运用于微观经济活动的众多领域。西方经济学中的诸多经典论著，例如，哈尔·R·范里安（Hal R.Varian）的《微观经济学：现代观点》、戴维·M·克雷普斯（David M. Kreps）的《微观经济学教程》等均引入了博弈论与信息经济学的概念及理论，讨论了不完全和非对称信息的表现及其生成的根源，由此而导致的不确定性与风险机制及处理风险的态度和方法，市场中的委托-代理关系、激励机制、逆向选择、道德风险、信号显示与搜寻等问题。艾里克·拉斯穆森（Eric Rasmusen）还在《博弈论与信息：博弈论概论》中探讨了这些理论在谈判、行动、定价、市场进入和产业组织行为中的应用。

2. 信息转换经济与信息市场

信息转换经济探索为了追求经济资源利用效用和效益最大化，借助信息技术，通过有效的经济模式和管理理念不断改善信息不完全、不对称状态的活动及这一活动过程本身的经济问题。马克卢普（F. Machlup）和马克·波拉特（M. Porat）认为，信息经济涉及国民经济中所有与信息活动有关的经济活动领域。图 2-4 抽象地概括了信息经济时代国民经济运行的"轮式"结构。信息活动通过信息资本（信息技术、设备和设施）和信息工作者，完成信息从一种形态向另一种形态的转换，涵盖信息生产、加工、存储、流通、分配和利用的各个环节和领域，形成与农业、工业、服务业互相支撑的第四产业——信息业。信息形态的转换与物质和能量的转换紧密联系、不可分割，相互影响、相互促进，提出产业信息化，进而是国民经济和社会生活的信息化要求；并催生信息产品与服务的供需市场及其均衡问题。

图 2-4　国民经济运行的"轮式"结构

3. 信息商品需求与供给

国民教育水平在经济和社会发展中的基础性地位越来越受到人们的重视，知识与创新日益成为整个社会进步的核心驱动力，信息消费也日渐为人们所重视，成为新的消费热点和经济增长点。用户自身知识结构和内容的缺陷，导致其在所从事的活动中产生决策和行为障碍，是形成信息需求的根本动因，它包括对信息内容、信息源（供给）、获取信息的技术手段（渠道和方法）等的需求；并使信息需求具有鲜明的多样性。信息商品的价格、市场上信息消费者数量及其收入、相关信息商品（替代品和互补品）、消费者的信息素养和偏好，以及特定社会经济技术状况下的信息环境等都会影响信息需求。它起初处于潜在（隐性）状态，只有在上述诸多因素共同作用下，产生足够的激励效应，才会转化为现实（显性化）需求。信息需求随着社会经济技术的发展而不断发生变化，有着向核心化、多元化、系列化和标准化的演进趋势。它特别强调有效性，不仅关心对信息商品的获取效率，而且更注重信息消费的实际效用。

在追求利润最大化激励下，信息供给者为了向信息消费者提供有使用价值的信息商品、实现信息商品的价值，不仅应以用户需求为导向，同时也要考虑信息商品的价格、投入成本及所需生产技术等要素。信息商品消费对居民的收入变化表现为需求富有弹性，加之信息消费的外部性，以及信息商品作为典型的经验商品而具有的体验性，使信息商品的供给和消费都比普通商品存在更大的风险。因此，为了有效地实现信息商品的供需均衡，供需双方都必须格外关注信息消费的社会经济技术环境，信息产品的质量和价格，消费者的时间、精力和信息素质等因素。

2.3　农村综合信息服务模式的设计理论

信息服务是以信息用户为对象、信息内容为核心、服务人员为纽带、服务策略为保障，以有偿或免费的服务方式，利用信息载体、通过传播渠道，满足用户信息需求的活动。随着信息技术的进步，信息服务的手段和方法必将趋于便利、高效、准确、经济和多样化。农村综合信息服务是满足农村生产、生活和社会发展领域用户信息需求的信息服务，服务主体对其信息服务模式设计的理论源泉主要来自以下两个方面。

2.3.1　信息服务的设计与管理

1. 信息服务设计

信息服务组织应将信息服务视为一种产品来运营，对其予以系统的设计和包装，使其作用得以充分发展。它包括 4 个方面：①顾客利益，顾客追求和感知的是信息服务所带来的收益；②服务观念，诠释的是基于顾客得益而提供的普遍化满意度；③信息服务包，是一系列无形和有形信息服务要素的组成，一般包括核心服务（关系信息服务的市场定位，应在服务质量和服务尝试上下功夫，适时寻找新的增长点）、便利性服务（方便顾客消费核心服务所不可或缺的额外服务）、辅助性服务（并非顾客必须消费的额外服务）；④服务递送体系，信息服务的生产和传递过程及顾客的反应，强调服务的易接近性（即可用性）、顾客的参与和交互过程。

信息服务组织首先应清楚设计信息服务的社会价值和市场价值（图 2-5），通过分析信息用户、竞争对手及合作伙伴、信息资源及服务人员的权益追求，明确价值定位，利用收益的杠杆调节作用，运用一定的组织经营管理策略及服务操作规程，设计信息服务（产品）概念及组合，形成服务观念。

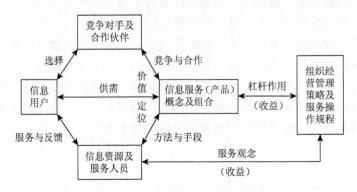

图 2-5　信息服务设计的价值定位

图 2-6 则描述了信息服务（产品）设计的具体流程和内容。信息供需双方都拥有各自的领域知识和语言知识，在知识层面上的相互认知和拓展，促使双方形成在知识广度与深度上的匹配，进而有助于双方对信息需求和行为的理解与调整。通过与用户的有效沟通，信息提供者对信息集合进行合理组织，生成信息的结构化表示（信息架构）和信息服务关键要素的整体描述（服务蓝图），并在供应者和用户对信息服务的体验与交互的基础上，予以完善，实现服务的可接近性，完成服务传递，形成有效信息供给，满足用户信息需求。

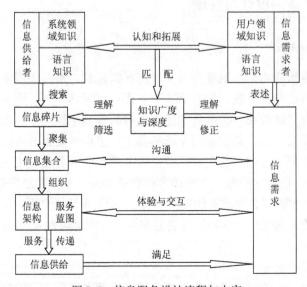

图 2-6　信息服务设计流程与内容

目前，已设计并成功实践的信息服务（产品）主要包括：①信息检索与传递服务，利用本组织的和其他的信息资源系统，根据用户具体要求，在要求的时间、地点为用户查找或提供所需信息，如信息搜索、查新、馆际互借与文献传递等。②参考服务，将用户与专家的学科专业知识联系起来的问答式服务。如网络时代的数字参考咨询服务，通过异步（主要利用 E-mail、Web Form、BBS、留言板、FAQ 等方式[①]）、实时（主要通过网络聊天、视频会议、网络白板[②]、网络呼叫中心等实时交流技术实现）、合作化（由许多成员机构一起组成一个分布式数字参考咨询网络）方式解决咨询员数量有限与网络用户提问无限之间的矛盾。③信息供应服务，根据用户的信息需求，收集信息并采取某种方式方便其利用的服务，如传统传媒、图书馆、预印本服务[③]等。④信息组织与控制服务，通过对各类信息资源的分析描述体系、链接与获取机制、管理机制、费用支付和服务审计体系等，建立广泛而经济的信息资源控制和利用体系，如机构存储、长期保存和信息过滤等。⑤信息交流平台，在网络环境中，针对特定领域或专业需要，有机融合相关资源、服务和工具（尤其是支持信息交流、发布、工作协同的工具和服务），使用户通过平台检索、汇集、组织、交流和发布信息，成为有共同兴趣用户的沟通环境，如 W3C（world wide web consortium，万维网联盟）网站、信息共享空间（information commons，IC）等。⑥导航及导读服务，前者为上网用户提供相关网站的导航，使人们更容易知道在什么地方找到所需信息；后者对用户的阅读战略、目的、内容、方法等给予积极指导，诱发用户潜在阅读欲望，提高其阅读修养，进而在更深层次上满足用户需要。⑦信息结构设计与开发管理服务，通过调查、分析、设计和实施，为用户设计和开发信息搜索、标识、组织和导航系统，以更好地帮助用户发现、展示、解释和管理信息。⑧情报研究服务，依据拟研究的问题，对高度离散无序的信息进行搜集、整理、分析、提炼，科学预测客观事物未来发展变化的趋势，提出解决问题的思路、方案和建议，其核心工作是信息分析。⑨专题服务，面向特定研发项目或任务，联合信息服务、信息分析、专业研究等多方人员，进行技术发展跟踪、信息资源搜索和信息咨询研究，开发包括咨询报告、专题目录、数据库和知识库等在内的多层次信息产品，能够提供集信息资源搜集、组织加工、集成和应用于一体的全程服务，如定题跟踪服务。

---

① Web Form 是基于 Web 浏览器的网络应用程序窗体，应用程序部署在服务器端，用户通过浏览器与其交互；BBS（bulletin board system），即电子公告板，是以文字为主的界面，为广大网友提供了一个彼此交流的空间；FAQ（frequently asked questions），译为“经常问到的问题”，即“常见问题解答”，以在线帮助的形式解决一些用户常见的问题。

② 网络白板，允许网络上多个用户共同在一个文档上工作的软件，该文档的内容可以同时显示在所有用户的屏幕上，好像这些用户被聚集在一个物理白板周围。

③ 预印本服务，出于与同行交流的目的，自愿在学术会议或互联网上发布尚未出版的科研论文、报告等信息。

2. 信息服务管理

宏观上，信息服务管理是基于社会信息现象和用户信息心理、需求、行为规律，分析社会运行的信息形态、信息机制及其价值实现，解决信息服务业发展中信息服务产品的生产、流通与消费的组织调控问题。它从社会系统的角度，有效管理社会信息资源与环境、信息服务主体与对象，实现信息服务（产品）生产、流通和消费的经济效益及社会效益。其实质是信息服务体系的构建、运行与维护（2.4 节）。

微观上，信息服务管理是信息服务组织从社会信息环境中汲取任务，展开能动的管理与控制，确保信息的时效性、准确性和经济性，满足用户信息需求，减少其信息查找成本，实现服务价值和增值的过程。其实质是信息服务组织的有效运营与合理控制。

信息服务也是通过服务组织实现信息资源合理配置的过程，需要对信息服务资源予以系统性管理。例如：①按照信息类型、用户类型等对信息服务的各种支持资源（人力资源、空间资源、业务资源等）进行分别管理，把信息服务中的各业务环节与具体服务人员联系起来，管好每一个服务结点，实现对人员和工作岗位的点状式管理，可促进组织扁平化；②把信息服务各相关要素连接起来，以规范化地构造端对端的服务流程为中心，使所有活动尽可能无缝衔接，奉行流程最短原则，可持续提高组织业务绩效的线性管理；③以信息资源、信息项目或信息服务为中心，各信息机构团结协作，遵循整体发展规划和标准化、规范化要求，利用新工具、新技术、新方式建立的分布式网状管理；④将信息服务过程看作一个环境或场，各要素则是维系这一"生态"环境的重要组成部分，构成一个共同参与、相互交流、合作体验的空间，最终实现动态平衡的环境管理。

信息服务资源与用户交互的过程既是服务消费过程，也是服务生产过程，并且比较强调信息服务生产管理，具体可从三个角度理解：①从服务是"无形产品"的特性看，信息服务管理应科学确定服务属性的质量标准，选择适宜的服务生产技术和质量控制措施，提供高质量、低成本的服务产品；②从用户满意程度看，管理人员应从服务过程、服务结果和用户心理感受等方面重视用户对服务质量的主观看法（与用户的个体特征、服务时间和场合有关）；③从服务对象与服务人员的交互过程看，服务管理应将二者放在同等地位，其服务质量受服务程序、服务内容、消费者和服务人员的综合素质、社会和企业特征、环境和情境因素等影响。

追求优质的信息服务质量，提高用户感觉中的消费价值，增强用户忠诚度，是信息服务质量管理的宗旨，它起始于用户与信息服务组织接触面上了解服务需要，终止于用户与信息服务组织接触面上供应服务结果，主要包括洞察用户信息需求、设计服务方案、规范服务过程、评价服务结果和提升服务绩效等。由于信息服务组织制订的质量标准与实际提供的服务及用户期望之间可能存在差异，导致用户对信息服务质量的感知与期望也存在差距，因此，全面理解三方对信息服务的评价，有助于信息服务的改善和创新。其中，管理人员关心的是用户评价结果对组织的影响，并希望通过评估发现信息服务人才，激励员工努力工作；信息服务人员不仅评估工作完成情况，而且评估与用户的相互交往过程；用户评价则由用户感知的功能性服务质量（主要侧重于信息服务内容，即"what"，包括信息内容的适用性、完备性，信息服务项目的多样性、合理性等）和服务过程质量（指用户在服务过程中的感受，即"how"，如信息服务速度、服务人员态度、服务系统便利性及友好性等）两方面决定，信息服务组织形象则对此具有一定的调节作用。

信息服务质量评价方法多种多样，传统方法有投入评估法、职业标准评估法、任务评估法等，目前还增加了综合评估法、系统评估法、资料包络分析法、标杆评估法等多种方法。评估更注重发现问题、诊断问题和解决问题，并倾向于进行长期、连续性评估，而"以用户为中心"的服务质量评价理论的灵活运用是最重要的发展方向。现在主流的信息服务质量评价体系有：①SERVQUAL 理论，是20 世纪 80 年代末美国市场营销学家帕拉休拉曼（A. Parasuraman）、来特汉毛尔（Valarie A. Zeithaml）和白瑞（Leonard L. Berry）依据全面质量管理（total quality management，TQM）理论在服务行业中提出的一种新的服务质量评价体系，其核心是"服务质量差距模型"（又称"期望-感知"模型），即 Servqual 值=用户实际感知的服务水平-用户期望的服务水平。②网络信息服务质量评价，帕拉休拉曼等随后进一步探讨 SERVQUAL 理论在网络环境下的适应性，构建了适合衡量网络服务质量的 e-SERVQUAL 量表，确立了 7 个影响网络服务质量的指标：效率（efficiency）、可靠性（reliability）、完成性（fulfillment）、隐私性（privacy）、回应性（responsiveness）、补偿性（compensation）和接触性（contact）。③ISO 信息服务质量评价体系，国际标准化组织（international standardization organization，ISO）将包括信息服务在内的社会化服务质量评价内容分为两个方面：服务条件（包括技术设施、服务能力、人员素质、材料消耗）和服务过程（包括服务能力、便捷性、时效性和作用）。④用户满意度指数，指用户对企业及其产品或服务的满意程度，最早由设在美国密歇根大学商学院的国家质量研究中心和美国质量协会发起并提出；信息服务质量用户满意度模型是由 6 个潜变量（期望质量、感知质量、感知价值、用户满意度、用户抱怨及用户忠诚度，它们是不可直接测量的，需要有与之对应的观测变量）构成的结构方程。

2.3.2　信息服务模式的设计与实践

信息服务模式体现了信息服务的过程、结构和功能，描述了构成信息服务活动的各要素及其相互关系。图 2-7 给出了从信息用户研究出发到信息服务实践与发展结束的闭环式信息服务模式设计、运作与创新的一般流程和主要内容。信息服务的用户参与度极高，与用户接触层面深，知识密集程度高；通过与用户的沟通，不但可以感知用户的信息需求，而且随时可能激发用户新的需求，面临很多不确定因素。因此，服务组织和人员需要通过主观判断，研究信息问题的性质，确定恰当的服务内容、流程、方法和手段，设计出与用户需求相匹配的信息服务（产品）、与用户信息认知相一致的信息服务体验和与用户信息行为相吻合的信息服务传递。可见，信息服务是信息服务组织参照信息服务标准、遵循管理制度、利用信息资源、组织服务活动、满足用户需求的结果。运用合理的信息服务营销策略和营销组合，打造信息服务品牌，拓展用户群，提高社会影响力，实现信息服务的实践、创新和发展。

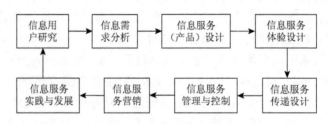

图 2-7　信息服务模式设计流程及内容

1. 信息服务模式的基础设计与实践

考虑信息服务的 4 个基本要素（信息用户、信息服务者、信息服务内容、信息服务策略）间的相互关系和作用方式不同，信息服务模式设计的基础结构和功能也有所不同，主要有三类：①信息传递式（图 2-8（a）），信息服务者利用信息系统，生成信息服务产品，并采取一定策略提供给用户，是源于信息内容，加工信息产品的信息服务过程，例如，基于信息交流的"米哈依洛夫模式"、基于信息加工传递的"兰卡斯特（F. W. Lancaster）模式"、基于知识状态转化的"维克利（B. C. Vickery）模式"及实践中的图书馆服务项目等。这种方式强调信息服务内容，但忽视了信息用户的能动性及信息服务效果。②信息使用式（图 2-8（b）），信息服务者根据信息用户需求，将加工的信息服务产品按照设定的服务策略提供给用户，是源于需求导向的、以用户使用信息为中心的信息服务过程，如"威尔逊（T. D. Wilson）模式"及实践中的咨询服务、科技查新等；它关注对用户信息需求的发掘和满足及个体与社会环境等因素对其的影响，但没有注意用户信息需求的生成及特定信息服务的需求。③问题解决式（图 2-8（c）），信息用户面对实际问题，寻求适当的信息服务帮助，以求问题的合理解决，是源于信息用户问题、以求解问题为中心的信息服务过程，例如，费古逊（Chris Ferguson）的"现场/远程（On-site/Remote）服务模式"，它描述了用户信息需求产生过程及问题驱动的特定信息服务，更有利于服务的开展与信息效用的获得，较符合实际情况，是今后发展的主流。

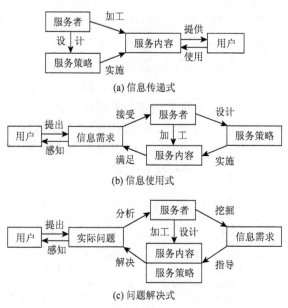

图 2-8　信息服务模式的基础设计

2. 信息服务模式的衍生设计与实践

信息服务模式的三种基础设计展示了信息服务 4 个主要构成要素的三种基本关系及其结构和功能，在实际工作中会生成许多应用模式，并随着经济、社会、技术的进步不断创新。如果在某种情境下，设计时只需考虑信息服务中某些要素（其他要素明确或无须着重考虑），则这些要素就可组合成新的关系链，衍生出新的信息服务模式。例如，只考虑其中三个要素的关系，就可设计出 4 种信息服务模式：①"交互-增值"模式，主要描述"信息用户-服务者-服务内容"关系链（图 2-9（a））。服务者把握与用户交互过程中用户对信息服务的逻辑要求和预期，在广泛的信息内容中进行信息采集和信息解析，提出具有市场增值效应的报告和解决方案。对服务者和用户的要求较高，服务人员起主导作用，而对服务策略要求不高，是专家型信息服务；如咨询服务、数据库服务、企业信息化项目等。②"平台-自助"模式，描述了"信息用户-服务策略-服务内容"的关系链（图 2-9（b））。遵循用户参与的设计思路，依赖特定服务系统，营造一个用户满意的服务平台和服务流程，供应用户所需的信息和信息组合，属于执行型信息服务，用户是主导因素；如检索服务、阅览服务、远程登录服务（Telnet）、公告板服务（BBS）、文件传输服务（file transfer protocol，FTP）等。③"用户-吸引"模式，描述了"服务者-服务内容-服务策略"关系链（图 2-9（c））。服务者根据资源优势和服务经验，通过回答 5W1H 问题：谁（who）在什么时候（when）什么地方（where）需要什么信息（what）、为什么（why），以及怎样与之接触（how）？分析、判断用户信息需求，创造用户使用信息的条件，通过信息采集、组织和加工，以及特定的服务策略吸引用户。用户和服务人员在这种经验型信息服务中扮演着重要角色；如社团服务、社会调查服务、互联网服务供应（internet service provider，ISP）、解决方案服务等。④"内容-承包"模式，描述了"服务者-信息用户-服务策略"关系链（图 2-9（d））。服务者确定服务对象和服务策略后，对用户及其所需的服务内容负有主要责任，属于专业型信息服务，服务者是主角，要拥有较高的素质和良好的社会形象；如专业服务、"个人图书馆"服务、定题服务、应用服务提供（application service provider，ASP）等。

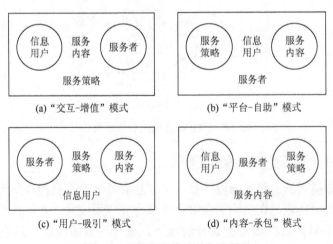

(a) "交互-增值" 模式　　(b) "平台-自助" 模式

(c) "用户-吸引" 模式　　(d) "内容-承包" 模式

图 2-9　信息服务模式的衍生设计

2.4　农村综合信息服务体系构建的理论构架

体系泛指在一定范围内相关事物或某些意识按照某种秩序和内部联系组合而成的整体，它可能会与所处环境发生物质或能量的交换。信息服务体系是指在一个国家（地区）或区域内，信息服务供给者在分析、确定了用户的信息需求后，搜集、生产、处理、存储、分析、使用和发布信息，并通过各种传统和现代传播渠道和信息技术手段，以一定的运作模式、机制和实施策略，为信息用户提供信息服务（产品）并能用用户反馈信息完善后续服务的完整体系。显然，农村综合信息服务体系中的信息提供者是围绕农业生产经营、农村社会生活、农民个人发展所产生的信息需求，向农户、农村经纪人、农民专业合作组织、涉农企业，以及涉农的决策管理机构和事业单位等提供信息服务（产品）的，是一般信息服务体系构建理论在农村经济社会发展领域的具体实践。

　　信息服务体系的构建、运行与维护本质上是宏观信息服务管理，其理论架构包含 5 个主要组成部分（图 2-10）：①信息服务提供者，即信息服务主体，针对特定信息用户群体，经过信息需求分析，利用相关信息源，进行信息组织、管理、分析和利用，并提供信息服务的组织或个人，目的在于实现信息的价值和信息服务的经济或社会效益，因而，可能是营利性行为，也可能是公益性活动；可能是专职性供给，也可能是兼职性服务。目前，信息服务提供者主要有政府部门、企业、社会事业单位、社团组织和个人。②信息用户，即信息服务客体，是基于问题驱动而形成和提出信息需求，并接受信息服务的组织或个人，其目的在于获得信息的使用价值和信息服务的效用最大化。③信息服务内容，即主体为客体提供的信息服务项目，是以解决用户实际问题为目标，以提供信息支持为中心的一系列活动。④信息技术、信息传播渠道和信息服务策略，是主体、客体间实现信息服务过程中进行信息组织和管理、分析和利用的技术，完成信息转移的途径及采取的经营策略和服务规程，直接影响信息服务的质量。⑤运作机制，是构成体系的各要素之间相互依赖、相互作用、共同发展的过程和方式，由信息服务的组织机制、投资机制、利益分配机制和管理协调机制等有机构成，共同作用；其中，利益分配机制是核心。此外，信息服务体系能够

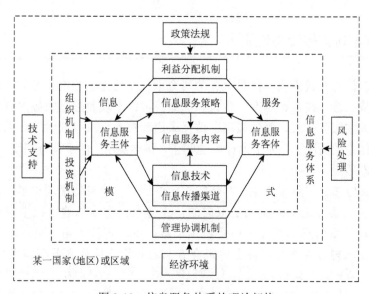

图 2-10　信息服务体系的理论架构

良好地运行，还需要有力的支撑保障系统，它是有利于体系可持续健康发展的环境性、基础性、决定性作用因子的有机集合体，包括经济环境、技术支持、政策法规、风险处理等主要方面。

信息服务体系的理论架构表明，由社会经济环境、技术支持、政策法规和风险处理等有机组成的是信息服务体系运行的大环境；信息服务模式是体系的核心内容，是对信息服务结构、关系和功能的描述，在组织、管理、投资和利益等运营机制的驱动下，使其功能得以实现。大环境告知"有什么"，信息服务模式说明"做什么"，信息服务体系则解决"怎么做"，三者只有相互适应和良性互动，才能很好地达到"为什么"的目标。因此，在实践中，信息服务体系存在运行的有效规则，即立足于特定的经济基础，以实现信息服务为目的，以适用的信息技术和信息传播渠道为支撑，以恰当的信息服务模式为核心，以实效的运营机制为动力，以科学的制度安排和合理的风险处理为保障，建立相关主体间的合理利益配置关系，可构建有效的信息服务体系。

2.5　研究假设与微观调研设计

考虑当前社会经济技术发展和农村综合信息服务的宏观背景，对农村综合信息服务进行微观调研，深入认知其供需特征、效果及均衡问题，对于科学设计信息服务模式和构建信息服务体系意义重大。建立在合理研究假设基础上的微观调研设计成为研究的关键。

2.5.1　基本研究假设与说明

上述理论与实践表明，信息服务的研究不仅要考虑服务主、客体，还要分析服务的经济社会、技术、制度、政策和法律环境；不仅要注重服务内容和服务效果，还要关注服务方式、服务策略、传播渠道和技术手段等的运用。因此，在不影响研究结论的情况下，为了设计简洁明了、科学实用、便于调查和统计的问卷，做如下基本假设。

（1）农村综合信息服务主、客体的规定性假设。信息传播理论显示，农村综合信息在主、客体之间的流动是双向的，主体在提供信息的过程中也要获取信息，客体在接受信息的过程中也要反馈信息；主、客体的角色可以转换，甚至合二为一。农村综合信息服务主体集合 S 与农村综合信息服务客体集合 O 存在如下关系：$S \neq \varnothing$，$Q \neq \varnothing$，若 $\exists A = S \bigcap O \neq \varnothing$，则本书假设 A 足够小；这里设定 $S = \{$县（县级市）和乡镇政府，相关事业单位（教研部门、信息机构、各类服务中心等），企业（农资农贸公司、农产品加工企业、农业信息技术企业、信息咨询公司等），农民专业合作组织（协会、合作社等）及个人，O＝｛普通农户，种养大户，农村经纪人和部分涉农企业（如农资、农贸公司和农产品加工企业）｝。

（2）农村综合信息服务主、客体的理性假设。信息经济理论揭示，现实经济社会中，不完全、非对称信息是常态，在满足有效规则的农村综合信息服务体系中的主、客体在努力改善这种信息状态的同时也不得不承认这一现实，并努力追求各自收益最大化。主体提供信息服务的理性表现为 R_s＝$\mathrm{Max} f_s(\mathrm{IRIS}_s)$：各级政府和事业单位是职责所在，企业和个人是利益所在，农民专业合作组织是功能所在。客体接受信息服务的理性表现为 U_o＝$\mathrm{Max} f_o(\mathrm{IRIS}_o)$：用于生产以追逐利润，用于生活以满足效用，用于个人发展以实现自我价值。总体上，在于实现农村综合信息服务的经济、社会和生态效益（$R_s+U_o+R_e$）。其中，IRIS_s 和 IRIS_o 指主、客体在提供和接受农村综合信息服务过程中的成本和支出，R_s、U_o 和 R_e 指主、客体在农村综合信息服务中收益、效用和外部效应。

（3）主、客体对农村综合信息服务评价的客观性假设。信息管理理论说明，信息资源和信息活动的管理是主体有效开展信息服务的前提；而信息服务模式设计理论则表明，主体信息服务及其模式的设计与管理是满足客体信息需求的具体实践；农村综合信息服务正是在信息管理、传播和反馈的循环过程中得以实现的。尽管这一过程受到主、客体自身及其所处的经济、社会和技术环境等诸多因素的影响，但本书假设：农村综合信息服务的主、客体能够对多样的农村综合信息服务内容和活动做出整体的较为客观的评价，并可自由、完整地表达自己的判断。规范表述为，主、客体对各种问题 Y 的 n 个有序性备选项的选择符合累积正态分布函数假设条件，选择某一项 i 的概率：

$$p = P(Y = i) = \Phi(\mu_i - \beta\chi) - \Phi(\mu_{i-1} - \beta\chi) = \int_{\mu_{i-1} - \beta\chi}^{\mu_i - \beta\chi} \varphi(t)\mathrm{d}t$$

式中，$\mu_i > \mu_{i-1}$，$\Phi(\mu_i - \beta\chi)$ 与 $\varphi(t)$ 分别为标准正态分布 $t \sim N(0,1)$ 的累积分布函数与概率密度函数。

（4）调查对象选择的代表性说明。本书选择湖北省作为问卷调研对象基于三点考虑：首先，表 2-2 数据显示，湖北省主要农村经济发展指标在全国 31 个省（自治区、直辖市）中基本处于中等或偏上水平，且属于农业大省。省内农村经济发展本身就存在着层次性：平原湖区（占 20%）基本处于上游水平，丘陵、岗地（占 24.5%）大都处于中游水平，而山地（占 55.5%）多处于下游水平；这在一定程度上类似于我国东、中、西部的发展态势，具有一定的代表性和参照性。其次，2003 年 11 月湖北省出台《中共湖北省委、湖北省人民政府关于推进乡镇综合配套改革的意见（试行）》（鄂发[2003]17 号），在全国率先试行乡镇综合配套改革①，2005 年7 月下发《中共湖北省委、湖北省人民政府关于推进乡镇事业单位改革，加快农村公益性事业发展的意见》（鄂发[2005]13 号）；2006 年 3 月又下发《中共湖北省委办公厅、湖北省人民政府办公厅关于建立"以钱养事"新机制，加强农村公益性服务的试行意见》（鄂办发[2006]14 号），全面推进并不断深化乡镇综合配套改革，这必将对农村综合信息服务产生重大影响。调研这一背景下的湖北省农村综合信息服务，创新农村综合信息服务模式和体系，对于全国具有重要借鉴和指导意义。最后，受制于有限的研究经费，在地理上，选择湖北省也便于开展实地调查。

表 2-2　湖北省农村经济发展水平（2011 年）

项目	湖北省	全国	占全国的比例/%	在全国的位次
农村人口/万人	3129.63	72135.00	4.34	9
占总人口比例/%	54.80	54.32	—	17
农用地面积/千公顷	14651.78	656876.10	2.23	15
占土地总面积比例/%	78.82	69.09	—	17
耕地面积/千公顷	4664.12	121715.89	3.83	11
农村人均耕地面积/公顷	0.15	0.17	—	20
粮食产量/万吨	2227.23	52870.90	4.21	10
人均占有量/千克	390.40	399.10	—	15
棉花产量/万吨	51.34	749.19	6.85	5
人均占有量/千克	9.00	5.66	—	4
油料产量/万吨	285.74	2952.82	9.68	3
人均占有量/千克	51.00	22.00	—	3
农林牧渔业总产值/亿元	2940.50	58002.20	5.07	8
农村人均农林牧渔业产值/元	9394.09	8040.76	—	13
农林牧渔业增加值/亿元	1780.00	33702.00	5.28	8
农村人均农林牧渔业增加值/元	5687.58	4672.07	—	9
占国内生产总值比例/%	15.71	11.21	—	10
农村居民家庭人均纯收入/元	4656.38	4760.62	—	14

资料来源：来自《中国统计年鉴 2011》《中国农村统计年鉴 2011》的数据整理所得；其中，产值、增加值和收入按当年价格计算。

———————————

① 改革的主要内容有 8 个方面：一是规范乡镇机构设置（乡镇设党委、人大、政府三个领导机构）；二是每个乡镇设党委委员 7~9 名，实行领导班子交叉任职；三是从仅设置乡镇工作机构，统一设立"三办一所"（党政综合办公室、经济发展办公室、社会事务办公室和财政所）；四是按地域面积、人口和财政收入等因素科学确定乡镇编制，机关干部通过考试和考评竞争上岗；五是引导除农村中小学、卫生院、乡镇财政所外的乡镇其他直属事业单位面向市场转换机制，成立服务中心，公益性服务由政府采购，经营性服务全面走向市场；六是采取发放基本生活费、进行经济补偿等方式，建立社会养老保险等社会保障机制；七是推进乡镇领导干部职务消费货币化改革；八是改革乡镇财政管理体制。

2.5.2　微观调研设计

农村综合信息服务是信息服务主、客体及信息服务环境相互影响而生产出来的产品。为了深入了解农村综合信息服务的供需特征和服务质量，本书综合设计了农村综合信息服务主体和客体调查问卷各 1 份，并在确定了调查范围、对象及调查方式等的情况下，在 2011 年 7 月，对两类问卷各 12 份在仙桃市杨林尾镇、洪湖市峰口镇和通山县通羊镇三地进行了测试性调查，根据发现的问题，先后经过 6 次补充和修正，形成满足研究要求的最终问卷，并基本达到全面、合理、简洁、通俗、便于回答和统计的要求。

农村综合信息服务客体调查问卷（详见附录Ⅰ）主要用来获取农村综合信息服务的需求特征及客体对信息服务的评价，形成客体视角下的农村综合信息服务认知。根据信息服务客体的信息心理、需求、交流、利用理论，该问卷主要涉及 5 个方面的问题：①客体的基本情况，包括年龄、职业、受教育程度及家庭人均年收入；②客体感知的信息服务环境，包括农村信息流通、设备设施、网络利用、法律法规等情况；③客体信息意识和能力，包括信息需求内容、服务来源和选择、技术手段、信息利用等；④客体对信息服务的评价，包括从总体上和服务的主要方面的评价，如服务组织、服务人员素质、服务内容、服务方式和手段、服务效果等；⑤客体对信息服务支撑、保障条件和纠纷处理的看法。

农村综合信息服务主体调查问卷（详见附录Ⅱ）主要用来获取农村综合信息服务的供给特征及主体对信息服务的评价，形成主体视角下的农村综合信息服务认知。根据信息管理和信息服务理论，该问卷主要涵盖 5 个方面的内容：①主体的基本情况，包括单位类别、位置、人员结构、人均年收入等；②主体感知的信息服务环境，包括农村信息流通、基础设施、网络利用情况等；③主体的信息服务意识与能力，包括组织、规章制度、人员、信息来源和内容、服务方式和手段、设施和设备、资金等；④主体对信息服务的评价，包括人员素质、组织管理、服务内容和效果等；⑤主体对信息服务支撑、保障条件和纠纷处理的看法。

在调查中，按照多阶段类型随机抽样方法，首先对湖北省 79 个县（市、区）按 2011 年农村居民人均纯收入排序后（详见附录Ⅲ）[①]，分为上、中、下 3 类，对每类再按这一标准分为 3 组，从每组中抽取一个样本，共 9 个县（市、区）：黄陂区、钟祥市、仙桃市、洪湖市、天门市、浠水县、麻城市、通山县和建始县；对每个县（市、区）抽取 3 个乡镇，每个乡镇抽取 3 个村。在地方政府部门的帮助下，由华中农业大学经济管理学院部分老师和学生利用 2011 年暑假、2012

---

① 以《湖北省统计年鉴 2011》中数据为依据。

年寒假时间，在全省调查了 9 个县（市、区）的 27 个乡镇，共计 81 个行政村。

根据基本研究假设（1）中农村综合信息服务主、客体的组成，结合被调查县（市、区）的实际情况，在具体调查对象的选择上，采取分类典型调查（表 2-3）。县政府部门主要是指与"三农"相关的单位，如农业局、经管局、畜牧兽医局、水产局、粮食局、林业局、农机局、国土资源局、财政局、气象局、科技局、人力资源和社会保障局、卫生局、广播电视局和文体局等及其相关机构；由于政府部门职能较为规范统一，每个县（市、区）调查至少 3 个部门，且每类被调查部门总体上不少于 3 份调查问卷即可。事业单位一般包括县（市、区）级教研组织、信息机构以及乡镇的相关服务站或中心。主体中的涉农企业通常是指农资、农贸、农产品加工企业，以及农业信息技术企业和信息咨询公司。被抽取乡镇原则上应调查其所拥有各类主、客体，以求完整反映该地农村综合信息服务状况；因此，调查人员力争利用网络、文献等工具和资料预先获取调查地点主要主、客体信息，并初步选出有代表性的对象，如当地典型的种养大户、涉农企业、农民专业合作组织等。为了满足基本研究假设（3）的条件，调查问卷采取匿名形式，调查人员在清晰说明调查意图和解释调查问卷后，由被调查者独立完成问卷回答，调查人员及陪同者则应予以回避。回收问卷后，调查人员还应围绕调查目标和当地实际对被调查者做适当的访谈和记录。

表 2-3 调查问卷的发放

主、客体	调查对象	普通农户	种养大户	农村经纪人	部分涉农企业	合计
客体	调查数量	3 户/村	2 户/村	3 个/镇	3 个/镇	—
	发放问卷/份	243	162	81	81	567
	有效问卷/份	238	160	80	79	557

主、客体	调查对象	县（市、区）、乡镇政府（部门）	事业单位	涉农企业	农民专业合作组织	合计
主体	调查数量	6 个/县	8 个/县	3 个/镇	2 个/镇	—
	发放问卷/份	54	72	81	54	261
	有效问卷/份	49	67	78	51	245

注：有效问卷数量与发放问卷数量不一致，是由于剔除无效问卷造成的。此外，考虑个人农村综合信息服务主体数量较少，且大多身份并不唯一，故而暂不具有研究意义，未被列为本次调查对象。

此外，为了便于整理、统计和管理问卷，调查人员在调查中应填写问卷编号的前 9 位代码、调查人员姓名、调查地点及时间。问卷编号形式为"×—×—×××××—×××"，代码设定见表 2-4。其中，第 1 个"×"表示主、客体代码，第 2 个"×"表示调查对象代码，第 3～5 个"×"表示县（市、区）代码，第 6、第 7 个"×"表示该县（市、区）某类调查对象的问卷数字编号，第 8～10

个"×"表示这类调查对象总的问卷数字编号（在整理所有问卷时，参照已有编号统一编写）；例如，"K－N－1Hp01－001"表示"调查黄陂区农村信息服务客体中普通农户且编号为 01 的问卷，该问卷在所有普通农户调查问卷中的编号为 001"；"Z－Y－9Js06－054"表示"调查建始县农村信息服务主体中农民专业合作组织且编号为 06 的问卷，该问卷在所有农民专业合作组织调查问卷中的编号为 054"。

表 2-4　问卷编号中的代码设计

主、客体	代码	调查对象	代码	县（市、区）	代码
客体	K	普通农户	N	黄陂区	1Hp
		种养大户	D	钟祥市	2Zx
		农村经纪人	J	仙桃市	3Xt
		部分涉农企业	Q	洪湖市	4Hh
		—	—	天门市	5Tm
主体	Z	县（市、区）政府部门及机构	X	浠水县	6Xs
		乡镇政府及组织	Z	麻城市	7Mc
		涉农企业	Q	通山县	8Ts
		农民专业合作组织	Y	建始县	9Js

注：县（市、区）代码中的数字表示该县（市、区）农村居民家庭人均纯收入的排序。

2.6　小结与讨论

　　本章在明确农村综合信息服务内涵的基础上，对我国农村综合信息服务宏观变迁的考察揭示，特定社会经济环境中的制度设计、政府角色定位及投资和利益分配机制对农村综合信息服务体系的建设起决定作用。基于这种认识，本章谨慎且逻辑地梳理并阐述了农村综合信息服务供求特征、模式设计和体系构建的理论组成，认为：农村综合信息服务是以满足"三农"发展中的信息需求为目标，其理论基础是"三农"理论中的现代农业、新型农村和现代农民理念，信息传播学中的基本原理、主要模式、传播控制和效果评价理论，信息管理学中的信息资源和信息活动理论，及信息经济学中的不完全信息经济与非合作博弈、信息转换经济与信息市场、信息商品供需理论；其模式设计主要源自信息服务设计和管理的思想与实践；其体系构建则依据系统主要组成要素和所应遵循的有效性规则。事实上，作为一个交叉性的研究项目，农村综合信息服务问题涉及农业、经济、管理、信息、服务等领域的多门学科，有着广博的理论底蕴和千丝万缕的内在联系，很难逐一剥离和罗列。本章运用抽丝剥茧、去粗取精的方法，对直接指导本书研究的理论予以精心分析和有机重组（突出体现在文中的 2.2～2.4 节三个部分），形成了本章的主要内容；但并没有忽视如信息技术、系统设计、制度经济、组织行为等理论对本书的重要启示。此外，在学习、汲取和消化的基础上，本章还对有些理论部分做了审慎的拓展与创新，例如，农村综合信息服务的划分、信息经济时代国民经济的"车轮"结构、信息服务设计流程与内容、信息服务模式的基础设计、信息服务体系构建的理论构架及运行的有效性规则。在理论的指引下，为了探究农村综合信息服务宏观体系下的微观构件，本章还在理性假设的前提下，设计了微观调研方案，成为重构宏观体系的微观实践指南，并和上述内容一起构成本书的理论和实践分析框架。尽管这一分析框架建立在前人丰硕的研究成果之上，是理论指导实践中令人欣喜的一步，但研究者学识与经历的局限，使这种构建仍可能存在值得商榷和有待检验与完善的地方。

第3章 农村综合信息服务需求分析

农村综合信息服务随着农村经济社会的进步而不断发展,要想构建实用的农村综合信息服务模式和体系,必须对农村综合信息服务的供需特征有准确的把握;而理论奠基,特别是供需理论、研究假设和微观调研,给出了描述和获取供需特征的基本思路及具体方案。本章依据需求理论,按照农村综合信息服务的需求过程(图3-1),结合问卷调查数据,深入分析农村综合信息服务需求影响因素和需求行为,定量研究客体的支付意愿与支付能力,以期获取农村综合信息服务的需求规律,为信息服务模式的合理设计提供需求依据。

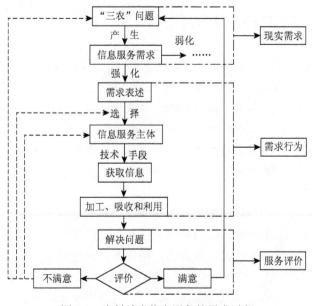

图 3-1 农村综合信息服务的需求过程

3.1 农村综合信息服务需求影响因素

"三农"范畴之内的农村综合信息服务的内涵将客体分为 6 个主要大类(表 2-1),是从农村这一有形地域空间内、农业产业链这一无形逻辑结构中,以及对二者进行协调、管理和控制时,所涵盖的信息服务对象(个体和组织)入手,加以界定分类的,而基本研究假设(1)又对其做了进一步的明确设定。依据"三农"理论，本书将农村综合信息服务内涵所划分的 17 种信息服务内容概括为 4 类：一是农村基础信息，包括农业政策法规、农业新闻和农业资源信息；二是农业生产信息，包括农用物资、农村投融资、农村科技、农产品市场、生产经营管理和农产品储运信息；三是农村生活信息，包括农村生活消费、医疗卫生、交通、文化体育和休闲娱乐信息；四是农民个人发展信息，包括农村教育培训、致富经验和就业信息。图 3-1 表明，对农村综合信息服务的需求源自客体在农业生产、农村生活和个体发展中的问题导向，即问题的产生和解决的渴望必然激发对相关信息的需求，并形成客体对上述 4 大类 17 小类农村信息服务的隐性需求，而促使或抑制这种需求显性化的动力或阻力便构成农村综合信息服务需求的影响因素，最终形成对信息服务的现实需求或导致隐性需求的不了了之。因此，在明确农村综合信息服务客体及服务内容的前提下，首先分析影响客体农村综合信息服务需求的关键因素就显得尤为必要。

3.1.1　信息服务客体的个体特征

信息服务客体的个体特征主要包括职业、年龄、受教育程度和收入，它们相互影响，直接决定了客体信息需求的广度和深度，进而产生对信息服务的诉求。对这部分的分析主要依据问卷中客体基本情况对农村综合信息服务需求影响的调查数据。根据对 4 类 557 个农村综合信息服务客体的调查分析，认为有以下两方面。

（1）信息服务客体的职业类型反映了信息需求者的角色定位，是激发其信息服务需求的根本性因素，具体地表现为不同职业的个体或不同类型的企业有着不同的信息服务需求重点。

我国 7.2 亿乡村人口构成的约 2.49 亿农户是农村综合信息服务的主要对象，也是解决"三农"问题的最为核心的能动性和受动性统一体，其中又以普通农户为主；种养大户是相对普通农户而言的，指以商品化生产为目的，种植或养殖规模比较大的农业生产者，约占农户总数的 1.9%[①]。湖北省 4021.1 万乡村人口构成的约 1038.2 万农户中约有 20.0 万种养大户[②]，对其中 9 个样本县市的 238 个普通农户和 160 个种养大户调查和访谈显示，农户的生产经营活动内容直接决定了其信息需求内容，并形成相应的信息服务需求，60%以上的普通农户比较关注农用物资、农产品市场、农业政策法规、农村科技、农业新闻、致富经验、医疗卫生和生产经营等信息；而种养大户除了在休闲娱乐、致富经验和就业信息的需求比例上低于普通农户，对其他信息的需求强度均高于普通农户（表 3-1）。

---

① 资料来源：根据《中国统计年鉴 2011》数据计算所得。
② 资料来源：根据《湖北省统计年鉴 2011》数据计算所得。

表 3-1　客体特征对其农村综合信息服务需求内容的影响

	客体特征	人数	农村基础信息/%			农业生产信息/%						农村生活信息/%					农民发展信息/%		
			农业政策法规	农业新闻	农业资源	农用物资	农村投融资	农村科技	农产品市场	生产经营管理	农产品储运	生活消费	医疗卫生	交通	文化体育	休闲娱乐	教育培训	致富经验	就业信息
职业	普通农户	238	94.54	80.67	54.20	96.22	47.48	85.71	95.38	60.08	44.54	53.78	65.55	25.63	21.43	31.93	30.67	74.79	37.82
	种养大户	160	96.25	85.00	58.13	98.75	52.50	90.00	96.88	71.25	79.38	56.25	69.38	32.50	23.13	26.88	36.25	70.63	34.38
	农村经纪人	80	95.00	83.75	52.50	96.25	48.75	48.75	97.50	43.75	86.25	55.00	68.75	45.00	22.50	26.25	38.75	68.75	33.75
	涉农企业	79	93.67	89.87	64.56	81.01	94.94	65.82	88.61	100.00	96.20	58.23	29.11	96.20	21.52	30.38	68.35	45.57	34.18
	合计 1	557	94.97	83.66	56.55	94.79	55.83	78.82	95.15	66.61	67.86	55.30	61.94	40.39	22.08	29.44	38.78	68.58	35.73
年龄/岁	≤30	38	92.11	68.42	28.95	97.37	34.21	94.74	84.21	34.21	39.47	26.32	18.42	31.58	23.68	76.32	39.47	60.53	89.47
	31~40	142	96.48	73.94	64.79	97.89	65.49	95.07	98.59	73.24	54.93	50.70	56.34	30.28	21.13	40.14	35.92	86.62	50.00
	41~50	168	97.02	86.31	58.93	95.24	57.14	77.98	98.81	66.67	61.90	52.98	69.64	35.71	26.19	22.02	39.88	84.52	31.55
	≥51	130	92.31	91.54	47.69	98.46	26.15	65.38	93.85	48.46	80.77	70.00	90.77	26.15	17.69	13.08	22.31	44.62	10.77
受教育程度	小学及以下	110	85.45	75.45	36.36	91.82	28.18	71.82	87.27	44.55	45.45	34.55	65.45	19.09	10.00	8.18	14.55	69.09	10.91
	初中	247	97.98	83.40	58.30	99.19	53.44	82.19	99.19	59.92	62.35	57.89	68.02	28.74	20.65	25.51	31.98	70.04	34.82
	高中或中专	111	98.20	86.49	63.96	97.30	57.66	86.49	98.20	77.48	80.18	64.86	66.67	43.24	31.53	52.25	53.15	78.38	58.56
	高职或大专	10	100.00	100.00	90.00	100.00	90.00	90.00	100.00	90.00	90.00	80.00	80.00	90.00	90.00	100.00	80.00	100.00	90.00
	本科及以上	0	0.00	0.00	0.00	0.00	0.00	0.00	0.00	0.00	0.00	0.00	0.00	0.00	0.00	0.00	0.00	0.00	0.00
人均年收入/元	≤4500	94	89.36	71.28	32.98	94.68	23.40	68.09	93.62	42.55	38.30	34.04	55.32	11.70	17.02	21.28	19.15	77.66	18.09
	4501~6500	103	90.29	73.79	47.57	96.12	41.75	77.67	95.15	52.43	50.49	46.60	75.73	21.36	25.24	24.27	25.24	86.41	53.40
	6501~8500	136	97.79	83.09	58.82	98.53	53.68	81.62	97.06	68.38	74.26	58.09	77.21	36.03	26.47	31.62	39.71	75.00	47.79
	≥8501	145	100.00	95.86	71.72	97.93	67.59	91.03	97.93	72.41	77.93	71.03	60.00	46.21	19.31	35.86	44.14	56.55	24.14
	合计 2	478	95.19	82.64	55.23	97.07	49.37	80.96	96.23	61.09	63.18	54.81	67.36	31.17	22.18	29.29	33.89	72.38	35.98

　　农村经纪人是指在农村经济活动中，以收取佣金为目的，以居间、行纪、代理等形式，为促成农产品交易而对涉农商品及项目提供中介服务的公民、法人和其他经济组织。据国家工商行政管理总局 2011 年的统计数据，全国中的 31 个省（自治区、直辖市）登记注册的农村经纪人总户数达 40.2 万余户，经纪执业人员64.6 万余人，业务量超过 2000 亿元；从实际情况来看，在农村还有大量的未经登记注册的从事临时性、季节性经纪活动的经纪人。随着农村市场的不断发展，农村经纪人数量呈持续增长趋势，业务范围进一步扩展，涉及农业科技、农产品及农村工业或手工业产品营销、农村信息、农产品储运和加工、农村娱乐等经纪活动；因而，这类客体对农村综合信息服务的需求也最为广泛。目前，我国农村经纪人队伍以农产品经纪人（指围绕农产品的收购、储运和销售而展开经纪活动的农村经纪人）为主，特别是从事粮食、蔬菜、水果、牲畜、水产品等大宗农产品经纪业务的经纪人占到 52.1%以上。湖北省农村经纪人已达 10 万多人，农产品经纪人占到 60%～70%[①]，对样本县市 80 个农村经纪人的调查分析也表明：80%以上的农村经纪人比较关心和需要农产品市场、农用物资、农业政策法规、农产品储运和农业新闻等方面的信息服务（表 3-1）。

　　涉农企业是从事农产品或农业生产资料生产、加工、销售、研发、服务等经营活动，实行自主经营、独立核算、依法设立的营利性经济组织。从产业结构角度看，涉农企业不仅包括农、林、牧、副、渔等各类农产品的生产和加工企业，如种植业和养殖业企业等第一产业，还包括以各种农机具、农业设施和设备为主要产品的乡镇制造业等第二产业，以及围绕农业提供相关服务，如农资、农机、植保、科技咨询、观光旅游等服务的第三产业。从社会再生产角度看，涉农企业涵盖了农产品生产、流通和消费的全过程，其投资主体、经营范围、规模呈多样化和综合化发展趋势；而涉农企业内联农户、外联市场的桥梁作用也使其成为农业产业化和现代化的发动机。2011 年全国共有涉农企业 15.3 万家，签约农户 1397.5 万户，签约合同 1178.0 万份[②]；湖北省民营涉农企业就达 3.3 万余家，其中具有一定规模的有 3668 家，龙头企业 488 家[③]。对涉农企业的调查主要选取样本乡镇中典型的农资、农贸或农产品加工企业来展开，它们对于信息服务的需求源自其生产经营活动中引发的追逐效益的相关信息需求，集中体现在生产经营管理、农产品储运、交通、农村投融资、农业政策法规、农业新闻和农产品市场等方面（表 3-1）。

　　（2）客体的年龄、受教育程度和收入是实现其信息服务需求的内在驱力因素，

---

① 资料来源：中国妇女网，http://www.women.org.cn/manguage/big.jsp?id=17841。

② 资料来源：中国工商报，http://www.cicn.com.cn/docroot/200903/18/kw01/18040102.htm。

③ 资料来源：新浪网，http://gov.finance.sina.com.cn/zsyz/2009-05-30/85164.html。

表现为：客体信息服务需求具有明显年龄阶段划分的差异性，并且其受教育程度越高、经济状况越好，对信息服务的需求越强烈[①]。

表 3-2 汇总了普通农户、种养大户和农村经纪人 3 类客体的年龄、受教育程度和家庭年人均收入的调查结果。总体来看，农村综合信息服务客体的年龄偏大、受教育程度偏低，40 岁以上客体占到 62.35%，初中以下学历占到 74.68%，调查中没有遇到本科以上学历的客体；受教育时间与年龄呈反向变化关系，说明在农村人们越来越倾向于接受更长时间的教育。调查也表明，年富力强、受教育程度较好的农民大都外出务工，是造成留守农村劳动力整体素质偏低的主要原因，也势必对农村综合信息服务需求和实现造成负面影响。具体来看，普通农户的高龄化、低学历现象更加突出，近半数客体年龄在 51 岁以上，近 9 成客体无高中或中专以上学习经历；这种情况在种养大户、农村经纪人中尽管也不容乐观（特别是受教育程度），但毕竟得到明显改善，也是所从事职业对这两类客体精力和水平要求更高的必然结果。

表 3-2　调查对象基本信息

特征		普通农户		种养大户		农村经纪人		合计	
		人数/人	比例/%	人数/人	比例/%	人数/人	比例/%	人数/人	比例/%
小计		238	100	160	100	80	100	478	100
年龄/岁	≤30	22	9.24	6	3.75	10	12.50	38	7.95
	31~40	42	17.65	56	35.00	44	55.00	142	29.71
	41~50	73	30.67	74	46.25	21	26.25	168	35.15
	≥51	101	42.44	24	15.00	5	6.25	130	27.20
受教育程度	小学及以下	97	40.76	9	5.63	4	5.00	110	23.01
	初中	110	46.22	98	61.25	39	48.75	247	51.67
	高中或中专	29	12.18	51	31.88	31	38.75	111	23.22
	高职或大专	2	0.84	2	1.25	6	7.50	10	2.09
	本科及以上	0	0.00	0	0.00	0	0.00	0	0.00
人均年收入/元	≤4500	66	27.73	17	10.63	11	13.75	94	19.67
	4501~6500	55	23.11	31	19.38	17	21.25	103	21.55
	6501~8500	53	22.27	53	33.13	30	37.50	136	28.45
	≥8501	64	26.89	59	36.88	22	27.50	145	30.33

[①] 对于部分涉农企业（如农资、农贸公司和农产品加工企业）的调查，调查对象回答的是关于企业生产经营管理活动中的农村综合信息服务需求问题，公司制企业的被调查对象的年龄、受教育程度和收入与涉农企业信息服务需求的相关性不大；而非公司制企业（特别是个体工商户）的被调查对象的年龄、受教育程度和收入与涉农企业信息服务需求的相关性较大，但总体上看，涉农企业对信息服务的需求类似于农村经纪人；因此客体的年龄、受教育程度和收入对农村综合信息服务的影响分析中就没有包含对这部分涉农企业的调查数据。

　　对于表 3-2 中的家庭人年均收入，由于采取的是类型抽样方法，按"农村居民家庭年人均纯收入"属性对县（市、区）排序分类后，在各类总体中随机抽取等量样本加以调查，所以，普通农户在各收入区间的分布人数差异并不显著；而种养大户和农村经纪人在各收入区间的分布人数则随收入增加而呈整体上升态势，说明这两类客体的年人均收入在不同地区大都处于较高的水平。此外，对样本调查所得的家庭人均年收入总体上与其所在地农村居民人均纯收入的排序是一致的。

　　表 3-1 描述了年龄、受教育程度和家庭人均年收入对客体农村综合信息服务需求内容的影响。结合图 3-2 可知，4 个年龄段均有 60%以上的客体对农村政策法规、农用物资、农产品市场、农业新闻和农村科技信息产生需求，对农业新闻的关注随年龄增长而增强，对农村科技信息的关注则随年龄增长而呈弱化趋势。4 个年龄段的客体均对交通、文化体育及农村教育培训信息需求低迷（低于40%），主要原因：一是即用即得（如交通信息），很方便；二是兴趣不浓（如文化体育信息）；三是效用不高（如农村教育培训信息）。其他多数信息在不同年龄段客体中的需求差异则较为明显，例如，客体对农业资源、生产经营管理、农村投融资和致富经验 4 类信息的需求呈"凸"字形特征，中间年龄段（31～50 岁，特别是 31～40 岁）客体的需求程度较高，其他年龄段客体的需求程度相对偏低，30 岁以下客体与 51 岁以上客体相比，前者更重视农村投融资信息和致富经验，后者更重视农业资源和生产经营管理信息；随着的年龄的增长，对农产品储运、农村生活消费和医疗卫生信息的需求程度增强，而对休闲娱乐和就业信息的需求程度下降。图 3-3 清楚地表明，随着教育程度的提高，客体对各类信息的需求程度均呈递增态势。结合图 3-4 发现，与年龄特征类似的原因使各个收入区间内的

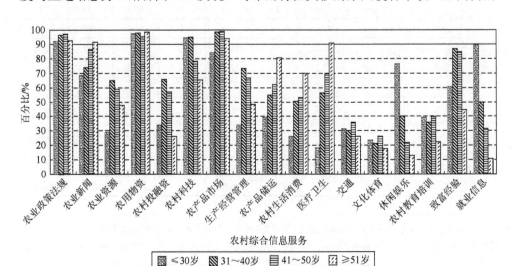

图 3-2　年龄对客体农村综合信息服务需求内容的影响

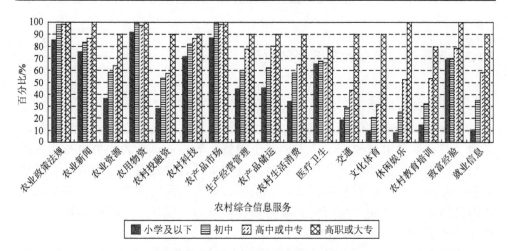

图 3-3　受教育程度对客体农村综合信息服务需求内容的影响

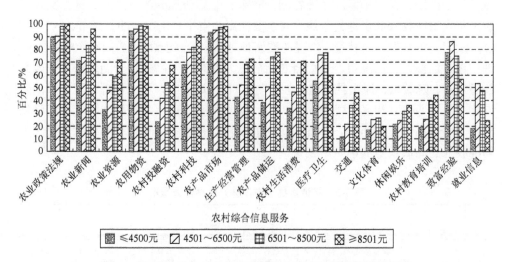

图 3-4　人均年收入对客体农村综合信息服务需求内容的影响

客体对交通、文化体育、休闲娱乐及农村教育培训信息的需求不大（低于 50%），但随着人均年收入的增长，客体对上述信息的需求变化与其对农业政策法规、农业新闻、农业资源、农用物资、农村投融资、农村科技、农产品市场、生产经营管理、农产品储运和农村生活消费等信息的需求变化一致，呈递增趋势，且不同收入区间的客体（与各年龄段客体类似）均对农村政策法规、农用物资、农产品市场、农业新闻和农村科技等信息有着强劲的需求（超过 60%）。在对医疗卫生、致富经验和就业信息的需求上，各收入区间的客体比例也呈"凸"字形特征，中间收入段（4501～8500 元）客体的需求程度较高，其他收入段客体的需求程度相对偏低。

3.1.2　自然资源禀赋和社会经济发展

　　农业资源是解决"三农"问题的基本物质要素，它是指在农业生产或农业经济活动过程中，所利用或可利用的各种资源，包括自然资源和社会经济资源。前者主要由气候、水、土地和生物资源等组成；后者主要包括相关的劳动力、物质技术装备和其他有关经济技术条件。自然资源禀赋和社会经济发展状况决定着区域农村生活和经济结构，形成农民对生产、生活和个人发展的具体谋划，进而产生相应的农村综合信息服务需求，是客体实现需求的外部激励/约束性因素。

　　湖北省各县（市、区）农村居民年人均纯收入与其地理位置有着密切相关性，通常位处山地、丘陵地区（主要在湖北省东、北、西部）的县（市、区）的农村居民年人均纯收入低于地处平原区（主要在湖北省中、南部）的县（市、区），结合附录Ⅲ即可发现这一特征。体现在被调查对象上，位于湖北省中南部的黄陂区、钟祥市、仙桃市、洪湖市、天门市农村居民人均纯收入高于位于湖北省东、西部的浠水县、麻城市、通山县、建始县（图2-11）。这说明，不同地理位置形成的差异化自然资源禀赋和区位优势（表3-3），很大限度地决定着区域农村社会经济结构及其发展态势（表3-4），由此而形成的农村综合服务需求差异和农村居民年人均纯收入的高低只是其中两个表象。

表 3-3　被调查县（市、区）自然资源概况

序号	县（市、区）	自然资源禀赋
1	黄陂区	位于武汉市北部，属亚热带季风气候，年均日照时数为1540~2180小时，年均气温为15.7~16.4℃，年均降水量为1000~1200毫米；总面积为226.1千公顷，其中耕地占23.7%，山场占26.7%，林地占30.7%，水面占11.4%；农产品涵盖粮、棉、油、畜禽、水产、蔬菜、林果、茶、小杂粮等，形成芦笋、小龙虾、茶叶、种子种苗等四大特色产业，现代都市农业初具雏形
2	钟祥市	位于湖北省中部，属亚热带季风气候，年日照时数约2112小时；年均气温为15.9℃，年均降雨量为960毫米；总面积为448.8千公顷，其中耕地占18.1%，林地占30.0%，草场占28.2%，水面占11.0%；形成粮食、棉花、油料、生猪、鸡鸭、水果、蔬菜、食用菌等八大主导产业
3	仙桃市	位于湖北省中部的江汉平原，属亚热带季风气候，年日照时数为1900.1小时，年均气温为16.6℃，年均降水量为1211.5毫米；总面积为253.8千公顷，其中耕地占52.6%，园林地占3.0%，其他农用地占23.8%，河流、湖泊水面占4.0%；农产品主要包括粮、棉、油、畜禽、水产、蔬菜等，其中水产养殖是农业的战略性产业，咸蛋、皮蛋、莲藕、莲子等是代表性名特优农副产品或加工品
4	洪湖市	位于湖北省中南部，属亚热带湿润季风气候，年日照时数为1980~2032小时，年均气温为16.6℃，年均降水量为1060.5~1331.1毫米；总面积为251.9千公顷，其中耕地占40.8%，园林地占3.0%，其他农用地占22.1%，河流、湖泊水面占20.4%；农产品主要包括粮、棉、油、畜禽、水产、蔬菜、小杂粮等，出产莲、藕、蟹、虾、鳖等多种名特优水产品

续表

序号	县(市、区)	自然资源禀赋
5	天门市	位于湖北省中南部,属亚热带季风气候,年日照时数为 1900.0 小时左右,年均气温为 18.0℃左右,年均降水量约 1031.1 毫米;总面积为 262.2 千公顷,其中耕地占 61.8%,园林地占 2.4%,水面占 20.6%;农产品主要包括粮、棉、油、畜禽、水产、蔬菜等,具有较强市场竞争优势的农副产品有花生、慈菇、芋环、酱菜、皮蛋、咸蛋及板鸭等
6	浠水县	位于湖北东中部,属典型的亚热带大陆性季风气候,年均日照时数为 1895.6 小时,年均气温为 16.9℃,年均降水量在 1370.8 毫米左右,总面积为 194.9 千公顷,其中耕地占 23.6%,园林地占 36.2%,其他农用地占 15.8%,水面占 13.9%;农产品主要包括粮、棉、油、畜禽、水产、蔬菜等,主要名特优农副产品有优质稻、双低油、巴河藕、茅山大闸蟹等
7	麻城市	位于湖北省东北部,属亚热带大陆性湿润季风气候,年均日照时数为 2153 小时,年均气温为 13.0~16.1℃,年均降水量为 1111.2~1688.7 毫米;总面积为 374.7 千公顷,其中耕地占 21.9%,林地占 50.3%,草地占 3.5%;农产品主要包括粮、棉、油、畜禽、水产、蔬菜等,形成果蔬、蚕桑、板栗、畜牧、老米酒、菊花等六大特色优势板块经济
8	通山县	位于湖北省东南部,属亚热带季风气候,年均日照时数为 1845 小时,年均气温为 16.3℃,年均降水量为 1500 毫米;总面积为 268.0 千公顷,其中耕地占 5.5%,园林地占 65.8%,草地占 21.2%,水面占 3.7%;农产品生产包括粮、油、畜禽、水产品、蔬菜等,形成库区水产水果、山区油茶、楠竹、城郊花卉苗木、农业观光园的特色农业格局
9	建始县	位于湖北省西南山区北部,属亚热带季风湿润型山地气候,年均日照时数为 1300~1500 小时,年均气温为 11.7~15.5℃,年均降水量为 1400~2000 毫米;总面积为 266.7 千公顷,其中耕地占 14.6%,待开发土地占 37.3%,宜林、宜牧土地面积较大;农产品生产包括粮、油、畜禽、水产品、蔬菜等,形成林果、药材、蔬菜、烟叶、魔芋、畜产品六大特色农业

注: 表中县(市、区)依据 2011 年农村居民人均纯收入由高到低排序,数据来自《湖北省统计年鉴 2011》及各县(市、区)人民政府门户网。

调查访谈中发现,各地方政府总是力争在改造传统农业的基础上,依托资源或区位优势,立足社会经济发展环境,调整农业结构,形成本地特色产业,促进农业增效,农民增收;进而引导农村综合信息服务客体对相关的政策、法规、新闻、资源、物资、投融资、科技、市场、生产经营管理、储运,乃至培训和致富经验等信息产生明确需求。对调查数据的比较分析(图 3-5),湖北省中、南部县(市、区)的客体对农业生产中的投融资、科技、生产经营管理信息和农村生活中的消费、医疗卫生、文化体育、休闲娱乐信息的需求较明显地高于东、北、西部县(市、区)(超过了 3 个百分点),反映了资源禀赋激励客体比较注重生产经营理念的提升及生活质量的改善;而湖北省东、北、西部县(市、区)的客体则在农业生产中的农用物资、农产品市场、农产品储运信息,农村生活中的交通信息,农民个人发展信息的需求上较显著地高于中、南部县(市、区)(超过了 3 个百分点),表明受资源约束,客体更关注农业生产中的物资供应、产品储存和外销的问题,也更迫切希望通过教育培训、致富经验和就业信息获得更多或更好的经济收入来源。

表 3-4 被调查县（市、区）的农村经济概况

县（市、区）	地区生产总值			从业人员			农村居民人均纯收入/元	农村居民人均消费性支出/元	农村用电量/万千瓦时	常用耕地面积/千公顷	粮食产量/万吨	棉花产量/吨	油料产量/万吨	肉类产量总量/吨	水产品产量/吨
	总产值/亿元	第一产业/亿元	比例/%	总数/万人	第一产业/万人	比例/%									
黄陂区	161.40	39.79	24.65	64.53	19.30	29.91	6026	3873	54016	53.93	41.78	3533	6.48	99776	75109
钟祥市	142.12	35.95	25.30	44.50	14.00	31.46	5400	4435	13733	81.70	79.33	14365	11.59	89261	105222
仙桃市	233.50	44.77	19.17	84.65	16.42	19.40	5248	2807	35901	90.14	67.34	27738	11.80	84921	232954
洪湖市	81.43	33.31	40.91	37.90	12.03	31.74	4975	3168	17352	64.19	55.95	17705	6.17	21592	301926
天门市	187.35	44.87	23.95	66.30	19.80	29.86	4761	3768	16676	106.98	56.88	43075	9.44	79029	98605
浠水县	78.06	28.98	37.13	49.45	17.50	35.39	4083	3922	13778	43.58	43.46	12300	6.56	60685	85145
麻城市	83.63	32.83	39.26	58.95	23.48	39.83	3460	4050	19198	52.93	50.85	9226	6.92	51648	20416
通山县	33.26	6.49	19.51	21.20	5.80	27.36	2852	2418	4110	14.67	7.01	0	0.45	13823	4530
建始县	28.49	11.38	39.94	29.28	13.27	45.32	2490	2125	3712	33.34	21.70	0	1.43	50673	366

资料来源：由《湖北省统计年鉴 2011》数据整理所得。

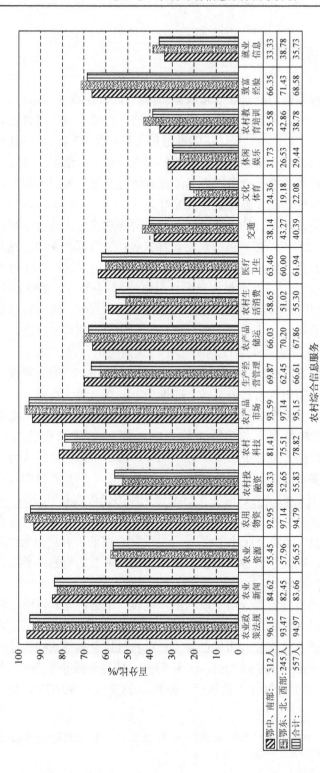

	农业政策法规	农业新闻	农业资源	农用物资	农村技融资	农村科技	农产品市场	生产经营管理	农产品储运	农村生活消费	医疗卫生	交通	文化体育	休闲娱乐	农村教育培训	致富经验	就业信息
鄂中、南部:312人	96.15	84.62	55.45	92.95	58.33	81.41	93.59	69.87	66.03	58.65	63.46	38.14	24.36	31.73	35.58	66.35	33.33
鄂东、北、西部:245人	93.47	82.45	57.96	97.14	52.65	75.51	97.14	62.45	70.20	51.02	60.00	43.27	19.18	26.53	42.86	71.43	38.78
合计:557人	94.97	83.66	56.55	94.79	55.83	78.82	95.15	66.61	67.86	55.30	61.94	40.39	22.08	29.44	38.78	68.58	35.73

农村综合信息服务

图 3-5　资源禀赋对客体农村综合信息服务需求内容的影响

3.1.3　信息服务的可及性

　　信息服务的可及性是指用户获取信息服务的便利程度，它既要考虑是否方便、及时，又要考虑是否经济、实效，是信息服务的供给（在第 4 章详细讨论）和外部支撑条件（包括农村信息传播状况、基础设施和设备配置等）综合作用的结果。本小节主要分析影响农村综合信息服务需求的外部支撑条件，依据的是问卷中客体可认知的信息服务环境的调查数据，内容涉及客体可获得信息服务的设备或载体、农村综合信息服务的基础设施及服务状况等。

　　目前，信息服务需求者拥有的可获取信息服务的终端设备主要有电视、固定电话、移动电话、收/录音机、影碟机和家用计算机等；通常可接受的信息服务载体主要有书、报纸、杂志和影音资料。调查数据显示，农村居民家庭（包括普通农户、种养大户和农村经纪人）几乎都拥有手机与电视，分别达 98.54%和 99.37%，而 2011 年湖北省统计年鉴中这两项数据是 117.88%和 113.00%，表明有的家庭不止拥有 1 部手机或 1 台电视，也暗示了随着通信、广播电视的快速发展，通过手机、电视实现信息服务可能是最为便利的途径，这同时也带动了超过一半（达 53.77%）农户对影碟机这一电视互补品的消费。虽然仅有 36.19%的家庭接入了有线广播电视，但在"广播电视村村通工程"的推进下，发展势头良好。由于手机的替代效应及月租费、方便性的制约，不到 40%的农村居民家庭装有固定电话；而电视的普及和手机功能多元化等因素的影响，拥有收/录音机的农户仅为 19.46%。计算机的农户拥有率最少，仅为 12.55%，尽管近半数的客体认为可方便地连接互联网，并大多对通过互联网获取信息持积极态度，但互联网的入户率仅为 6.90%；说明农户对计算机及互联网的支付或使用能力仍极为有限。只有 14.23%的农户会购买书刊或影音资料，25.94%的农户经常订阅报纸，反映了大多数农户对这类信息载体的淡漠。涉农企业除了收/录音机的拥有率低于农户、电视和手机的拥有率与农户类似，在其他设备及配套、载体的拥有率上均明显高于农户，这显然是由企业经营需要决定的。

　　农村信息服务基础设施主要包括实现广播、电视、电话、互联网络、图书馆及服务站点等的功能所必需的建设与配套情况[①]。由于每个县（市、区）基本都拥有类似设施，所以，问卷仅要求客体从自身感知对农村信息服务基础设施完善与否做出判断，认为"一般"的占 38.24%，认为"好"（较完善或非常完善）与"不好"（不完善或很不完善）的客体人数接近，分别占 28.99%和 30.67%，揭示了农

---

　　① 2011 年全国通电话的自然村占 92.4%，行政村达 99.7%；中央广播电视节目在农村地区的无线覆盖率达 80%以上；全国能上网行政村占 89%（数据来源：中国信息年鉴 2011）。

村信息服务基础设施配置整体上得到客体的基本认同，但在服务"三农"的功能设置与实践上仍有很大的提升空间。大多数（94.79%）客体认为有必要在乡镇设立农村综合信息服务站点，而在村一级，则超过半数（58.89%）的客体认为没必要设立；这意味着，农村综合信息服务站点布设是否合理、距离农户远近会影响信息服务需求。

对农村综合信息服务状况的了解，主要基于客体对农村信息传播、服务供给和制度保障的基本判断。37.88%的客体认为农村信息传播不（太）畅通、信息服务不（很不）全面，主要是农村综合信息服务能力不强、资金有限、政策法规支撑保障不够、农户获取信息能力不足、信息获取设备利用率不高等原因造成的。43.27%的客体农村信息服务需求不能得到满足，主要原因是"缺乏需要的信息"（占 73.97%）、"不知到哪里找信息"（占 62.66%），以及"担心信息不准确"（占 60.50%）；而对国家通过制度、法规惩治蓄意提供虚假信息行为的评价上，也有 29.80%的客体不满意，认为"一般"的占到 43.27%。结合表 3-5 的调查结果说明，农村综合信息服务状况的确不容乐观。

表 3-5　客体可经常获取的农村综合信息服务

农村综合信息服务	可经常获取信息的客体比例
生产经营管理、农产品储运、文化体育和休闲娱乐信息	6%～10%
农村投融资、农村教育培训和就业信息	12%～17%
农用物资、农村科技、农产品市场和交通信息	18%～27%
农业资源、农村生活消费和致富经验信息	32%～39%
农业政策法规、农业新闻和医疗卫生信息	44%～50%

3.2　农村综合信息服务需求行为

客体对农村综合信息服务的需求行为是客体为了满足生产、生活或个人发展过程所产生的信息需求，在相关因素的作用下，表述信息需求，选择信息服务供给方、服务技术或手段，获取信息或相关服务，吸收、加工和利用信息解决实际问题的整个活动。图 3-1 表明，"三农"范畴内的问题导向是客体形成对前述 4 大类 17 小类农村信息服务潜在需求的原动力，在诸多因素的影响下，这种需求可能被弱化，也可能被强化（正如前面的分析）。当内外因素的刺激将客体的潜在需求变为现实需求时，就会形成信息需求动机，进而产生需求行为。这种行为对解决问题的效果如何，是客体评价服务质量或需求行为的基本依据，并对客体以后的信息服务需求产生重要影响（将在稍后深入讨论）。

3.2.1　农村综合信息服务需求的表述

客体对农村综合信息服务需求准确无误的表述是其获得有效信息服务的前提，也是信息服务主体的强烈愿望。显然，表述者的个体特征（特别是受教育程度）对此起着决定作用，而语言、文字、音频、视频，乃至现场观摩和体验是表述的主要方式。尽管农村综合信息服务客体整体素质偏低，加之劳动力转移对农村人力资源事实上的择优，使得客体的信息素养令人担忧。但考虑农业生产的地域性、季节性和周期性特征，同一区域农村生活和农民发展的鲜明共性特征，以及主、客体双方的沟通努力，有理由乐观地假设，客体能够对其农村综合信息服务需求做出基本准确的表述。

3.1 节的分析，实际上反映了按不同属性分类的客体群对各类农村综合信息服务需求强度的表述。其中，表 3-1 中对调查数据的合计 2 只表明了农户（包含普通农户、种养大户和农村经纪人）对 17 种农村信息服务的需求强度，而合计 1 则说明了所有客体（包括农户和涉农企业）对这些信息服务的需求强度。将二者合并，按农户对信息服务的需求强度从高到低排列成表 3-6。可以看出，农户对各种农村信息服务需求的优先顺序：农用物资、农产品市场和农业政策法规是最受关注的信息集，其次是农业新闻、农村科技和致富经验信息，第三位信息集是医疗卫生、农产品储运和生产经营管理，排在第四位的信息集是农业资源、农村生活消费和农村投融资，第五位信息集是就业信息、农村教育培训和交通，排在最后的信息集是休闲娱乐和文化体育。当把涉农企业的调查数据也计算在内后，某些信息服务（表 3-6 中"＊"标明）的需求强度发生了明显变化（超过 3 个百分点），这显然是由涉农企业的经营需要造成的。因为，几乎所有的涉农企业都要考虑原材料和产品的储运、企业的生产经营管理、资本的获取、员工的教育培训等问题；而对致富经验和医疗卫生信息则比较淡漠。

表 3-6　客体对农村综合信息服务的需求强度　　　　（单位：%）

农村综合信息服务	农户需求强度	客体需求强度
农用物资	97.07	94.79
农产品市场	96.23	95.15
农业政策法规	95.19	94.97
农业新闻	82.64	83.66
农村科技	80.96	78.82
致富经验＊	72.38	68.58
医疗卫生＊	67.36	61.94

续表

农村综合信息服务	农户需求强度	客体需求强度
农产品储运 ∗	63.18	67.86
生产经营管理 ∗	61.09	66.61
农业资源	55.23	56.55
农村生活消费	54.81	55.30
农村投融资 ∗	49.37	55.83
就业信息	35.98	35.73
农村教育培训 ∗	33.89	38.78
交通 ∗	31.17	40.39
休闲娱乐	29.29	29.44
文化体育	22.18	22.08

3.2.2　信息服务主体、服务技术或手段的选择

客体在明确农村综合信息服务需求的情况下，根据服务的可及性，搜寻相应的信息服务供给，并做出理性的选择，力图最大化信息服务的效用。此时，客体的信息意识、信息经验对信息环境、信息服务的认识、态度等制约着他（她）的选择和行为，影响着信息活动的整个过程与服务效果。

调查显示（表 3-7 小计 1），客体在获取农村综合信息时，首选的服务主体是信息机构（如图书馆、广播电视台、报纸杂志社等），占到 90% 以上，其中又以广播电视节目为主；其次是政府部门，为 72.17%，而且以乡镇政府的信息服务供给为主；第三是服务中心（如农技、农机服务中心，兽医站等），有 62.30% 的客体是从设在乡镇的这些提供公共服务的民办非企业单位中获得农村综合信息的。客体选择农业企业（主要指农资、农贸公司，农产品加工企业）和农民专业合作组织获取相关资讯的比例相差不大，分别为 46.32% 和 44.52%。调查中有 42.01% 的客体从通信、网站或信息咨询等专业信息公司获取信息服务，但随着农村信息化步伐的加快，特别是"金农"工程的建设，农村信息技术和网络服务平台的推广，这种现代农村综合信息服务主体蕴藏着巨大的潜力（特别是面向普通农户的服务）；截至 2011 年，全国建立各类农村信息服务平台 2000 多个，涉农信息服务互联网站已过万家，超过 20 个省（自治区、直辖市）开通了"12316"农业服务热线电话，新农村商网全年发布各类信息 300 万条、累计访问量 6.1 亿人次、日均访问量 170 万人次、解答农民问题 3 万多人次[①]。距离障碍和交流的缺

---

① 资料来源：《中国信息年鉴 2011》。

失，使得教研单位在农村综合信息服务中的权威性、科学性没有得到有效发挥（仅占 13.82%）。

表 3-7 农村综合信息服务中客体对主体的选择

客体特征		人数	县、乡镇政府部门/%	教研单位/%	信息机构/%	服务中心/%	农业企业/%	专业信息公司/%	农民专业合作组织/%
职业	普通农户	238	58.40	5.46	89.92	58.82	32.77	19.75	9.66
	种养大户	160	82.50	18.13	91.88	76.25	53.75	45.63	83.75
	农村经纪人	80	80.00	17.50	92.50	57.50	65.00	56.25	62.50
	涉农企业	79	84.81	26.58	91.14	49.37	53.16	87.34	51.90
小计 1		557	72.17	13.82	91.02	62.30	46.32	42.01	44.52
年龄/岁	≤30	38	31.58	15.79	94.74	52.63	31.58	65.79	26.32
	31～40	142	69.01	14.08	92.25	61.27	42.25	50.00	40.14
	41～50	168	73.21	10.71	90.48	66.67	47.02	33.33	45.83
	≥51	130	78.46	9.23	89.23	68.46	50.00	10.00	48.46
受教育程度	小学及以下	110	66.36	5.45	89.09	60.00	37.27	10.00	37.27
	初中	247	69.23	8.10	90.28	64.78	44.13	27.94	43.32
	高中或中专	111	74.77	21.62	93.69	67.57	54.05	67.57	45.95
	高职或大专	10	80.00	60.00	100.00	70.00	60.00	100.00	80.00
	本科及以上	0	0.00	0.00	0.00	0.00	0.00	0.00	0.00
人均年收入/元	≤4500	94	59.57	8.51	86.17	55.32	35.11	15.96	31.91
	4501～6500	103	66.99	9.71	89.32	60.19	38.83	24.27	39.81
	6501～8500	136	72.06	12.50	91.91	66.18	47.06	38.97	45.59
	≥8501	145	77.24	14.48	94.48	71.72	54.48	49.66	51.03
小计 2		478	70.08	11.72	91.00	64.44	45.19	34.52	43.31

分析表 3-7 的数据发现，普通农户、种养大户、农村经纪人和涉农企业 4 类客体选择政府部门、教研单位、信息机构和专业信息公司提供信息服务的比例呈依次递增趋势；普通农户除了从各类服务中心获取信息服务的比例高于涉农企业，对其他主体求助的比例均低于另外 3 类客体。4 类职业中，种养大户对服务中心和农民专业合作组织的信息依赖程度最高，可能是其生产规模和本身多为专业组织成员等因素所决定的；而农村经纪人则由于经纪业务原因最为关注农业企业的信息。年龄越大的客体越愿意咨询政府部门、服务中心、农业企业和农民专业合作组织，而年龄越小的客体越倾向于借助教研单位、信息机构、通信、网站等专业信息公司。受教育程度或收入高的客体对各类主体信息服务的利用普通高于其他客体。

　　获取农村综合信息服务的技术或手段主要通过农村综合信息服务渠道来表现。目前常用的农村综合信息服务渠道主要有传统媒体渠道（电视节目、电台广播、书刊报纸杂志、音影制品等）、现代资讯渠道（互联网络、手机短信、电话咨询等）、现场沟通渠道（培训讲座、现场咨询、致富经验、科技示范、亲友交流等）和单向知会渠道（村委广播、会议通知、布告、广告、宣传单等）。从表 3-8 中的小计 1 和小计 2 可以看出，电视节目以其覆盖率广、直观、形象、便捷和易于接受等优势成为目前客体最常用的信息服务渠道，占到 80%左右；其次是亲友交流，说明信息的人际传播方式尽管不属于严格意义上的信息服务，但在广大农村地区仍有着不可或缺和替代的作用；而经验示范、书刊报纸、村委会广播、广告宣传和现场咨询则受到 40%左右客体的关注；音影制品的利用率最低，不到 10%；客体对现代资讯渠道、电台广播、培训讲座、会议通知等的选择比例也较低，不超过 35%。

　　表 3-8 显示，普通农户、种养大户、农村经纪人和涉农企业对互联网络、电话咨询、书刊报纸、音影制品、经验示范等信息服务渠道的选择比例呈递增趋势，对电台广播的利用则呈递减变化；对于其他渠道的选择，种养大户和农村经纪人表现出比普通农户和涉农企业更高的兴趣。从年龄来看，年长客体更倾向于使用现场沟通和单向知会渠道获取信息服务，年青客体则更愿意选择现代资讯和传统媒体渠道。随着受教育程度的提高，客体对电台广播、会议通知、村委会广播、广告宣传的选择比例下降，对其他信息服务渠道的利用比例则上升。此外，随着收入水平的增长，客体对各类信息服务渠道的选择都呈上升态势。

　　在对农村综合信息服务渠道偏好的调查发现，电视节目在所有信息服务渠道中最受客体青睐（占 79.71%）。尽管有 70%以上的客体不会使用计算机，超过 90%的客体不了解农业信息网，通过电话（包括固定电话和移动电话）获取咨询的客体多于 80%，但互联网络在现代资讯渠道中仍被客体最为看好（达 51.36%）。"无培训讲座"或"无暇顾及"或"内容没用"等原因，导致近 70%的受访客体未参加过培训讲座；约 70%的客体在遇到难题时会找亲朋好友或自己解决，但在现场沟通渠道中能够按需索取较为专业和可靠信息服务的现场咨询最受客体欢迎（为 41.20%）；而在单向知会渠道中客体最愿意选择村委会广播（占 38.77%）。

3.2.3　信息的获取、加工、吸收和利用

　　通过选择农村综合信息服务主体和服务渠道，客体获得了相应的农村综合信息，并在与客体的相互作用中，改变客体的知识结构，引发客体新的思维活动，帮助其决策，指导其行动。在这一过程中，客体的信息素养居于主导性地位，它

表 3-8 客体获取农村综合信息服务的渠道

客体特征		人数	现代资讯渠道/%			传统媒体渠道/%				培训讲座	现场沟通渠道/%			单向知会渠道/%		
			互联网络	电话咨询	手机短信	电视节目	电台广播	书刊报纸	音像制品		现场咨询	经验示范	亲友交流	村委会广播	会议通知	广告宣传
职业	普通农户	238	10.92	7.98	18.07	77.73	27.73	32.35	3.78	10.50	17.23	21.01	52.94	37.39	18.49	39.50
	种养大户	160	28.75	21.25	43.75	83.13	23.13	43.75	9.38	49.38	55.63	64.38	79.38	45.63	37.50	41.25
	农村经纪人	80	46.25	42.50	51.25	81.25	20.00	78.75	11.25	51.25	67.50	78.75	82.50	40.00	27.50	40.00
	涉农企业	79	84.81	69.62	34.18	77.22	13.92	91.14	16.46	49.37	53.16	86.08	55.70	26.58	18.99	37.97
	小计1	557	31.60	25.49	32.50	79.71	23.34	50.63	8.26	33.03	40.57	50.99	65.17	38.60	25.31	39.86
年龄/岁	≤30	38	57.89	47.37	65.79	84.21	13.16	63.16	10.53	52.63	31.58	36.84	52.63	18.42	13.16	21.05
	31~40	142	35.92	23.94	48.59	83.80	19.72	59.86	9.15	36.62	37.32	46.48	60.56	33.10	16.90	34.51
	41~50	168	19.05	16.07	29.76	79.17	23.81	37.50	6.55	30.95	42.26	49.40	69.05	41.67	30.36	42.26
	≥51	130	3.08	6.15	7.69	76.15	35.38	29.23	3.85	16.15	36.92	40.77	74.62	53.85	35.38	49.23
受教育程度	小学及以下	110	4.55	7.27	19.09	65.45	28.18	25.45	3.64	20.91	30.91	38.18	60.91	42.73	30.91	41.82
	初中	247	18.22	16.19	31.17	80.57	24.70	43.32	5.26	31.58	35.63	41.30	68.02	41.70	26.32	40.89
	高中或中专	111	44.14	28.83	43.24	91.89	22.52	60.36	11.71	36.04	50.45	58.56	69.37	36.94	22.52	37.84
	高职或大专	10	100.00	70.00	80.00	100.00	20.00	80.00	30.00	40.00	60.00	70.00	70.00	30.00	20.00	30.00
	本科及以上	0	0.00	0.00	0.00	0.00	0.00	0.00	0.00	0.00	0.00	0.00	0.00	0.00	0.00	0.00
人均年收入/元	≤4500	94	10.64	6.38	24.47	55.32	22.34	39.36	2.13	19.15	27.66	41.49	63.83	35.11	24.47	36.17
	4501~6500	103	11.65	8.74	30.10	79.61	23.30	42.72	5.83	28.16	35.92	43.69	65.05	38.83	25.24	37.86
	6501~8500	136	19.85	20.59	34.56	86.76	25.00	44.85	8.09	33.09	41.18	45.59	66.91	39.71	26.47	41.18
	≥8501	145	40.69	30.34	36.55	90.34	27.59	46.90	9.66	36.55	44.83	48.28	69.66	46.21	28.28	43.45
	小计2	478	22.59	18.20	32.22	80.13	24.90	43.93	6.90	30.33	38.49	45.19	66.74	40.59	26.36	40.17

包括客体的信息意识（对信息的敏感程度）、信息知识（信息科学和技术的理论基础）、信息能力（操作信息系统和采集、传输、加工、利用、评价信息的能力）和信息道德（对信息的甄别、免疫和利用信息的操守），是客体的受教育程度、生活阅历及社会经济技术发展大环境综合作用的结果。如果说信息服务主体和渠道的选择直接决定了获取农村综合信息的质量，那么，信息的吸收、加工和利用直接决定了解决问题的效果，并影响着客体后续的信息需求活动。

对不包含涉农企业的客体调查数据分析①，多数客体（占 44.52%）能理解和接受所获信息的大部分内容，只有 3.49%的客体能完全理解并接受所获信息，另有 16.16%的客体只能理解和接受所获信息的部分内容。也有多达 35.83%的客体只能理解并接受所获信息的小部分或更少的内容。究其原因：29.85%的受访者承认是"自身知识水平有限"，感觉"大部分信息用处不大"的客体占 28.36%，认为"信息表述不够好"的客体占到 20.15%，14.93%的受访者则表示"信息不及时"。这些情况直接影响客体将所得信息用于实践的能力，有 60.45%的客体认为农户接受信息服务用于实践的能力"一般"，认为"好"或"非常好"的仅占 14.93%，有 17.91%的客体认为"不好"。这就导致在农村综合信息服务过程中，发生纠纷的可能性增加；调查显示，35.82%的客体在接受信息服务中"经常"或"偶尔"会与主体发生信息服务纠纷，而"质量评价和服务定价标准不统一""缺乏风险处理机制、明确的制度法规及权威仲裁部门"都是导致这一现象的主要原因；于是，在出现信息服务纠纷时，客体采取的措施也不尽相同，多数人（占 45.52%）会要求"赔偿损失"，23.13%的客体要求"退还信息服务费"，14.18%的客体会寻求"法律手段解决"，也有不少人（占 21.64%）选择"自认倒霉"。

3.3 农村综合信息服务需求的支付能力和支付意愿

对中华人民共和国成立以来我国农村综合信息服务的发展历程进行分析，农村综合信息服务由计划经济时代的基本供求均衡，到社会主义市场经济时期的供给性障碍造成的供需失衡，一方面表明，社会经济技术的进步使农村综合信息的资源地位凸显，与物质、能量共同成为农村经济社会健康发展的三大要素，对农村综合信息服务的需求也日趋增长；另一方面则表明，农村综合信息服务作为特殊的信息商品，皆有公共物品和私人物品的双重特征，导致服务主体的有效供给积极性受挫。将农村综合信息服务分为纯信息服务和依附性信息服务就是使不同

---

① 公司制涉农企业对信息的加工、吸收和利用不同于其他客体，通常有着规范的群体行为流程，其问题解决质量和效果也大多较好，但通过单个受访者很难了解详情；非公司制涉农企业对信息的加工、吸收和利用情况则类似于种养大户和农村经纪人；因此，在这部分分析中没有将涉农企业的调查数据统计进来。

的供给主体实现明确定位和提高供给效率，前者具有显著的公共物品特性，后者则有典型的私人物品特征。这就意味着依附性农村综合信息服务应在市场机制的调节下实现有偿供给，纯信息服务则由政府无偿提供。但对于客体而言，无论哪种信息服务，都存在服务前的搜寻成本和服务后的转化费用，客体是否有能力和意愿承担信息服务前、中、后期的各种支出将直接决定信息服务的有效需求，并最终影响信息服务的有效供给。

3.3.1 农村综合信息服务需求的支付能力

1. 理论模型

农户对农村综合信息服务需求的支付能力是指农户获取农村综合信息服务的潜在经济能力，是从经济因素方面分析农户客观上是否具有承担农村综合信息服务费用的潜能。这需要分析农户收入预算约束下的消费支出，农户消费广义上分为生产消费和生活消费，狭义上特指生活消费。农村综合信息用来指导农业生产、农村生活和农民个人发展，尽管它与物质、能量一起成为农户生产和生活的直接要素；但获取农村综合信息服务的费用仍是农户家庭生活消费支出中的一部分。研究农户生活消费支出水平和结构，不仅可分析特定时期农户经济收入水平和消费模式，也可反映农户除满足基本生活需求消费支出外，用于其他生活消费和生产消费的客观经济能力。

ELES 是英国经济学家朗茨（C. Liuch）在对本国学者斯通（R. Stone）1954年建立的线性支出系统改进的基础上于 1973 年提出的。ELES 能够利用居民截面收支数据实现参数估计，分析需求收入弹性、边际消费倾向和基本需求，即便在没有价格资料的情况下，也可以考虑价格变动对消费结构的影响，并分析需求的价格弹性；因此，它成为消费需求和结构分析中具有广泛应用价值的经济计量模型。本书采用 ELES 考察农户基本生活消费支出，进而界定其对农村综合信息服务需求的支付能力。模型的基本形式如下：

$$D_i = p_i q_i = p_i r_i + \beta_i \left(Y - \sum_{j=1}^{n} p_j r_j \right), \quad i, j = 1, 2, \cdots, n \qquad (3\text{-}1)$$

式中，D_i 和 $p_i q_i$ 为消费者对第 i 种商品的总消费支出，$p_i r_i$ 为消费者对该种商品的基本消费支出，p_i 为价格，q_i 为总需求量，r_i 为基本需求量，$q_i > r_i > 0$；Y 为消费者收入水平；β_i 为消费者对这种商品的边际消费倾向，$0 < \beta_i < 1$，$\sum \beta_i < 1$。

ELES 模型的经济含义：①一定时期内消费者对各种商品（服务）的需求量取决于其收入水平和这些商品（服务）的价格；②消费者对各种商品（服务）的需求分为基本需求和非基本需求；③基本需求与收入水平无关，消费者只有在满足基本需求后，才会将剩余收入依据一定的边际消费倾向安排各种非基本需求的消费支出。

将式（3-1）变形得 $D_i = p_i q_i = p_i r_i - \beta_i \sum_{j=1}^{n} p_j r_j + \beta_i Y$，对于某一消费者而言，其对第 i 种商品（服务）的基本消费支出 $p_i r_i$ 及对所有商品（服务）总的基本消费支出 $\sum p_j r_j$ 是固定的，故设：

$$\alpha_i = p_i r_i - \beta_i \sum_{j=1}^{n} p_j r_j \tag{3-2}$$

于是式（3-1）转变为

$$D_i = p_i q_i = \alpha_i + \beta_i Y \tag{3-3}$$

对式（3-2）两边求和后，再代入式（3-2）得

$$p_i r_i = \alpha_i + \beta_i \frac{\sum_{i=1}^{n} \alpha_i}{1 - \sum_{i=1}^{n} \beta_i} \tag{3-4}$$

式（3-3）是简单回归方程，利用农户收支情况数据，采用最小二乘法可求得参数 α_i 和 β_i 的估计值，进而用式（3-4）得出第 i 种商品的基本消费支出 $p_i r_i$，并依据式（3-3）的确定形式计算农户对各种商品（服务）的需求收入弹性：

$$E_i = \frac{\mathrm{d}(p_i q_i)}{\mathrm{d} Y} \cdot \frac{Y}{p_i q_i} = \beta_i \frac{Y}{p_i q_i} \tag{3-5}$$

农户作为理性的经济人，在追求商品（服务）效用最大化的过程中，必然在其收入预算约束下，对农村综合信息服务这种非基本需求的消费以不降低其基本生活水平为前提，并按边际消费倾向安排剩余部分的收入；即只有当农户收入水平高于基本生活消费支出时，才被认为对农村综合信息服务具有支付能力。

2. 数据描述与估计分析

为了使模型分析结果与调查数据具有可比性，本书选择 2011 年湖北省 17 个市（州、区）农村居民生活消费的相关统计资料作为数据来源，确定农户生活消费支出主要包括食品、衣着、居住、家庭设备用品及服务、医疗保健、交通通信、文教娱乐用品及服务与其他商品和服务 8 个项目，并经过计算整理后得到湖北省各市（州、区）农民家庭人均生活消费支出的截面数据（详见附录Ⅳ），利用 PASW Statistics 18 社会经济统计软件，取得 ELES 模型中式（3-3）的参数 α_i 和 β_i 的估计值（表 3-9），从回归结果来看，所有项目对应参数 β_i 估计在显著水平 0.05 的条件下都通过了 T 检验和 F 检验，判定系数 R^2 值均可接受，模型整体拟合效果较为满意。尽管有些消费支出项目回归模型的方程显著性水平略显偏低，主要是因为

这些指标可能存在着较大的统计困难，导致数据误差偏大，并不意味着农户人均纯收入对其没有长期影响作用。

表 3-9　ELES 模型参数估计值

消费支出项目	α_i	β_i	β_i 的 T 值	R^2	F 值	P 值
食品	778.242	0.201	6.540	0.940	42.767	0.000
衣着	21.184	0.039	4.758	0.901	22.638	0.000
居住	391.808	0.027	2.762	0.837	10.580	0.018
家庭设备用品及服务	−105.453	0.077	2.873	0.855	8.254	0.012
交通通信	38.930	0.063	3.641	0.769	13.258	0.002
文教娱乐用品及服务	−24.994	0.078	3.408	0.836	11.618	0.040
医疗保健	85.628	0.028	2.389	0.876	15.707	0.030
其他商品和服务	−15.287	0.022	3.399	0.635	11.556	0.004
合计	1170.058	0.535	—	—	—	—

根据式（3-4）和式（3-5）可计算出农户各项生活消费的人均基本支出和需求收入弹性（表 3-10）。2011 年湖北省农户人均基本消费支出为 2516.25 元，占生活消费支出的 68.89%，占家庭人均纯收入的 54.04%，边际消费倾向为 53.50%；说明湖北省农户整体收入水平仍偏低，农民生活水平有待进一步提高。食品的支出最多，占总的基本消费的 51.03%，成为最主要的消费项目；最高的 β_i 和不高的 E_i 也说明，食品往往成为家庭开支中优先考虑对象。居住消费的必需性、较高的投入性和使用的持久性，导致其较低的 β_i 和 E_i，人均消费额占农户基本支出的 18.27%。衣着和医疗保健均有一定的需求弹性，但其 β_i 值较低，说明农户在收入显著增加的情况下，有积极性提升这两方面的消费水平，但受收入总体水平偏低和增长有限性的约束，其边际消费倾向并不乐观。农户对家庭设备用品及服务、交通和通信、文教娱乐用品及服务、其他商品和服务的 E_i 值均接近或超过 1，β_i 值也较高（除其他商品和服务），说明农户收入的增加会明显带动这些商品和服务的消费。

表 3-10　农户基本生活消费分析

消费支出项目	边际消费倾向 β_i	基本消费支出 $p_i r_i$ /元	需求收入弹性 E_i
食品	0.201	1284.01	0.539
衣着	0.039	119.32	0.885
居住	0.027	459.75	0.239

续表

消费支出项目	边际消费倾向 β_i	基本消费支出 $p_i r_i$ /元	需求收入弹性 E_i
家庭设备用品及服务	0.077	88.30	1.434
交通通信	0.063	197.45	0.876
文教娱乐用品及服务	0.078	171.27	1.070
医疗保健	0.028	156.08	0.598
其他商品和服务	0.022	40.07	1.208
合计	0.535	2516.25	—

　　根据表 3-10 的分析结果，本书将湖北省农户对农村综合信息服务需求的支付能力分为表 3-11 中的 3 类。当农户人均纯收入小于或等于 1284.01 元时，尚不足以或仅够维持基本食品消费，农户显然没有信息服务的支付能力；其人均纯收入在 1284.01～2516.25 元范围内时，农户在满足基本食品开支的前提下，可通过调整或压缩其他商品和服务的消费比例，形成对信息服务较为有限的支付能力；当人均纯收入超过 2516.25 元，农户在不影响基本生活水平的基础上，对信息服务有支付能力。

表 3-11　农户对农村综合信息服务需求的支付能力

农户年人均收入/元	支付能力	本书调查样本[①]		湖北省调查户[②]	
		数量/户	比例/%	数量/户	比例/%
≤1284.01	无支付能力	22	9.24	204	6.18
1284.01～2516.25	较为有限的支付能力	30	12.61	470	14.24
>2516.25	有支付能力	186	78.15	2626	79.58
合计		238	100.00	3300	100.00

　　注：①用农户所在地统计资料中人均纯收入占人均收入的比例（见附录Ⅳ）将本书调查数据中的家庭人均收入转换为人均纯收入后，统计得到本栏数据；

　　②根据《湖北省统计年鉴 2011》中关于农民家庭年人均收入调查分组资料和表中第一列内容计算整理得到本栏数据。

　　表 3-11 还表明，湖北省大多数农户具有农村综合信息服务需求支付能力，但仍有超过 1/5 的农户对信息服务需求的支付能力不足。这就需要：一方面，应不断拓宽农民增收路径，特别是贫困地区农民的创收与扶贫，从客观上切实提升农户的支付能力；另一方面，应不断强化农民对信息服务的商品化意识，合理引导和调整农民的消费行为和结构，从主观上激励农户实践支付能力。

　　此外，本书调查数据显示的农户支付能力整体低于湖北省的调查结果，其原因主要是调查地区、对象选取和样本容量的差异。本小节的分析仅针对普通农户，没有包含种养大户和农村经纪人，是因为样本中种养大户和农村经纪人数的比例高于总体中的实际比例，而其收入整体上又高于普通农户，会放大分析误差；但本小节的分析结果仍适用于这两类客体（支付意愿分析中的对象选择也基于这一理由）。

3.3.2　农村综合信息服务需求的支付意愿

1. 理论模型

农户对农村综合信息服务需求的支付意愿是指农户是否愿意为获取农村综合信息服务支付一定的费用，这种心理判断来自农户对信息服务本身的认知和评价，以及对授受服务的费用支出与所获收益的理性比较。也就是农户在农村综合信息服务支持下的预期收益 R_A，农户未接受信息服务的预期收益 R_B，农户为信息服务所支付的费用 C_S 以及这一支付所导致的机会成本 C_O 与农村综合信息服务产生的增值效应 V_I 之间存在如下关系：

$$V_I = (R_A - C_S - C_O) - R_B \tag{3-6}$$

$V_I = 0$ 是农户投资农村综合信息服务的盈亏平衡点，只有当 $V_I > 0$ 时，农户才愿意购买信息服务，否则将失去购买欲望。基于这一基本判断，结合具体实际，确定影响农户农村综合信息服务支付意愿的主要因素 X_j，$j = 1, 2, \cdots, n$，便可构建农户支付意愿判断函数 $Z = f(X_j) + \varepsilon$。其中，ε 为随机扰动项；Z 为农户的支付意愿，$Z = 1$ 为愿意支付，$Z = 0$ 为不愿意支付。设 $Z = 1$ 的概率为 P，则 Z 的概率分布函数为

$$F(Z) = P^Z (1-P)^{(1-Z)}, \quad Z = 0, 1 \tag{3-7}$$

Z 作为因变量，也是二分类变量。而 Logit 模型是研究定性变量与其影响因素之间关系的有效工具，被广泛地应用于因变量为分类变量的回归分析中；因此，本书选用二项 Logit 模型，将因变量取值限定在 [0,1] 范围内，并利用最大似然估计法对其做回归参数估计，具体形式如下：

$$P_i = F(Z_i) = F\left(\alpha + \sum_{j=1}^{n} \beta_j X_{ij} + \mu\right) = \frac{1}{1 + e^{-Z_i}}, \quad i = 1, 2, \cdots, m \tag{3-8}$$

式中，P_i 为第 i 个农户愿意支付的概率；$Z_i = \alpha + \sum_{j=1}^{n} \beta_j X_{ij} + \mu$ 为第 i 个农户的支付意愿，i 表示农户样本数；β_j 为影响因素的回归系数，j 表示影响因素个数；X_{ij} 为自变量，表示第 i 个农户的第 j 个影响因素；α 为回归截距；μ 为误差项。

2. 影响因素和模型变量

根据对湖北省样本县（市、区）238 个普通农户的问卷调查，结合式（3-6）的含义，本书将影响农户农村综合信息服务需求支付意愿的因素归为 4 类，并确定了 6 个模型变量（表 3-12）：①个体性因素，选择年龄和受教育程度，可体现农户的信息素养；②需求性因素，用家庭人均收入描述，可推断农户潜在信息服务需求和支付能力的大小；③支撑性因素，主要是农户对农村信息服务基础设施的评价；④激励性因素，指农户对已往信息服务的理解和接受情况及所在地社会经济发展状况，前者形成农户接受农村综合信息服务的预期效用和收益，后者反映购买信息服务的机会成本。

表 3-12　农户支付意愿的影响因素及模型变量的统计性描述

变量/影响因素			样本数/个	愿意付费的比例/%	变量赋值	均值	愿意支付的均值	不愿意支付的均值
解释变量（X）	个体性因素	年龄 X_1/岁 ≤30	22	54.55	0	2.06	1.86	2.18
		31～40	42	45.24	1			
		41～50	73	34.25	2			
		≥51	101	30.69	3			
		受教育程度 X_2 小学及以下	97	16.49	0	0.73	1.14	0.50
		初中	110	40.91	1			
		高中或中专	29	82.76	2			
		高职或大专及以上	2	100.00	3			
	需求性因素	家庭人均收入 X_3/元 ≤4500	66	27.27	0	1.48	1.70	1.36
		4501～6500	55	34.55	1			
		6501～8500	53	39.62	2			
		≥8501	64	45.31	3			
	支撑性因素	农村信息服务基础设施评价 X_4 完善	69	52.17	3	1.94	2.17	1.81
		一般	91	32.97	2			
		不完善	73	28.76	1			
		不了解	5	0.00	0			
	激励性因素	信息服务的理解和接受情况 X_5 好	114	43.86	2	1.12	1.32	1.00
		一般	38	39.47	1			
		不好	86	25.58	0			
		社会经济发展状况 X_6 较理想	53	24.53	2	0.78	0.61	0.88
		一般	80	33.75	1			
		不太理想	105	44.76	0			
被解释变量（Y）	支付意愿 Y	愿意	87	36.55	1	—	—	—
		不愿意	151	0.00	0			

　　对调查数据的统计分析表明（表 3-12），普通农户愿意为农村综合信息服务付费的比例随年龄的增长而下降，随受教育程度和家庭人均收入的提高而增加；对农村信息服务基础设施建设的评价越高，对农村综合信息服务的期望越高，并越愿意为此承担风险；农户对以往信息服务理解和接受情况越好，其对未来信息服务需求满足所获得效用或收益的预期就越大，也就越乐意负担相应的支出。本书用第一产业产值占地区生产总值的比例（表 3-4）来衡量农户所在地社会经济发展的状况，认为：这一比例越大，社会经济发展状况就越不理想，农户将支付农村综合信息服务的投入用于其他用途的机会就越少，机会成本也越小；反之，机会成本越大。调查显示，机会成本越大，农户投资农村综合信息服务的比例就越低。

　　图 3-6 描述了农户对各类农村信息服务收费的态度。超过 65% 的农户认为文化体育和休闲娱乐的信息服务可合理收费，也有 25% 左右的农户对如农村投融资、农产品市场、生产经营管理和农村教育培训等拓展家庭收入的信息服务收费表示认可；但更多（大于 80%）的农户认为农业生产、农村生产和个人发展中所必需的基本信息服务不应收费。在收费的标准上，近半数（47.76%）的农户认为年费用不应超过 50 元；37.31% 的农户接受 50～100 元/年的标准；14.93% 的农户愿意支付 100 元/年以上的信息服务费。

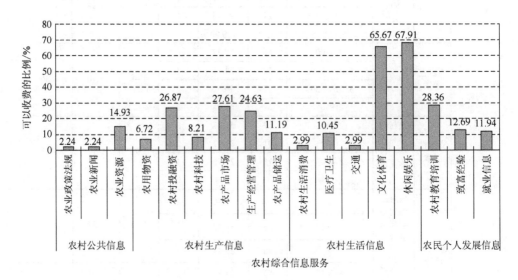

图 3-6　农户对信息服务收费的态度

3. 模型估计与分析

运用 PASW Statistics 18 社会经济统计软件对调查数据进行回归处理，结果见

表 3-13，模型整体拟合效果较好，与调查结果的分析基本吻合。根据模型估计结果，在其他条件不变的情况下，对影响农户农村综合信息服务需求支付意愿的各主要因素分析如下。

表 3-13　模型估计结果

	影响因素	系数 β_i 的值	标准差 S.E	P 值（Sig.）
个体性因素	年龄 X_1	-0.421^{**}	0.234	0.041
	受教育程度 X_2	0.662^{**}	0.356	0.015
需求性因素	家庭人均收入 X_3	0.705^{***}	0.237	0.003
支撑性因素	农村信息服务基础设施评价 X_4	0.194^{*}	0.296	0.093
激励性因素	信息服务的理解和接受情况 X_5	0.571^{**}	0.500	0.046
	社会经济发展状况：X_6	-1.395^{**}	0.614	0.023
常量		2.164^{**}	0.871	0.013
对数似然值（log likelihood）		92.083		
样本数 n		238		

*、**、***分别表示在 0.10、0.05 和 0.01 水平上显著。

年龄在 5%统计检验水平上显著，且系数符号为负。说明，在其他条件不变的情况下，农户年纪越大，对农村综合信息服务的支付意愿越弱，可能是丰富的经验、较为稳固的社交网络、相对固定的活动内容和区域削弱了这类农户对信息服务的需求。受教育程度的 P 值接近 0.01，系数为正且取值较大，意味着同等条件下，较高的文化程度有益于农户识别信息需求、把握信息服务内容，获得更高的服务效用或效益，同时更易降低接受服务的成本和代价，因而对农村综合信息服务有较强的支付意愿。家庭人均纯收入在 1%统计水平上显著，在所有影响因素中其系数值最大，表明收入的增长会直接强化农户对农村综合信息服务的支付意愿；相比之下，在 10%的显著水平上通过检验的农村信息服务基础设施评价对农户支付意愿的影响力最小，但好的评价仍有利于提高支付意愿。对以往信息服务的理解和接受情况及当地社会经济发展状况均在 5%的统计水平上显著，但二者对农户农村综合信息服务支付意愿的作用正好相反，前者系数为正，农户接受信息服务的良好体验会对其支付意愿产生明显的激励效果；后者系数为负，社会经济发展状况越好，农户投资农村综合信息服务的机会成本就越大，其支付意愿就越受到抑制。

以上分析表明：①增加农民收入对提升农村综合信息服务需求的支付能力和支付意愿意义重大，但也注意在积极探索经济发展水平较高地区农村综合信息服务市场化模式的同时，兼顾经济发展较为落后地区公益性信息服务的主导作用；②加强农村教育和农民培训的投入始终是农户致富，及其信息服务意识和支付意愿提升的主观能动性基石；③不断丰富农村综合信息服务的内容和提高服务的质量，构建完善的信息服务体系，提供有效的风险分担、制度和法规保障措施，是农户接受信息服务的客观必要性条件。

3.4　小结与讨论

满足农户信息服务需求、促进农村经济社会更好发展，是农村综合信息服务体系建设的根本落脚点，而研究农户信息服务需求，正好是建设这一体系的出发点。本章基于农户的视角，理解和汲取"三农"理论、信息经济理论及信息传播理论的要义，结合湖北省的实地调研数据，对农村综合信息服务需求做了细致而深入的分析，形成对农村综合信息服务需求的微观认知。

其一，客体职业、年龄、受教育程度和收入等个体特征共同作用决定的农户信息素养，成为潜在农村综合信息服务需求的培养基；而自然资源禀赋和社会经济发展是其生长的环境条件，信息服务的可及性是其成熟的催化剂。本章的调研结果表明，实际情况并不理想。培养基的"营养"不足（表3-14），所有客体对农村综合信息服务的整体需求度55.22%，具体表现为：①普通农户所占比例最大，但其对农村综合信息服务的总体需求最弱；②对农村综合信息服务需求较强的年龄段为30～50岁，但其所占人数比例仅为31.54%；③学历和收入越高，对农村综合信息服务的需求强度越大，现实情况是：初中及以下学历的人数占到85.00%，多数人（60.66%）的收入属中等偏下。农村社会经济和环境条件落后更是不争的事实，直接导致信息服务的可及性也不容乐观。

表 3-14　客体对农村综合信息服务的综合需求度　　　　（单位：%）

客体特征		人数比例[①]	农村综合信息服务需求度[②]
职业	普通农户	98.07	53.24
	种养大户	1.93	57.59
	农村经纪人	—	54.38
	涉农企业	—	61.62
年龄/岁	≤30	21.33	48.04
	31～40	15.69	59.01
	41～50	15.85	56.92
	≥51	27.73	44.44

续表

客体特征		人数比例[①]	农村综合信息服务需求度[②]
受教育程度	小学及以下	28.60	36.08
	初中	56.40	54.76
	高中或中专	14.00	67.35
	高职或大专	1.00	92.12
	本科及以上		—
人均年收入/元	≤4500	60.66	38.83
	4501～6500		51.68
	6501～8500	39.34	60.52
	≥8501		60.37
所有客体			55.22

注：①该列资料自上而下，依次来自《中国统计年鉴 2011》、《中国人口和就业统计年鉴 2011》、《中国农村统计年鉴 2011》和《湖北省统计年鉴 2011》，并经计算整理所得。其中，"—"表示数据缺失，但并不影响分析结果；"年龄"中 30 岁以下的人数比例仅计算 15～30 岁以内的农村人口；"受教育程度"中的 1.00%是指高职及以上学历所占的比例；"人均年收入"中 60.66%是指收入为 6500 元及以下所占的比例，39.34%是指收入为 6501 元及以上所占的比例。

②本列数据是由表 3-2 中数据计算所得。

其二，一旦隐性的信息服务需求瓜熟蒂落，显性化为现实的信息服务需求，客体便为获取后续行动中的效用或效益，寻求需求的满足；这一看似客体主动行为的过程，却时时考验着客体的信息素养。信息服务模式设计理论也表明，除了在信息需求的表述阶段和信息服务的收获阶段体现了客体的主导地位，决定客体收益的关键环节（服务主体和内容、服务技术或手段的选择）更明显地取决于信息服务的供给者，这从实践中又一次揭示了科学的信息服务模式和体系设计的重要意义。由此看来，农村综合信息服务需求行为的确是一个"冒险活动"，再加上机会成本的压力，客体的理性预期会使潜在的农村综合信息服务需求难以变为有效需求。

其三，经验表明，任何可由市场满足的产品或服务需求由市场供给通常效率是较高的；对我国农村综合信息服务宏观变迁的回顾，令人倾向于把市场供给农村综合信息服务纳入思考范畴，而伴随而来的市场失灵，又让供给陷入困境。本书将农村综合信息服务划分为纯信息服务和依附性信息服务，并试图通过服务模式和体系的重构走出困境；那么，对农户农村综合信息服务支付能力和意愿的实证研究，显然为这种努力提供了市场存在的理论依据和信心。而要想形成信息服务的有效需求，需要需求者（信息素养、消费结构）、供给者（信息资源建设、服务模式）和政府（社会经济技术发展、制度保障和激励、体系建设与维护）三方的共同努力。

　　本章以微观调查为基础的研究过程，仿佛用显微镜对农村综合信息服务需求做了细微的观察，无论这种观察是否精准，也激起了欲从宏观高度把握我国农村综合信息服务需求脉络的渴望。但显著的地区差异、资料搜索的困难、有限的资金和精力制约，使我们只能将这种渴望寄托于今后的持续性研究中。

第4章 农村综合信息服务供给分析

对农村综合信息服务需求的满足显然是供给的主要职责，事实上，在第3章的分析中也一再隐现对供给的殷切期待。本章仍基于实地调查数据，逻辑地对这一问题展开深入研究，试图从微观层面全景式地展示农村综合信息服务供给的一般过程和实现要素，并且从客体的满意度和主体的供给效率两个视角对农村综合信息服务供给予以评价，形成对供求均衡的基本判断，为信息服务模式设计和体系构建提供供给依据。

4.1 农村综合信息服务供给的一般过程和实现要素

农村综合信息服务供给的一般过程，就是农村综合信息服务主体根据"三农"领域问题及客体对农村综合信息服务需求的表述，以"三农"领域知识为基础，充分利用信息技术、人才和资金，投资开发信息资源，建立、维护和管理"三农"信息库，从中检索可满足客体需求的服务内容，选择适宜的服务策略、服务技术和服务传播渠道，形成有效的农村综合信息服务，以满足客体服务需求的全过程（图4-1）。

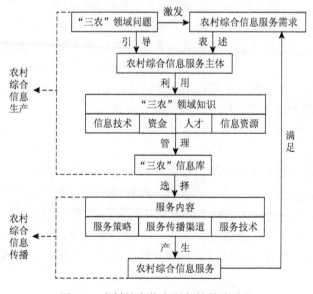

图 4-1 农村综合信息服务的供给过程

这一过程包含了两个环节：一是农村综合信息生产，涉及信息采集和信息加工，前者的广度和深度、准确性和完整性等直接决定后者产品的质量，是农村综合信息生产最为关键的第一步，因此，信息源的选择，信息采集的方法和途径就显得至关重要；后者通常充分利用传统和现代技术与设备（包括手工设备与计算机），合理运用各种方法（如统计学习方法、机器学习方法、不确定性理论、可视化技术和数据库技术等），实现信息甄别与筛选、信息分类与排序、信息分析与推理等过程的统一。二是农村综合信息传播，是指经过加工生产出来的农村综合信息产品到达用户，并得到反馈的过程，是客体信息需求得以满足，并用以解决现实问题的必要条件；农村综合信息服务是这一阶段价值增值的综合体现，意味着主体根据客体的具体需求，提供更有针对性、更全面、更准确、更便捷、更易于理解和更及时的信息传播；因此，科学的服务内容、合理的服务策略、渠道和技术组合成为信息传播有效性的关键。

根据农村综合信息服务的一般过程，运用信息传播理论和信息服务设计理论，结合关于农村综合信息服务主体调查问卷的数据资料，分析这一过程得以实现的核心要素，可概括为主体特征、服务成本、服务模式及客体对服务的需求。客体对农村综合信息服务的需求在第 3 章已有详细分析，在此从略。

4.1.1　主体特征

农村综合信息服务主体是农村综合信息产品与服务的提供者，通过采取适当技术手段和方法，完成农村信息资源的开发、信息产品的制造和信息服务的供给。2011 年，湖北省有农村综合信息服务机构 8519 家[①]。根据农村综合信息服务的内涵，及农村综合信息服务主体的性质，本书将农村综合信息服务的主体分为五大类：政府部门、事业单位、涉农企业、农民专业合作组织和个人。从信息服务的视角描述这些主体的特征，主要包括人员结构、设施设备、信息资源、运营经费、组织制度，反映主体凭借"什么"从事信息服务。

1. 政府部门

作为农村综合信息服务主体的政府部门，主要指中央和地方（包括省（自治区、直辖市）及其管辖市、县、乡镇政府和村级组织）政府机构中与"三农"相关的职能部门，这里特指与农村工作直接接触较为频繁的县/市有关部门和乡镇政府，如农业局、经管局、畜牧兽医局、水产局、粮食局、林业局、农机局、国土资源局、财政局、气象局、科技局、卫生局、人力资源和社会保障局、广播电视

---

① 资料来源：《湖北农村统计年鉴 2011》。

局等①。这类政府部门一般会对职责范围内的农村信息和知识有一个较为全面的收集和系统的整理，并能够向客体提供经过筛选加工的、完整有序的信息服务。

正如表 3-2 的描述，农村综合信息服务的内容大致可分为农村基础信息、农业生产信息、农村生活信息和农民发展信息四大类。按照可能提供农村信息服务的内容和调查的可及性，本书选择县（市、区）政府部门中代表性农村综合信息服务主体进行访谈，主要包括农业局、畜牧兽医局、水产局、科技局、卫生局、人力资源和社会保障局、广播电视局等，共发放和回收问卷 27 份，其中有效问卷 25 份。此外，还调查了 27 个乡镇政府，收回有效问卷 24 份。针对政府部门类农村综合信息服务主体的有效调查问卷共计 49 份。

通过对调查问卷的分析，县（市、区）级政府部门从事农村综合信息服务既有明显的共性特征，也有显著的职能差异性特征。具体表现在：①局机关运营经费以国家财政拨款为主（占到 90%以上），有些二级单位部门（农业局的农业技术推广中心，卫生局的医院，广播电视局的广播、电视台等）拥有经营性收入渠道。大多数受访者（超过 70%）认为本单位对农村信息服务方面留有资金预算，但对是否充足及有效管理和利用持谨慎乐观态度；80%以上的人认为政府对农村综合信息服务最好的支持方式是"增加财政经费"（期望的支持程度见图 4-2），其次是制定相应的监管制度（占 67.35%）。②都有较为明确的担负农村信息服务职责的组织结构和规章制度（表 4-1），如科技局对农业科技的管理和推广、卫生局面向农村的卫生工作、人力资源和社会保障局针对农民工的服务；但对落实的情况则褒贬参半。③农村信息资源建设内容的广度和深度不同，各部门通常都有自己的门户网站。农业局除了对农村生活信息涉猎较少，几乎涵盖了其他所有农村信息领域，特别是与农业生产相关的政策法规、区域资源、物资、科技、市场、教育培训及致富信息；畜牧兽医局和水产局分别专注于畜牧和水产养殖与加工过程中的相关信息；科技局的重点在于农业生产和农村生活中的科技知识普及与成果转化；卫生局专注于医疗卫生信息；人力资源和社会保障局侧重于农村人才培养、农民工发展及农村社会保险信息；广播电视局主要收集新闻和娱乐类信息，以及重要或典型的农业生产经营信息、发展和致富经验等（表 4-1）。④农口类政府部门（如农业局、畜牧兽医局、水产局等）中直接从事农村信息管理与服务工作的有 3~7 人，兼职人员有 2~3 人，占总人数的比例约为 35%；其他部门中直接从事农村信息管理与服务工作的有 1~3 人，兼职人员有 1~2 人，占总人数的比例约为 15%。被调查单位从事农村信息管理与服务工作的人员人均年收入为 25000 元左右，

---

① 有些部门在有的县（市、区）被列为直属事业单位，如畜牧兽医局、水产局、粮食局等，由于其行使相应的行政管理性质的职能，其职工参照公务员管理；出于调研和分析的便利，本书仍将其归入政府部门类农村综合信息服务主体。

大专以上学历人数占 48.48%（表 4-1）。他们大部分（90%以上）接受过计算机基础知识的培训，但显然难以满足信息服务人员的需要；81.63%的人认为需要补充信息检索、加工、分析和利用技术，73.46%的人想要强化计算机使用技术，61.22%的人有待提高信息传播与服务的知识和技能，55.10%的人还要进一步深入认知"三农"领域。⑤一般来说，各部门工作场所均有电话和连接网络的计算机，信息服务时可共享本单位的打印机、扫描仪、传真机及车辆等设备或设施；仍有 67.35%的人员认为现有条件不能满足服务需要。

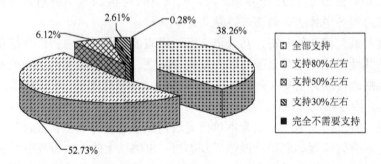

图 4-2 希望政府部门的农村信息服务得到财政支持的程度

表 4-1 政府部门农村综合信息服务主体特征

政府部门	有效问卷/份	人员结构/人			信息资源	组织制度（所设科股或室）
		专职	兼职	大专及以上学历		
农业局	4	6	3	4	农村基础信息、生产信息和农民发展信息	农业科技教育、政策法规、市场信息、生产指导，农产品质量，农村能源等
畜牧兽医局	3	3	2	2	畜牧兽医相关基础信息、生产信息	畜牧、兽医、饲料办等
水产局	3	3	2	2	水产相关的基础信息与生产信息	科技生产、行业管理、市场与法规等
科技局	4	1	1	1	农业和农村科技知识普及与成果转化	农村科技
卫生局	4	2	2	2	农村医疗卫生信息	农村卫生保健、疫病控制
人力资源和社会保障局	4	2	1	1	农民发展信息	农民工工作、农村社会保险、农村实用人才培养等
广播电视局	3	3	2	3	农村生活信息及其他重要或典型农村信息	广播、电视、新闻、网站等

注：表中仅列出了差异较大的主体特征。

乡镇政府是我国最基层的、与农村接触最多的政府组织。始于 2003 年的湖北省乡镇综合配套改革将全省乡镇政府工作机构设置为"三办一所",即党政综合办公室（加挂社会治安综合治理办公室牌子）、经济发展办公室（加挂防汛抗旱指挥部牌子）、社会事务办公室（加挂计划生育办公室牌子）和财经所；其主要职责是落实国家政策,严格依法行政,发展乡村经济、文化和社会事业,提供公共服务,维护社会稳定。显然,这些职能的完成既需要农村综合信息的支持,也会形成农村综合信息的传播。对回收的 24 份有效问卷分析及所做的访谈显示,尽管乡镇政府基本没有专职的农村综合信息服务人员,但受工作内容和对象所驱,超过 60%的人有不时提供信息服务的经历；他们中大专及以上学历的人占到 20%左右,不到一半的人接受过计算机基础知识培训,因此 70.83%的人需要加强计算机的使用技术,但对信息处理技术兴趣不浓（不到 40%）。乡镇行政编制人员工资纳入财政预算,人均年收入为 18000 元左右,近 70%的受访者认为乡镇工作的开展存在财政困难,需要经费和政策上的大力支持；可以用于信息服务的设施和设备以电话及联网了的计算机为主（占 80%以上）,也有的乡镇配有打印机、传真机、照相机等,但比例不到 20%。从组织制度上看,乡镇政府有责任提供"三农"领域的综合信息服务（其本身就属于公共服务项目之一）,对四大类农村信息资源也都有一定的组织；但实际上,其服务的广度和深度都远没达到期望要求。究其原因：一是乡镇政府没有足够的意识和能力提供这类服务；二是部分农村信息服务（如农业技术、畜牧兽医、文化体育等）已通过乡镇事业单位改革转移给民办非企业单位（社会中介服务组织）,由政府购买,实现以钱养事[1]；三是还有部分农村信息服务（如交通、卫生、司法等）则由县级延伸或派驻机构分担。

2. 事业单位

作为农村综合信息服务主体之一的事业单位,是以社会公益为目的,由国家机关举办或其他组织利用国有资产举办的从事与农村相关的教育、科技、文化、卫生等活动的社会服务组织,这里主要指县（市、区）级以下教研组织（高等院校和研究所）、信息机构（如图书馆、广播电视台、报刊社等）、相关服务站或中心（如农技推广、畜牧兽医等）[2]。它们多为相应政府部门的下属机构,与上级部门类似,这些事业单位也会广泛和深入地收集和加工相关农村信息,并向客体提供较为专业、系统的信息服务。本次调查共涉及 45 个事业单位,平均每个被调查

---

[1] 服务中心通过资质认定,竞争上岗,与乡镇政府签订合同,由政府购买服务,中心向"三农"提供服务；并接受政府和服务对象的共同考核,予以合理奖惩。此外,值得说明的是,尽管乡镇直属事业单位根据业务内容也可以转制为国有经济性质的企业,自主经营,自负盈亏；但基于生存与发展的顾虑,这种做法较为鲜见。

[2] 由于目前湖北省乡镇综合配套改革基本完成,除农村中小学、卫生院、乡镇财政所外的乡镇其他一些直属事业单位转制为民办非企业单位,成立服务中心,类似社会性中介组织,由政府购买其所提供的农村信息服务。本书出于分析考虑,仍将这类信息服务主体划入事业单位类。

县（市、区）5个，具体包括每个县（市、区）政府部门的1个二级直属的农口类教研组织（以研究所为主，共9个）和1个信息机构（主要是图书馆，共9个）①，每个被调查乡镇2个服务中心/站（如农业技术服务中心、畜牧兽医服务中心、文化体育服务中心等，共54个），共回收有效问卷67份。

　　8份关于研究所的有效调查问卷表明，这类教研组织因所在县（市、区）农业结构的不同特征而涉及种植业、林果业、养殖业、农业机械等不同领域，例如，不少县（市、区）均有的农业、水产、林业科学研究所，仙桃市的桃树研究所，天门市的食用菌研究所，洪湖市的蟾蜍科学研究所，建始县的落叶果树、白胁烟研究所等。它们拥有较为丰富的专业信息资源，主要是向农村提供相应的技术支持，培育和推广名优特苗种，并以此构建组织制度，投资包含信息处理设备在内的专业性设施与设备（如实验场、繁育基地等），形成政府财政支持之外重要的运转经费来源（占40%左右），人均年收入为20000元左右；不过仍有近75%的人认为最好得到政府更多的财政经费，其中又有80%以上的人认同支持比例应在80%以上。研究所并无专职农村信息服务人员，但其专业技术人员（均为大专以上学历）通常会顺便完成信息服务事项。

　　对县（市、区）图书馆调查的8份有效问卷显示，这类信息机构是国家全额拨款的事业单位，并拥有较为丰富的农村综合信息资源，作为国家"农家书屋"工程②和全国文化信息资源共享工程③的重要实施单位之一，面向农村的信息服务主要是提供纸质或电子图书资源，进行图书管理业务培训等。图书馆工作人员人均年收入约15000元，大专及以上学历占40%左右，80%以上的受访者认为需要增加财政经费，并且选择支持力度在80%以上的人占绝大多数，同时也有近70%的人认为相应政策措施的制定也很重要。

　　针对服务中心/站的51份有效问卷几乎涉及乡镇现有的各类服务中心/站，如农业技术、畜牧兽医、水利技术、文化体育、计划生育、广播电视等④，总计包含

---

　　① 由于教学单位、广播电视台或报刊社等的农村信息服务供给特色鲜明，多为人所熟知，例如，前者以教育培训为主（有研究任务的高等院校，其特征类似研究所），后两者以信息传播为主，故未被列入主要调查对象。

　　② 2007年3月，新闻出版总署会同中央精神文明建设指导委员会办公室、国家发展和改革委员会、科学技术部、民政部、财政部、农业部、国家人口和计划生育委员会联合发出了《关于印发〈"农家书屋"工程实施意见〉的通知》，是为满足农民文化需要，在行政村建立的、农民自己管理的、能提供农民实用的书报刊和音像电子产品阅读视听条件的公益性文化服务设施；并按照"政府组织建设，鼓励社会捐助，农民自主管理，创新机制发展"的思路予以组织建设。

　　③ 是从2002年起，由文化部、财政部共同组织实施的国家重大建设工程。它利用现代信息技术，将中华优秀文化资源进行数字化加工整合，通过互联网、卫星、电视、手机等新型传播载体，依托各级图书馆、文化站等公共文化设施，在全国范围内实现共建共享。

　　④ 每个乡镇所设置的服务中心在种类、数量或名称上会有所差异，但基本功能一致。此外，自2010年起，湖北省县（市、区）人力资源和社会保障局设置事业单位性质的乡镇派驻机构，整合乡镇新农保、城镇职工养老保险、城镇医疗保险、被征地农民社会保障、失业、工伤、生育等社会保险和劳动就业、劳动力转移培训、劳动维权服务等职能，建立人力资源和社会保障服务中心。

了 11 类 74 项农村公益性服务。乡镇政府或县（市、区）业务主管部门作为农村公益性服务的责任主体，结合当地实际，与各服务中心/站拟定具体服务项目、保障经费、投资设施或设备、聘用人员、签订合同，后者则据此采集各自职能范围内的农村信息资源，并向客体提供比较专业的信息服务，成为现阶段直接面向湖北省农村提供综合信息服务的主力军。各服务中心/站的人员数量主要根据服务内容及乡镇规模来决定，先确定岗位再聘用人员。调查表明，一般农业技术、畜牧兽医、计划生育等服务中心/站设 3～5 个岗位，其他的设 1～2 个岗位，一个乡镇所有服务中心/站的总人数通常在 40～50 名。乡镇服务人员中，大专及以上学历人员占 30%左右，高中或中专学历约占 60%；45 岁以上的人员比例超过 60%；人均年收入约为 15000 元；近 90%的人抱怨待遇偏低、经费不足，需要政府加大投入力度。

3. 涉农企业

涉农企业的农村综合信息服务是指企业在从事农业生产、经营、销售或服务过程中，提供信息帮助成为其业务活动的附属或主要内容；它包括农资农贸公司、农产品加工企业、农业信息技术（如通信、网站等）企业、信息咨询（服务）公司等。前两类企业主要提供生产经营领域特别是与企业产品和服务推广有关的信息咨询。由于从事农村综合信息服务的预期投资回报率不佳，且经营风险较大，所以后两类的产出结果主要表现为三种：一是农业信息技术（软件、硬件）产品，如上海农业信息有限公司、北京派得伟业科技发展有限公司等；二是免费提供农村（或行业内）综合信息及相关服务，以农口类政府部门、事业单位主办的网站为主，如中国农业信息网（农业部主办）、中国畜牧兽医信息网（全国畜牧总站主办）等；三是有偿或无偿发布农业（或行业内）基础信息和生产信息，但以产品、技术或人才的市场供求、价格信息以及促成交易服务为主，这类企业数量不少，规模和影响力也参差不齐，如农博网（北京农博数码科技有限责任公司所有）、中国农资网（河南金光农业科技有限公司所有）等。

至 2011 年 6 月底，我国涉农网站达 2 万多个，农村网民有 9565 万人，其中 14.8%的人在 2011 年 1～6 月访问过涉农网站[①]。湖北省专门从事农村信息咨询或服务的企业较少，主办农业类信息网站的主要有三类：一是政府部门及其直属单位或隶属机构等，如湖北农业信息网及其商务版（农业厅）、湖北农业网（《湖北农业》报）、湖北农村科技网（科学技术厅）等；二是事业单位，如湖北蔬菜网（湖北省蔬菜协会、蔬菜办公室、蔬菜科学研究所）、华中农业信息网（华中农业大学）、湖北省植物保护总站门户网站等；三是农业企业，如湖北农资（湖北省农业生产资料集团有限公司）、湖北沃瑞斯现代农业发展有限公司、湖北方信恒丰农业有限

---

① 中国互联网络信息中心 2011 年统计数据。

公司等企业门户网站。截至 2011 年底，湖北省共有涉农网站 465 家[①]，表 4-2 列出了湖北省样本县（市、区）主要的农业类网站、功能及所有者；其中，共性网站是指省内所有（或大多数）县（市、区）均有的网站，并注明了总站网址；其他的是样本县（市、区）自有的网站。显然，它们是所有者出资并自行（或委托第三方）建设与维护，访问者主动搜寻以获取信息支持的农村综合信息平台。

表 4-2　样本县（市、区）主要的农业类网站

	农业网站	网址	主要功能	所有者
县（市、区）共性网站	农业信息网	www.hbagri.gov.cn/	发布农业基础信息和生产信息	农业厅（局）
	金农网	www.agri.com.cn/420000.html	农村供求、价格、科技、企业等市场信息及其发布服务	金农信达（北京）科技有限公司
	湖北农业远程教育网	www.nong828.com/	农村新闻和"三农"相关的教育及培训信息和服务	农业厅（局）农业广播电视学校
黄陂区	农经信息网	www.hpnjxx.com/	农村基础信息和土地、财务、企业等农业经济管理类信息	农村经济经营管理局
	农机信息网	whhpnj.cn/index_cn.asp	农机类相关新闻、政策法规、实用技术、教育等信息	农机服务中心
仙桃市	农业农村工作网	ny.cnxiantao.com/	农村基础信息、新农村建设及劳务经济等信息、现代农业及科技信息	市委农村工作领导小组办公室
	农业智能信息网	www.xtagri.gov.cn/showXTPage.action	农业生产信息、农村能源、农民务工和科技培训等信息	农业局
	仙桃市农业机械化信息网	xtnj.net/index.php	农机类政策法规、安全监理、科教推广等信息	农业机械管理局
	水产政务网	xtsc.hbfm.gov.cn/	行业基础信息及科技、加工、市场等生产信息	水产局
洪湖市	水产政务网	www.hhscj.gov.cn/	行业基础信息及科技、产业、市场等生产信息	水产局
	水产品商网	www.hhshangwu.gov.cn/honghu/index.jhtml	农村基础信息、农业市场信息、培训致富信息及咨询服务	商务局信息中心
天门市	畜牧信息网	www.tmxm.gov.cn/	行业基础信息和市场、科技、产业发展信息	畜牧兽医局
浠水县	水产局	scj.xishui.gov.cn/	行业基础信息及科技、市场等生产信息	水产局
	畜牧兽医网	xmj.xishui.gov.cn/	行业基础信息及疫控、卫生、技术、市场等生产信息	畜牧兽医局
	农业机械化信息网	nj.xishui.gov.cn/	行业基础信息及安全、科技、市场等生产信息	农业机械管理局
通山县	畜牧兽医局	www.tsxm.hb.cn/	行业基础信息及牧业、兽医药、技术等信息	畜牧兽医局
	农机化信息网	www.tsnjj.com/	行业基础信息及农机推广、项目、管理、服务等信息	农业机械管理局

注：钟祥市、麻城市和建始县三地自有的农业类网站很少。

[①] 资料来源：《湖北农村统计年鉴 2011》。

本次对涉农企业农村综合信息服务调查的对象主要是分布在县（市、区）或乡镇的农资农贸公司和农产品加工企业（含个体工商户），共发放问卷 81 份，回收有效问卷 78 份；其中，针对个体工商户的有 38 份，其余的是关于公司或企业的调查。结果表明，这类涉农企业通常没有专门的农村信息服务人员和设备（设施），但其经营管理人员会掌握一定的业务范畴之内的信息资源，并在提供产品或服务时给予必要的信息帮助。特别是"公司＋基地（或＋农户）"运营模式的企业，为了获取合格的初级农产品，企业会对基地和农户的生产经营提出统一要求，并聘请专家、技术人员或经验丰富的生产者提供较为专业的技术指导或培训。

4. 农民专业合作组织

农民专业合作组织，也称农村合作（经济）组织，是以农村家庭承包经营为基础，从事某一农业产业或相关农产品的生产经营者，以自愿、互惠、互利的原则建立起来的，实行资金、信息、技术、采购、生产、加工、储运、销售等互助合作的经济组织。主要包括广泛分布于种植业、畜牧业、水产业、林业、运输业、加工业以及销售服务行业等各领域的专业协会或合作社，是实施农业产业化经营的一支新生组织资源。截至 2011 年底，全国依法登记的各类农民专业合作组织有 15 万多个，成员数达 3878 万，其中，农户成员 3486 万户，占全国农户总数的 13.6%。从农民专业合作组织的产业分布看，种植业占 49%，畜牧水产养殖业占 27.7%，农机及其他各类专业合作组织占 23.3%；从地区分布看，东、中、西部地区的各类农民专业合作组织分别占总数的 41.6%、30.9% 和 27.5%；从信息服务的角度看，其主要作用在于有效满足成员产前、产中和产后的农业信息需求，并成为提供农业生产性信息服务的重要力量[①]。农民专业合作组织用于信息服务的财产资本源于成员出资（或会费）、社会捐赠、政府资助及有偿服务收入等。2003～2007 年，中央财政累计安排 5.15 亿元的专项资金，扶持补助了 2700 多个农民专业合作组织；据不完全统计，2004 年以来，各省级财政投入了超过 4.6 亿元的专项扶持资金；目前，全国已有 29 个省（区、市）就农民专业合作组织在财政、税收、信贷、用地、用电、人才等方面制定明确的支持政策。

实地调查中，在每个乡镇各选取一个专业协会和合作社，共计 54 个农民专业合作组织进行访谈，得到有效问卷 51 份。分析显示，尽管在农民专业合作组织内并无专职的信息服务人员；但事实上，每个成员都可能成为农村综合信息的提供者。合作组织本着服务成员、互惠互利的宗旨，既容易形成共性的农村信息服务

---

① 资料来自农业部农村经济体制与经营管理司主办的中国农民专业合作社网：农民专业合作组织发展回顾；网址：http://www.cfc.agri.gov.cn/。

需求，也有积极性向成员提供以农业生产信息为主的综合信息服务；并对非成员农户起到很强的信息扶持和示范作用。农民专业合作组织的信息服务设施/设备比较简单，70%左右的组织用于信息服务的主要设备是电话和计算机，其成员很少（不到 4%）受过计算机基础知识的培训，高职或大专及以上学历的成员比例低于 3%，但这并不意味其农村综合信息服务的效果不好；农民专业合作组织在帮助农民增收方面的作用明显，加入合作社的农户年均获得盈余返还和股金分红约 400 元，各类合作组织成员收入普遍比非成员农户高出 20%以上，有的甚至高出 50%以上。调查表明，仍有 60%以上的受访者认为国家应对农民专业合作组织给予更大的财政补贴与政策保障；特别是在 2007 年 7 月《农民专业合作社法》实施以来，各地对支持、引导和规范农民专业合作社，保护合作社及其成员的合法权益有了法律依据，使农民专业合作协会的发展处境尴尬，近 90%以上的这类受访者期待国家的财政和制度扶持，80%左右的协会有意向在条件许可的情况下变更（或同时登记）为合作社。

5. 个人

在广大农村地区还有部分从事（或兼职）农村综合信息服务的个人，包括农村信息员、农村经纪人、种养大户及小规模经营农民。由于这类农村综合信息服务主体数量不多，且有多种身份，信息服务通常不是其唯一（或主要）职业和收入来源，故而本书暂未将其列为调查对象。

2002 年农业部下发的《关于做好农村信息服务网络延伸和农村信息员队伍建设工作的意见》（农市发[2002]11 号）要求各地农业部门就县级农业信息服务平台和乡镇农村经济信息服务站的建设要参照国家农业部制定的技术标准和服务规范进行，前者不低于"五个一"标准：有一套设备（如计算机、打印机等）、有一条电话专线，有 1～2 名专职或兼职人员，有一套组织（队伍）网络，有一套管理和服务制度，注册应用农村供求信息全国联播系统（一站通）；后者主要依托农经站、农技服务站、畜牧兽医站等部门建设，应以能开展正常的农业、农村经济信息服务为主要目标，要有 1～2 名专兼职信息员，有一套管理和服务制度，具备计算机联网设备的，应注册应用农村供求信息全国联播系统（一站通）。建设资金主要依靠地方筹措，各级农业部门积极争取财政、计划等部门的支持，把建设资金纳入基建投资计划和财政专项预算。同时发布了《农村信息服务点认定暂行办法》（详见附录V）和《农村信息员资格认证暂行办法》（详见附录VI），要求每个已建农业信息服务平台的县（市、区）应培训 40 名以上农村信息员（初中或高中毕业），内容包括信息收集、传播方法，农业科技、经营管理知识和计算机、网络应用基础知识，使其做到"三会"（会收集、会分析、会传播信息）；各地主要在农村经纪人、种养大户、农业产业化龙头企业、农产品批发市场、中介组织和村、组干部中发展农村信息员。当前，农业/农村信息服务网络几乎延伸至我国 2862 个县（市、区）的 34313 个乡镇，拥有农村信息员约 20 万余人。

2009 年工业和信息化部印发了《农村综合信息服务站建设和服务基本规范（试行）》（工信部信[2009]256 号）（详见附录Ⅶ），要求各地工业和信息化主管部门积极争取专项资金支持，充分利用政府、企业和社会等各方面的投入，以保证服务站建设、运行维护和信息员收入等所需的开支；按照"五个一"的基本条件（即一处固定场所、一套信息设备、一名信息员、一套管理制度、一个长效机制）规范设在乡（镇）、村（社区）的农村信息服务站（点），并鼓励其采取公益性与有偿性相结合的服务形式。信息员可由掌握信息技术操作技能的村干部、大学生村官、科技特派员、种养大户、农民经纪人、农业技术推广员等兼职担任，有条件的地方可设专职信息员；应具备一定的计算机、互联网操作与应用的基本技能和农业政策、市场、科技知识，达到"四会"，即"会操作、会收集、会分析、会传播"信息；能为农民提供生产经营、市场价格、科技咨询和辅导、致富就业、政策法规、疫病防治、文化生活等各类信息的查询、收集和发布等农村综合信息服务。事实上，工业和信息化部与农业部的农村信息服务站（点）及农村信息员队伍建设在地方的具体实施中通常是融合在一起的。2011 年底湖北全省共有农村信息员 30561 人①。

农村经纪人通常在提供中介服务的过程中也会满足农户对相关农村信息服务的需求（其具体情况在 3.1.1 节已有介绍）；特别是农村信息经纪人，通过组建各类信息服务站，利用各种信息源，向农户提供有偿信息服务，获取一定的收益；现实中，其身份大多数就是如上所述的农村信息员。至于种养大户和小规模经营农民主要根据自己生产经营活动的经验和所获取的信息，对周围农户起到辐射和带动作用。

4.1.2　服务成本

理性的各类主体在提供农村综合信息服务之前，必然考虑服务的成本，以追逐自己的收益或效用最大化；进而决定采取什么样的技术手段和方法，开发哪类农村信息资源、提供何种信息产品和信息服务。根据农村综合信息服务的信息管理与信息经济理论，农村综合信息服务成本是在信息商品供求机制作用下，信息服务主体与客体通过有效的信息活动，在促进农村综合信息价值与使用价值的转移，以实现各自物质和能量的增值转换过程中所耗费的各类资源的

---

① 资料来源：《湖北农村统计年鉴 2011》。

货币表现。按实现信息服务所应具备的条件，可将信息服务成本主要分为组织管理成本、信息资源成本和客体支付成本，体现了完成农村综合信息服务过程的代价，进而影响其信息服务的供给意愿。

1. 组织管理成本

农村综合信息服务主体的组织管理成本是指其为了能够提供有效的信息服务，利用组织或个体力量，对内合理配置各种资源，构建组织结构框架和运行管理机制，形成内部契约，通过监督和激励，减少主体利益偏差；对外把握市场机会，建立和稳定农村综合信息服务供应链，革新服务模式，发掘、巩固和扩展服务客体群，增强主体收益能力的过程中产生的各项活动所付出的代价。根据组织管理的内容，具体地可将其分为三个方面：①主体结构成本，组织结构是主体正式确定的使农村综合信息服务得以合理分解和组合、有效协调和实现的框架体系，主体需要对信息服务全过程做科学的研究和设计，进行部门划分、职位设置、人员安排等，并根据内外环境的变化不断予以调整的过程中发生的支出；②运营机制成本，为保证主体正常运行和任务实现，需要建立主体及各部门的规章制度、管理决策流程，进行部门、人员间的关系协调，形成激励和约束措施，塑造服务理念与文化，并予以持续优化和创新的过程中产生的支出；③竞争协作成本，主体提供农村综合信息服务时就会与多方形成协作关系，如包括农村综合信息、信息技术（软件、硬件）、信息人才、信息渠道、相关法律法规等在内的信息资源供应链的建立与维护、客体关系的有效管理等；也面临着来自同行的竞争压力，需要通过细致的市场调研和客体划分，选择差异化战略和服务模式的创新来应对，所有这些活动都需要一定的投入。

农村综合信息服务主体的组织管理成本是其获取信息服务效益的代价，主要指可计量的实际支出。对它的分析有助于主体认识到组织结构既是其价值（经济效益和社会效益）实现的上层建筑，也是其投资成本的重要组成，应予以足够重视。并且，作为主体信息服务要素组成之一，其成本的明确界定，也有利于资源的合理配置，及管理决策效率和效益的提高。结合主体特征和访谈分析，表 4-3将各类农村综合信息服务主体的组织管理成本大小分为 5 个等级，每个"￥"代表一个等级，"￥"越多表示成本越高。显然，在主体结构成本和运营机制成本上，政府部门和事业单位的开支较高；但在竞争协作成本上，涉农企业和个人面临着较大的经营风险，成本则相对较高。总的来看，以公益性信息服务为主、重在获取社会效益的政府部门和以营利性信息服务为主、重在追逐经济效益的涉农企业面临的压力更大，在组织管理成本上投入更高。

表 4-3 农村综合信息服务主体的组织管理成本①

信息服务主体	组织管理成本			
	主体结构成本	运营机制成本	竞争协作成本	总评
政府部门	￥￥￥￥	￥￥￥	￥￥	￥￥￥
事业单位	￥￥￥￥	￥￥￥	￥￥	￥￥￥
涉农企业	￥￥￥	￥￥￥	￥￥￥￥	￥￥￥
农民专业合作组织	￥￥	￥￥￥	￥	￥￥
个人	￥	￥￥	￥￥￥	￥￥

2. 信息资源成本

狭义的农村信息资源就是指农村综合信息内容本身所构成的信息有序化集合，是人们对"三农"领域中形成的农村基本信息、农村生产信息、农村生活信息和农民发展信息的整理与组织，形式上可表现为互联网络信息资源、图书报刊信息资源、广播电视媒体信息资源及其他信息资源。广义的农村信息资源既包括农村综合信息内容本身，也包括获取、加工、存储、传播、分析和利用这些信息的活动中，设施、设备、组织、人员、资金和制度等多种要素的组合。本书的信息资源成本是从其广义内涵思考的，指主体为满足客体农村综合信息服务需求，在获取、加工、存储、分析和利用农村综合信息过程中投入的设备、设施、人员和资金的货币表现。逻辑地，可将其分为三个部分：①信息购买成本，是指主体从信息源获取农村综合信息内容本身所支付的费用，通常以资金投入为主，使信息资源嫁接在财务资本上，成为主体的信息资本，并和其他要素资本一样，具有增值性、周转性和垫支性；②设施设备成本，是指主体为获取、加工、存储、分析和利用农村综合信息而需要使用的设施和设备的投入，如办公系统、计算机软硬件系统、通信系统及其他信息处理技术和装备，形成农村综合信息服务主体的固定成本，是实现信息资本价值增值的物质基础；③服务人员成本，是信息服务主体聘用从事信息服务的工作人员所必需的开支，一方面，通过投入信息教育成本，提升服务人员的信息能力和服务意识；另一方面，要合理确定服务人员的工作报酬，使其有意愿和积极性努力提高服务质量。信息服务人员是利用信息设备传递农村综合信息，实现信息资本增值最具能动性的因素。

对信息资源成本的分析，至少揭示：农村综合信息的资源稀缺性、地域性和

---

① 初始问卷中涵盖有关于服务成本的调查问题，但在试调查中发现，由于各种原因，受访者很难给予满意的回答，于是在正式问卷中基本没有保留这类问题；但通过访谈，结合主体特征，还是可以逻辑地推断出表中的定性描述。表 4-4 的情况类似，就不再赘述。

非均衡性，是信息服务供给的自然性根源；但如果考虑到农村综合信息的公共物品属性与信息资本所有者增值欲望的冲突，信息服务主体就必须决定提供怎样的及时性、可选性和可塑性农村信息服务，以在信息资源成本约束下，平衡信息服务供给的社会性根源和经济性根源的关系。同样结合主体特征和访谈分析，表4-4将各类农村综合信息服务主体的信息资源成本大小分为5个等级，每个"¥"代表一个等级，"¥"越多表示成本越高。无论从整体成本还是单项成本上看，政府部门对信息资源的投入都是最高的，反映了这类主体在信息资源建设上的主导性地位及其承担公共物品供给的社会性职能；而其他主体对信息资源的投入则各有侧重，但总体上与政府部门的投入差距明显，表明农村综合信息服务的社会投资还比较薄弱。

表4-4　农村综合信息服务主体的信息资源成本

信息服务主体	信息资源成本			
	信息购买成本	设施设备成本	服务人员成本	总评
政府部门	¥¥¥¥	¥¥¥¥¥	¥¥¥¥	¥¥¥¥
事业单位	¥¥¥	¥¥	¥¥	¥¥
涉农企业	¥¥	¥¥	¥¥¥	¥¥
农民专业合作组织	¥¥	¥¥	¥¥	¥¥
个人	¥	¥	¥¥¥	¥¥

3. 客体支付成本

　　客体对农村综合信息服务的需求强度、支付能力和支付意愿是信息服务供给积极性的主要激励因素，而客体支付成本则是其在获取农村综合信息服务的实际行动中所产生的全部费用，通常包括直接向主体支付的信息服务报酬，为获取信息服务而担负的交通、通信等费用，以及投入的时间成本（指搜寻、获取信息服务和吸收、利用信息所花费的时间折算成的费用，在客体支付成本中占较大比例，它常以客体的工资水平来计算）。超出支付能力和支付意愿的支付成本必然打击农村综合信息服务的需求强度，进而损伤供给的积极性。因此，从需求者的视角看，客体支付成本的大小也在一定程度上反映了当地的社会经济发展环境、信息服务的可及性及客体的信息素养；从供给者的视角看，客体支付成本的大小则体现了主体的信息服务供给效率和效益。对客体支付成本的分析，提醒农村综合信息服务主体应当在认真分析信息服务需求特征的同时，也要兼顾当地的社会经济状况；对信息服务的特性，服务的内容和方式及其经营策略等都应予以深入研究，适当的教育培训、典型示范和广告宣传是创造有效需求的必要手段。

　　事实上，社会经济发展水平、信息化程度及信息服务相关规章制度完善与否也会直接影响主体农村综合信息服务的供给成本；一般地，情况越糟，需要主体投入的力度就越大，面临的风险也就越高。根据调查统计，并与 3.1.3 节的分析结果比较发现，在对农村信息服务基础设施完善与否的评价上，主体持肯定态度的比例略高于客体，认为"较完善"或"非常完善"的受访者占 30.20%，认为"一般"的占 40.41%，认为"不完善"或"很不完善"的占 27.35%；其中，作为公共产品的主要供给者，政府部门和事业单位给予的好评居多。主体中低于客体近 10 个百分点的受访者（28.16%）认为农村信息传播不（太）畅通、信息服务不（很不）全面；并指出，造成这种局面的主要原因依次是：农户信息能力不足、农村信息服务资金投入有限、信息设备利用率不高、信息服务人员较少、政策法规支撑保障不够；说明对这一状况的改善，主、客体均希望对方做出更多的努力。接近 80% 的主体认为可方便地连接互联网，但超过 60% 的受访者认为让普通农户利用互联网查询日常生产、生活所需的各类信息不太现实，原因是农户对计算机及网络的使用和支付能力极为有限。对国家通过法规、制度惩治提供虚假信息行为的评价上，有 27.76% 的主体表示不满，认为"一般"的占 49.39%。多数主体（近 90%）表示自己很少发生信息服务纠纷，并认为导致信息服务纠纷的主要原因应该是服务质量评价标准无法统一，既缺乏适用的法规制度和权威的仲裁机构，也没有相应的风险处理机制。如果信息服务的失误给用户造成损失，没有主体选择"概不负责"或"赔偿全部损失"；90% 以上的主体愿意退还信息服务费（如果有），并分析原因，向用户说明；仅有不到 60% 的主体愿意赔偿部分损失，可能是考虑到责任分担与赔偿比例不易协商，但也意味着信息纠纷出现的机会增加。总体上看，农村综合信息服务主体所处的环境对其信息服务成本上升的压力很大，这也是社会资源参与农村综合信息服务积极性不高的重要原因之一。

4.1.3　服务模式

　　农村综合信息服务的核心是信息传播，理论勾勒的信息传播的简单逻辑（图 2-1），在实践中需要服务主体从自身职能特征出发，兼顾服务成本约束，为追逐服务效益而采取适宜的信息服务模式，以实现农村综合信息在主、客体中以线性或网状态势传播。农村综合信息服务模式是对信息服务活动中各组成要素及其相互关系的描述，反映了信息服务的结构和功能。它是农村综合信息服务主体通过与客体（信息用户）的有效沟通，深入理解其信息需求，并选择与之匹配的信息服务内容，运用合理的信息服务策略完成农村综合信息传播，以帮助客体实现物质与能量的增值转换，取得主体信息资源的经济和社会效益。服务模式解决了主体"如何"提供农村综合信息服务的问题，在很大程度上影响着用户的满意度评价和供给的效率。

　　问卷调查显示，从农村综合信息服务主体的视角看，几乎所有的受访者都认为当前无论是农业生产、农村生活，还是农民发展都需要有力的信息服务支持。在具体内容上，93.47%的受访者认为应优先考虑农业生产类信息（包括农用物资、农业科技、农产品市场和储运、生产经营和农业投融资等），88.16%的人赞成经常提供农民发展类信息（主要是农村教育培训、致富经验和就业信息等），赞同适时更新农村生活类信息（涵盖生活消费、医疗卫生、休闲娱乐等）和农村基础类信息（如政策法规、新闻资讯和农业资源等）的受访者分别有 80.41%和 78.78%。主体认为影响客体对农村综合信息服务需求强度的主要因素依次是生产规模（占82.45%）、收入水平（占 74.29%）、文化程度（占 70.61%）和生产专业化程度（占68.16%）。这两个问题将影响农村综合信息服务主体对信息资源的开发和利用，以及对服务方式和策略的制定。

　　根据主体特征及调查、访谈结果，可将农村综合信息服务模式大体分为四类：信息传递模式、平台自助式、需求满足式和问题解决式。图 4-3 中（a）和（b）两种服务模式的主体要很好地把握客体对信息服务的逻辑要求和预期，加工系统范畴内的信息资源，并结合相应的服务策略，形成以信息服务内容为中心的信息单向线性流动特征。但信息传递模式强调信息服务主体的主导地位，其主动向客体提供信息服务内容，后者则根据自身情况决定是否予以采纳；而平台自助式则突出信息服务客体的能动性，其自主在主体提供的信息平台上搜寻所需的服务内容，消除或改善自己的信息不确定状态。图 4-3 中的（c）和（d）体现了农村综合信息服务过程中客体和主体的交流与互动，前者提出信息需求，后者加工特定范畴内的信息资源，并提出针对性的服务策略，形成以有效的信息服务内容为目标的信息双向环型流动特征。但需求满足式中主体的信息服务过程是以客体明确的信息需求为导向，显示了客体的信息表述能力；而问题解决式中主体的信息服务过程是以客体的实际问题为导向，显示了主体的信息服务能力。

　　现实中，不同的农村综合信息服务主体通常会选用多种信息服务模式，见表 4-5。同时，表 4-5 也列出了服务主体农村信息来源的优先次序及其可选的服务方式和手段，但不同主体的侧重各异。例如，在信息来源上，政府部门的"政府通知"明显高于其他主体，事业单位则在"自主调研"上更加突出；在服务方式和手段上，政府多偏重"现代资讯"和"单向知会"，事业单位更多采用"传统媒体"和"现场沟通"，涉农企业常会选用"现代资讯"和"现场沟通"，农民专业合作组织和个人则主要利用"现场沟通"。86.53%的受访者认为有必要建立专门的农村综合信息服务组织；95.51%的人同意应在乡镇设立农村综合信息服务中心，而在村一级，则有 60.41%的人认为没必要设立；说明，从主体的视角看，农村综合信息服务体系的建设仍需进一步思索与完善。

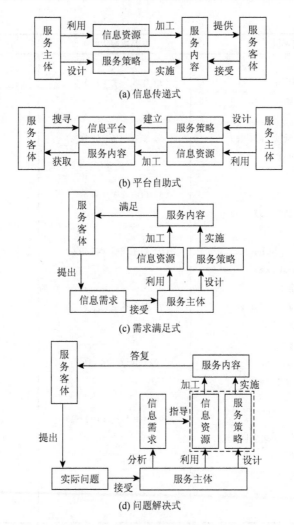

图 4-3　农村综合信息服务模式分类

表 4-5　主体对农村综合信息服务模式的选择

服务模式	信息来源优先序	可选服务方式和手段
1. 政府部门		
（1）县（市、区）和乡镇政府： 　以（a）为主，辅以（c）、（d）	（1）互联网络（93.47%）	
（2）政府主办的涉农网站： 　以（b）为主，辅以（c）、（d）		1. 现代资讯 （1）互联网络
（3）"农技 110"、"12316 三农热线"等： 　以（d）、（c）为主	（2）书刊报纸（86.12%）	（2）电话咨询 （3）手机短信

服务模式	信息来源优先序	可选服务方式和手段
2. 事业单位		
（1）高等院校、研究所：	（3）电视广播（75.51%）	
以（d）为主，辅以（a）、（c）		2. 传统媒体
（2）图书馆：		（1）电视节目
以（b）为主，辅以（a）、（c）	（4）音影制品（67.76%）	（2）电台广播
（3）广播电视台、报刊社：		（3）书刊报纸
以（a）为主		（4）音影制品
（4）服务站/中心：	（5）政府通知（54.69%）	
以（d）为主，辅以（a）、（c）		
3. 涉农企业		3. 现场沟通
（1）农资农贸、农产品加工企业：	（6）自主调研（44.49%）	（1）培训讲座
以（d）为主，辅以（a）		（2）现场咨询
（2）农业信息技术企业：		（3）经验示范
以（c）、（d）为主，辅以（b）	（7）教研单位（23.27%）	（4）亲友交流
（3）信息咨询（服务）公司：		
以（d）、（c）为主		
4. 农民专业合作组织	（8）其他（18.78%）	
以（d）为主，辅以（a）		4. 单向知会
5. 个人		（1）村委广播
（1）农村信息员：	（9）咨询机构（10.61%）	（2）会议通知
以（c）、（d）为主，辅之以（b）		（3）广告宣传
（2）农村信息经纪人：		
以（c）、（d）为主		
（3）农户：		
以（d）为主		

注：表中字母是指图 4-3 中的服务模式类型；百分数是指受访者赞同这类选项的人数比例，因为是多选项，所以总和可能超过 100%。

4.2　农村综合信息服务供给的客体满意度测评

农村综合信息服务供给的客体满意度是指客体对主体提供的农村综合信息服务与产品的满意程度，是客体将其对农村综合信息服务的期望与其实际得到的一次或多次农村信息服务相比较后产生的内心感受和主观评价，是测量客体对主体农村综合信息服务满意水平的量化指标。客体对某一次农村信息服务经历的评价属特定服务的客体满意度，它揭示了本次服务的好坏程度；如果对主体迄今为止全部农村信息服务供给的整体评价则属于累积的客体满意度，它常常成为未来是否继续消费的决策依据。可见，客体对农村综合信息服务的满意程度具有主观性、层次性、相对性和阶段性特征。4.1 节的分析使我们清楚了农村综合信息服务供给的投入要素和实现过程，但这种供给对需求的满足程度如何，给客体带来怎样的效用或效益，可以通过客体满意度及其影响因素的测度来回答，是从需求视角对农村综合信息服务供给质量予以评价的主要指标。

4.2.1　研究方法与理论模型

农村综合信息服务客体满意度是一种累积的心理感知状态，属于定性的隐性变量，无法直接测量，需要构建客体满意度指数模型对其予以科学量化和合理比较，从而有利于指导农村综合信息服务体系的建设。农村综合信息服务管理理论部分（2.3.1 节）已经对当前主流的信息服务质量评价体系作了简要阐述。本节将以经典的顾客满意度指数模型的变量选取思想和研究成果为基础，以结构方程建模方法为指导，确定相关的潜在变量（无法直接测量）及可以描述它们的观测变量（可直接进行测量），建立潜在变量之间的结构关系假设，进而得到农村综合信息服务客体满意度指数模型。

SCSB 模型与 ACSI 模型是目前研究顾客满意度建模的主流思想。ACSI 模型更为许多国家和地区所采用，它以顾客满意（目标变量）为中心，将影响顾客满意的原因变量（顾客期望、感知质量和感知价值）和结果变量（顾客抱怨和顾客忠诚）连成一个系统的网络链条（图 4-4），成为 ECSI、CCSI、KCSI 等模型的基础。顾客满意度指数模型需要用观测变量来描述潜在变量（即内生变量），通过分析观测变量与潜在变量、潜在变量与潜在变量之间的相互关系（即路径系数），将"顾客满意"这一定性的心理变量予以量化，并最终得出顾客满意度指数。表 4-6 给出了 ACSI 指标体系及其说明，表中符号与下面介绍的 SEM 中的符号一致。一级指标中除顾客期望为外生变量（不受其他变量影响的变量），其余的均为内生变量（由一个或多个变量决定的变量）。

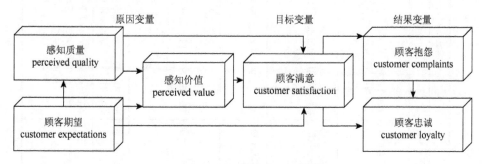

图 4-4　ACSI 模型的基本结构

表 4-6　ACSI 指标体系及其说明

潜在变量	一级指标 说明	观测变量	二级指标 说明	三级指标
顾客期望 ξ	顾客在获取产品或服务之前对其质量水平的预期与估计	总体期望 x_1	对产品或服务质量水平总的预期与估计	问卷中三级指标对应的各问题
		个性化期望 x_2	对产品或服务可满足自己特定需求程度的预期与估计	
		可靠性期望 x_3	对获取某种产品或服务出现问题可能性的预期与估计	
感知质量 η_1	顾客在使用产品或服务过程中对其质量水平的实际感受	总体感知质量 y_1	对产品或服务总的质量水平的实际感受	
		质量个性化感知 y_2	对产品或服务满足自己需求程度的实际感受	
		质量可靠性感知 y_3	对产品或服务出现问题程度的实际感受	
感知价值 η_2	考虑了质量和成本后，顾客对其所获收益的感受	给定质量下对获取成本的评价 y_4	考虑质量水平下，顾客对其支付成本的感受	
		给定获取成本下对质量的评价 y_5	考虑到所支付成本，顾客对总的质量水平的感受	
顾客满意 η_3	顾客对产品或服务的过程中及一段时间后所形成的最终满意程度	总体满意度 y_6	获取、使用产品或服务所形成的总的满意程度	
		实际感受同预期水平相比后的满意度 y_7	将获取、使用产品或服务的实际感受同其预期水平相比后形成的满意程度	
		实际感受同理想水平相比后的满意度 y_8	将获取、使用产品或服务的实际感受同其理想水平相比后形成的满意程度	
顾客抱怨 η_4	顾客对产品或服务质量等不满意，非正式地向供给者埋怨者向其他人发牢骚	顾客抱怨与否 y_9	是否对产品或服务质量等产生过不满，并向供给者埋怨或向其他人发牢骚	
顾客忠诚 η_5	顾客再次获取该产品或服务的可能性，偏好和积极服务态度、情感，偏好和外在重复获取行为的统一，由顾客抱怨处理情况综合度和供给者对顾客抱怨处理情况综合决定	重复获取的可能性 y_{10}	再次获取该服务的可能性	
		向他人推荐的可能性 y_{11}	向他人推荐该产品或服务的可能性	
		获取成本变动忍耐性 y_{12}	对获取该产品或服务的支付成本变动的承受能力	

SEM 作为基于变量协方差矩阵来分析变量间相关关系的验证性多元统计方法，将因子分析法与路径分析法相结合，可以用于研究观测变量与潜在变量之间的关系，是当前国际上流行的顾客满意度研究和分析手段。一个完整的 SEM 包括测量模型和结构模型两个部分，把表 4-6 中的变量符号代入式（4-1）和式（4-2），就可得到 ACSI 模型的数学表达式。

（1）测量模型（measurement model），用以描述观测变量与潜在变量之间的关系，由两个方程式组成，即外生的潜在变量 ξ 和外生的观测变量 X 之间关系方程式与内生的潜在变量 η 及内生的观测变量 Y 之间关系方程式。通常写成如下的测量方程：

$$X = \Lambda_x \xi + \delta \tag{4-1}$$

$$Y = \Lambda_y \eta + \varepsilon \tag{4-2}$$

式（4-1）中，$X = (x_1, x_2, \cdots, x_p)^T$ 是外生变量的观测值构成的向量（$p \times 1$）；$\xi = (\xi_1, \xi_2, \cdots, \xi_m)^T$ 是潜在自变量构成的向量（$m \times 1$）；Λ_x 是 X 对 ξ 的回归系数矩阵（$p \times m$）；$\delta = (\delta_1, \delta_2, \cdots, \delta_p)^T$ 是 X 的测量误差构成的向量（$p \times 1$）。式（4-2）中，$Y = (y_1, y_2, \cdots, y_q)^T$ 是内生变量的观测值构成的向量（$q \times 1$）；$\eta = (\eta_1, \eta_2, \cdots, \eta_n)^T$ 是潜在因变量构成的向量（$n \times 1$）；Λ_y 是 Y 对 η 的回归系数矩阵（$q \times n$）；$\varepsilon = (\varepsilon_1, \varepsilon_2, \cdots, \varepsilon_q)^T$ 是 Y 的测量误差构成的向量（$q \times 1$）。

（2）结构模型（structure model），说明了系统中潜在外生变量和潜在内生变量之间的因果关系，即

$$\eta = B\eta + \Gamma\xi + \zeta \tag{4-3}$$

式中，B 是因变量作用于因变量的回归系数矩阵（$n \times n$）；Γ 是自变量作用于因变量的回归系数矩阵（$n \times m$）；ζ 是残差项构成的向量（$n \times 1$）。

SEM 中共有 8 个参数矩阵需要在结构关系模型中加以估计，即除了两个因子载荷矩阵（Λ_x、Λ_y）和两个结构系数矩阵（B、Γ）外，还有外生潜在变量 ξ、残差项 ζ、误差项 δ 和 ε 的协方差矩阵（Φ、Ψ、Θ_δ、Θ_ε）：

$$\mathrm{Cov}(\xi) = \Phi (m \times m) \tag{4-4}$$

$$\mathrm{Cov}(\zeta) = \Psi (n \times n) \tag{4-5}$$

$$\mathrm{Cov}(\delta) = \Theta_\delta (p \times p) \tag{4-6}$$

$$\mathrm{Cov}(\varepsilon) = \Theta_\varepsilon (q \times q) \tag{4-7}$$

SEM 建模的一般过程：①根据研究问题的理论工具，提出研究对象之因果关系的假设与描述（路径图）；②选择建模技术（主要是线性结构关系（linear structural relationship，LISREL）和部分最小二乘回归（partial least squares regression，PLSR））将因果关系或假设以建模方程形式表达，形成测量模型和结构模型。如果采用

LISREL 建模方法还需要对模型加以识别，考虑模型中每一个参数能否由观测数据求得唯一估计值；③使用描述潜在变量的可观测变量的有效数据资料，估计模型中的参数并予以检验，评价测量方程、结构方程及模型的拟合程度；④根据检验和评价结果及拟合指标对模型进行修正，包括改变结构模型中潜在变量间的关系（路径连接），对其中的潜在变量或测量模型中的观测变量进行增减调整等；⑤对最终确定的模型中变量间相关关系进行分析，得出研究结论。

4.2.2　变量说明及问卷分析

以 ACSI 模型为基础，参考 SCSB、ECSI、CCSI、KCSI 等模型，借鉴当前信息服务满意度测评的相关研究成果，根据农村综合信息服务的一般过程和实现要素，从客体的视角选出测评农村综合信息服务满意度的潜在变量，确定可描述潜在变量的观测变量（表 4-7），将其直接转化为评测客体满意度的五点李克特量表的题项（详见附录Ⅷ），再被逻辑地嵌入农村综合信息服务客体调查问卷（详见附录Ⅰ）中，并通过信度和效度检验来对量表进行评价。各变量间的关系如图 4-4 所示，并提出如下假设。

表 4-7　农村综合信息服务客体满意度模型的指标体系

潜在变量		观测变量
预期质量 ξ		对农村综合信息服务的整体期望 x_1 对农村综合信息质量和服务水平的可靠性期望 x_2 对农村个性化信息服务的期望 x_3
感知质量 η_1	服务内容 η_{11}	农村信息的类型多样化程度 y_1 农村综合信息的规模/数量 y_2 农村综合信息的准确性 y_3 农村综合信息的针对性 y_4 农村综合信息的时效性 y_5
	服务条件 η_{12}	农村综合信息服务设施/设备的完善程度和利用率 y_6 农村综合信息服务人员的能力和态度 y_7 农村综合信息服务组织、管理制度的完善程度 y_8
	服务方式 η_{13}	农村综合信息服务策略的多样性和灵活性 y_9 农村综合信息服务技术的实用性 y_{10} 农村综合信息服务获得的便捷性和稳定性 y_{11} 客体参与交流和互动的情况 y_{12} 农村综合信息服务费用的合理性与规范程度 y_{13}
感知价值 η_2		综合信息服务对农村经济、社会发展的影响程度 y_{14} 农村综合信息服务使客体经济、生活的受益程度 y_{15}

续表

潜在变量	观测变量
客体满意 η_3	整体满意程度 y_{16} 与期望质量相比的满意程度 y_{17} 与理想质量相比的满意程度 y_{18}
客体抱怨 η_4	对农村综合信息服务意见或建议的答复情况 y_{19} 对农村综合信息服务纠纷的解决情况 y_{20}
客体信任 η_5	对农村综合信息服务的信赖程度 y_{21} 对农村综合信息服务的利用频率 y_{22}

H_1：客体具有鉴别农村综合信息服务质量的能力。信息服务质量会影响客体的满意程度，且影响力的大小可能不同。

H_2：服务内容、服务条件和服务方式与感知质量正相关，客体在接受农村综合信息服务过程中，通过对它们的实际感知与期望质量进行比较，形成对信息服务的满意度。

H_3：客体期望质量与感知质量、感知价值和客体满意存在关系。客体对农村综合信息服务质量的期望大小将直接对其感知质量、感知价值和满意程度产生影响。

H_4：客体对农村综合信息服务的感知质量与其对信息服务的满意程度正相关。前者既可直接对后者产生影响，也可通过作用于感知价值后间接地对后者发生影响。

H_5：客体满意程度与客体抱怨成负相关，与客体信任呈正相关。

H_6：客体抱怨与客体信任呈负相关。

信度检验是对量表测量结果准确性的分析，即对所设计的量表在多次重复使用下得到数据结果可靠性的检验。克朗巴哈 α 系数（Cronbach's α coefficient）是最常用的信度测量方法，用以分析量表的内部一致性，即量表中相关问题衡量同一概念的程度，计算公式如下：

$$\alpha = \frac{K}{K-1}\left(1 - \frac{\sum \sigma_i^2}{\sigma^2}\right) \tag{4-8}$$

式中，K 为问卷中题目的数量；σ^2 为全部调查结果的方差；σ_i^2 为第 i 题的调查结果方差。Cronbach's α 系数的值为 0～1，越接近 1，信度越高；大于或等于 0.7，则认为其内部一致性较高。

农村综合信息服务客体调查问卷中有 25 项针对满意度的测量题目，共调查了 567 个样本，回收有效问卷 557 份。表 4-8 是运用 PASW Statistics 18 分析的农村综合信息服务客体满意度五点李克特量表的 Cronbach's α 系数结果。"题项-总和相关系数"表示每个题项与其他题项总和之间的相关系数，其值为 0.560～0.766，均大于 0.4，说明每个题项与其他大部分题项至少是中等相关程度，是测量这个总和评分尺度的一个好的组成部分。"题项删除后的 Cronbach's α 系数"反映该题项删除后，量表中其他题项的 Cronbach's α 系数；如果该项值降低，说明删除的题项是这个量表较好的一部分；表 4-8 中该列值均低于相应分量表的 α 系数，表示删去该题项会使量表信度降低，证明原量表的构成具有可靠性。各分量表的 Cronbach's α 系数均大于 0.8，总量表的 α 系数为 0.913，表明这些题项形成了一个合理可信、内部一致的客体满意度评测量表。

表 4-8　农村综合信息服务客体满意度量表的 Cronbach's α 系数

分量表	Cronbach's α 系数	题项	题项-总和相关系数	题项删除后的 Cronbach's α 系数
预期质量 ξ	0.817	x_1	0.572	0.788
		x_2	0.661	0.765
		x_3	0.675	0.753
感知质量 η_1	0.897	y_1	0.741	0.868
		y_2	0.733	0.870
		y_3	0.765	0.865
		y_4	0.763	0.866
		y_5	0.746	0.867
		y_6	0.574	0.890
		y_7	0.692	0.871
		y_8	0.627	0.881
		y_9	0.579	0.887
		y_{10}	0.583	0.885
		y_{11}	0.680	0.874
		y_{12}	0.657	0.879
		y_{13}	0.560	0.895
感知价值 η_2	0.804	y_{14}	0.564	0.751
		y_{15}	0.734	0.716
客体满意 η_3	0.823	y_{16}	0.682	0.735
		y_{17}	0.721	0.703
		y_{18}	0.689	0.729

续表

分量表	Cronbach's α 系数	题项	题项-总和相关系数	题项删除后的 Cronbach's α 系数
客体抱怨 η_4	0.810	y_{19}	0.709	0.707
		y_{20}	0.681	0.736
客体信任 η_5	0.818	y_{21}	0.776	0.679
		y_{22}	0.769	0.702

注：题项列来自表 4-7 中的观测变量，它直接生成量表中的问题。

效度检验是对量表测量结果有效性的分析，即对所设计量表的测量结果反映它所应该反映的客观现实的程度的检验。效度检验的最理想方法是利用因子分析测量量表的架构。因子分析的主要功能是从量表全部题项中提取一些公因子，各公因子分别与某一群特定变量高度关联，这些公因子即代表了量表的基本架构。透过因子分析可以考察量表是否能够测量出研究者设计量表时假设的某种架构。按照 Gorsuch 的观点，因子分析的样本数应该是题项数目的 5 倍以上，同时样本数应大于 100；测评客体满意度量表的题项有 25 个，样本数应在 125 个以上，本书获取的有效样本数为 557 个，符合因子分析的要求。此外，运用 PASW Statistics 18 得到 KMO（Kaiser Meyer Olkin）样本测度值为 0.921，巴特利特（Bartlett's）球形检验的近似卡方（approx. chi-square）值为 1837.168、自由度（degree of freedom，DF）为 146、显著性概率（sig）为 0.000，说明变量间的相关性较强，比较适合做因子分析。

根据曾五一等的总结，在因子分析中，用于评价架构效度的主要指标有累积贡献率（公因子对量表的累积方差解释率，应在 50%以上）、共同度（由公因子解释可观测变量的有效程度，即公因子方差，应大于 0.4）和因子载荷（可观测变量与某个公因子的相关程度较高，应大于 0.4，而与其他公因子的相关程度较低）。使用 PASW Statistics 18 对量表做因子分析，结果见表 4-9。各题项的因子载荷为 0.61~0.97，远大于 0.4 的判断标准；且各共同度为 0.477~0896，同样符合大于 0.4 的标准；各公因子累积贡献率均大于 50%，最低值为 58.86%，最高达 92.56%，说明题项所测度的内容较为一致，整个量表结构清晰，具有很好的结构效度。

表 4-9　农村综合信息服务客体满意度量表的因子分析结果

题项	因子载荷						共同度
	预期质量 ξ	感知质量 η_1	感知价值 η_2	客体满意 η_3	客体抱怨 η_4	客体信任 η_5	
x_1	0.75						0.541
x_2	0.83						0.672
x_3	0.86						0.720

续表

题项	因子载荷						共同度
	预期质量 ξ	感知质量 η_1	感知价值 η_2	客体满意 η_3	客体抱怨 η_4	客体信任 η_5	
y_1		0.84					0.692
y_2		0.83					0.678
y_3		0.88					0.776
y_4		0.87					0.734
y_5		0.85					0.711
y_6		0.64					0.493
y_7		0.77					0.584
y_8		0.70					0.522
y_9		0.64					0.497
y_{10}		0.65					0.509
y_{11}		0.86					0.723
y_{12}		0.74					0.573
y_{13}		0.61					0.477
y_{14}			0.78				0.631
y_{15}			0.93				0.862
y_{16}				0.84			0.689
y_{17}				0.90			0.815
y_{18}				0.85			0.724
y_{19}					0.89		0.787
y_{20}					0.85		0.702
y_{21}						0.97	0.896
y_{22}						0.95	0.873
特征值	1.963	7.651	1.47	2.25	1.52	1.85	—
方差百分比 /%	65.43	58.86	73.39	75.05	75.99	92.56	—

注：本表是各潜在变量分量表因子分析结果的汇总，题项列来自表 4-7 中的观测变量，它直接生成量表中的问题。

4.2.3　模型运用与数据分析

将表 4-7 中的潜在变量和观测变量及其符号代入结构方程（测量模型：式（4-1）、式（4-2），结构模型：式（4-3）中，即可得农村综合信息服务客体满意度（customer satisfaction index，CSI）的数学表达式。运用 LISREL 8.7 软件对问卷调查数据做 SEM 处理，得到模型的拟合结果（表 4-10）和路径参数（图 4-5）。

表 4-10　SEM 的拟合结果

拟合程度指标	数值	拟合程度指标	数值
卡方值（χ^2）	312.78	Tucker-Lewis 指数（Tucker-Lewis index，TLI）	0.99
自由度（DF）	172	比较拟合指数（comparative fit index，CFI）	0.99
P 值	0.00	拟合优度指数（goodness of fit index，GFI）	0.95
χ^2/DF	1.82	调整后的拟合优度指数（adjusted goodness of fit index，AGFI）	0.93
规范拟合指数（normed fit index，NFI）	0.98	均方根残差（root mean square residual，RMR）	0.033
相对拟合指数（relative fit index，RFI）	0.98	近似均方根残差（root mean square error of approximation，RMSEA）	0.067
递增拟合指数（incremental fit index，IFI）	0.99		

表 4-10 显示，通过用多种模型拟合指数对模型与数据的拟合程度进行检验，卡方值为 312.78，自由度为 172，它们对应的 P 值为 0.00，说明有显著性差异；但由于卡方值的分布受样本容量影响很大，样本越多，其值越大，因此，该数值在检验中仅供参考。其他拟合指数如 NFI、RFI、IFI、TLI、GFI、AGFI，都符合大于 0.9 的判断标准；而且，对模型拟合程度指示效果更好的拟合指数 RMR 为 0.033（<0.035），RMSEA 为 0.067（<0.08）均满足理想的判断标准。所以，SEM 与调查数据拟合程度很好，用其测度的农村综合信息服务客体满意度具有较强的说服力和较好的现实指导意义。

路径系数反映了自变量对因变量的直接作用效果，图 4-5 描述了 SEM 估计中潜在变量间的标准化路径系数。三个二级原因变量（服务内容、服务方式和服务条件）对客体感知农村综合信息服务质量的直接关系显著，依次为 0.70、0.65 和 0.57，并通过感知质量对其他潜在变量产生间接效应。在影响目标变量（客体满意）的三个一级原因变量中，感知质量和感知价值的作用明显，分别为 0.59 和 0.51，客体对农村综合信息服务的感知价值受其感知质量的影响也较大，为 0.74，且均

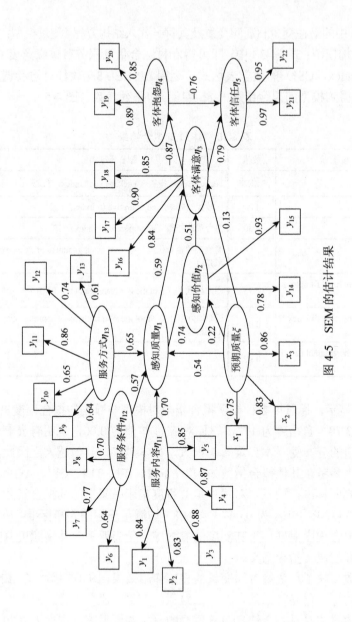

图 4-5　SEM 的估计结果

为正相关；说明，较高的感知质量带来较大的感知价值，进而产生较高的客体满意度。客体对农村综合信息服务的预期质量分别对其感知质量、感知价值和客体满意度发生影响，直接效应路径系数为 0.54、0.22 和 0.13；表明预期质量对感知价值和客体满意的直接影响较小，更多的是通过作用于感知质量而对它们产生间接影响。证明感知质量不仅对别的变量影响较大，而且还是传递其他变量作用的中介，因此感知质量是一个关键变量。六个前因变量均不能对两个结果变量产生直接影响，而是通过客体满意这个目标变量作为"桥梁"间接地发挥作用。并且，客体满意对两个结果变量影响显著：与客体抱怨呈负相关，与客体信任呈正相关，标准化路径系数分为–0.87 和 0.79；客体对农村综合信息服务的抱怨也逻辑地与其对服务的信任程度呈负相关（–0.76）。所以，客体满意是另外一个关键因素。分析也表明，模型估计结果支持研究假设。

图 4-5 同时也展示了观测变量与潜在变量间的因子载荷，即相关系数。参考表 4-7 和表 4-9 发现，对于三个二级原因变量而言：①客体对农村综合信息服务内容感知质量的优先序依次为信息的准确性、针对性、时效性、多样化程度及规模/数量，但差异不大，均在 0.85 左右；②客体对农村综合信息服务方式的感知质量依次强调服务的便捷性和稳定性（0.86）、主客体间的交流和互动（0.74）、服务技术的实用性（0.65）、服务策略的多样性和灵活性（0.64）、服务费用的合理性与规范程度（0.61）；③客体对农村综合信息服务条件的感知质量依次注重服务人员的能力和态度、服务组织管理制度和服务设施/设备的完善程度，因子载荷分别为 0.77、0.70 和 0.64。对于一个目标变量–客体满意而言，通常会考虑与期望质量和理想质量相比的农村综合信息服务的满意程度，以及信息服务的整体满意程度，相关系数分别为 0.90、0.85 和 0.84。对于两个结果变量而言，客体抱怨意味着对农村综合信息服务提出意见或建议（0.89），甚至主客体间产生服务纠纷（0.85）；而客体信任则会与其对农村综合信息服务的信赖（0.97）和利用频率（0.95）紧密联系起来。此外，客体对农村综合信息服务的预期质量与其期望的个性化信息服务、信息质量和服务水平的可靠性、整体信息服务关系密切，因子载荷分别为 0.86、0.83 和 0.75；使客体经济、生活的受益程度及对农村经济、社会发展的影响程度成为客体感知农村综合信息服务的核心价值，因子载荷分为 0.93 和 0.78。

4.2.4　满意度测算与结果分析

利用调查样本数据分析了农村综合信息服务客体满意度影响因素及其相互关系后，进一步计算客体对农村综合信息服务的总体满意程度和各结构变量的满意程度。基本的估算方法是

$$S = \frac{\frac{1}{n}\sum_{i=1}^{n}T_i}{K} \times 100 \qquad (4\text{-}9)$$

式中，S 是客体对事项的平均满意度；n 是客体数量；T_i 是第 i 个客体对事项满意度的评价分值；K 是该事项可被评的最高分值。

更为精确的测算方法则是

$$S = \sum_{q=1}^{Q} \beta_q \frac{\sum_{i=1}^{m}\left(\alpha_i \frac{1}{n_i}\sum_{j=1}^{n_i}T_{ij}^{q}\right)}{K_q} \times 100 \qquad (4\text{-}10)$$

式中，S 是客体对事项的平均满意度；m 是指客体类别数；α_i 是第 i 类客体的重要性权重值；n_i 是第 i 类客体的数量；T_{ij}^{q} 是某一客体对描述某事项满意度的具体问题的评价分值；K_q 是该问题可被评的最高分值；β_q 是该问题对描述该事项的权重值；Q 是描述该事项的问题数量。

本书对四类客体做了农村综合信息服务满意度的五点量表调查，根据式（4-10）的含义，$m=4$，$K_q=5$。四类客体：普通农户、种养大户、农村经纪人和部分涉农企业的类别序号分别为 $i=1,2,3,4$，将统计数据和问卷调查中各类客体所占的数量比例求均值后近似表示其对农村综合信息服务满意度评价的重要性权重值，则 $\alpha_1=0.7026$，$\alpha_2=0.1531$，$\alpha_3=0.0731$，$\alpha_4=0.0712$；β_q 的值则由图 4-5 中各变量的路径系数或因子载荷计算比例后近似表示。于是，便可测算出 9 个潜在变量的客体平均满意度，见表 4-11。

表 4-11　农村综合信息服务客体满意度

潜在变量		观测变量		客体评分值 $\frac{1}{n_i}\sum_{j=1}^{n_i}T_{ij}^{q}$				满意度 S	
		题项	权重 β_q	普通农户	种养大户	农村经纪人	部分涉农企业		
预期质量 ξ		x_1	0.31	3.5	3.8	3.4	3.2	70.35	78.62
		x_2	0.34	4.1	4.2	3.9	3.2	80.73	
		x_3	0.35	4.2	4.5	3.8	3.9	83.91	
感知质量 η_1	服务内容 η_{11} $\beta_q=0.36$	y_1	0.20	3.1	3.4	3.3	2.8	62.78	64.74
		y_2	0.19	2.9	3.5	3.3	2.7	60.14	
		y_3	0.21	4.0	4.6	4.5	4.4	77.60	
		y_4	0.20	2.9	3.8	3.2	3.8	62.48	67.60
		y_5	0.20	2.8	3.7	3.4	3.7	60.91	
	服务条件 η_{12} $\beta_q=0.30$	y_6	0.30	3.5	4.0	3.8	3.7	72.25	71.45
		y_7	0.37	3.5	3.6	3.6	3.3	70.17	
		y_8	0.33	3.6	3.7	3.6	3.5	72.64	

续表

潜在变量		观测变量		客体评分值 $\frac{1}{n_i}\sum_{j=1}^{n_i}T_{ij}^q$				满意度 S	
		题项	权重 β_q	普通农户	种养大户	农村经纪人	部分涉农企业		
感知质量 η_1	服务方式 η_{13} $\beta_q=0.34$	y_9	0.18	2.9	3.3	3.3	3.1	60.09	67.23
		y_{10}	0.19	3.3	3.6	3.5	3.6	67.64	
		y_{11}	0.25	3.0	3.3	3.5	3.5	62.36	
		y_{12}	0.21	3.3	3.5	3.7	3.5	67.48	
		y_{13}	0.17	4.0	4.3	3.9	4.3	81.20	
感知价值 η_2		y_{14}	0.45	3.5	4.1	3.8	3.7	72.56	74.17
		y_{15}	0.55	3.6	4.5	4.0	3.7	75.48	
客体满意 η_3		y_{16}	0.32	3.0	3.2	3.7	3.5	62.35	56.20
		y_{17}	0.35	2.8	2.8	2.9	2.8	56.15	
		y_{18}	0.33	2.5	2.8	2.6	2.6	50.29	
客体抱怨 η_4		y_{19}	0.51	2.9	2.7	2.6	2.7	56.67	55.75
		y_{20}	0.49	2.8	2.6	2.5	2.7	54.81	
客体信任 η_5		y_{21}	0.51	3.5	4.0	3.7	3.5	71.82	72.18
		y_{22}	0.49	3.5	4.0	3.9	3.8	72.54	

注：题项列来自表 4-7 中的观测变量，它直接生成量表中的问题。

　　总体来看，由于作为农村综合信息服务主要消费者的普通农户对各题项平均评分不高，导致客体满意度测算结果不容乐观。与客体对农村综合信息服务预期质量相对较高（78.62）形成鲜明对比的是客体对农村综合信息服务较低的满意度（56.20），说明现实与不算太高的预期仍有明显的差距；尽管客体对农村综合信息服务感知质量一般（67.60），对主体解决客体抱怨的情况的满意度较低（55.75），但仍能相对较高地肯定农村综合信息服务所带来的感知价值（74.17），这在一定程度上可以解释客体为什么对农村综合信息服务仍抱有相对较高的信任（72.18）。表 4-11 的结果，一方面表明，客体很难对目前的农村综合信息服务寄予厚望，但考虑到对农村综合信息需求的必然性和重要性，仍不得不继续获取这种服务；另一方面意味着，可供客体选择的服务主体比较有限，各类主体在农村综合信息服务上仍有很大的提升空间，特别是结合图 4-5 中各因素间相互关系，在农村综合信息服务的内容、方式和条件上要因地制宜、重点突破。农村综合信息服务既有可观的潜在市场，也面临着巨大的挑战，这也再一次彰显了对信息服务模式探索的重要意义。

4.3　农村综合信息服务供给的主体效率评价

　　曼昆（N. Gregory Mankiw）给出"效率"的经典描述：效率（efficiency）是

指社会能从其稀缺资源中得到最多的东西。如果经济可以利用它所得到的全部稀缺资源，就可说这种结果是有效率的。无论从宏观的经济资源配置或社会财富创造视角，还是从微观的生产要素或个体劳动视角，研究人员通常将效率认识和测度为特定条件下的投入与产出的比率关系和结果。较高的效率一方面强调尽量少的投入带来尽可能多的产出，即资源的有效利用；另一方面也注重人尽其才、物尽其用，不存在资源闲置与浪费，即资源的充分利用。正如理论框架的阐述，农村综合信息服务具有双重属性（作为纯信息服务的公共物品属性和作为依附性信息服务的私人物品属性），使对其供给效率的评价有着与生俱来的复杂性，必须审慎思考三个方面的问题：①"哪些农村综合信息是客体可以或应当得到的服务，其中，哪些是纯信息服务，哪些是依附性信息服务"，供给目标的多样性（如政治目标、经济目标和社会目标等）带来效率评价的标准问题；②"主体是否可利用其所拥有的全部信息资源用于服务"，涉及供给效率在投入上的实现与计算的可能性问题；③"如何衡量客体得到的农村综合信息足够多，服务产生的效用足够大"，客体供给效果的差异性和难以量化特征给效率在产出的测度上造成困难。

4.3.1　理论基础

农村综合信息服务的供给效率是指主体在提供农村综合信息服务时，最大化地利用有限的信息资源，使供给规模和结构达到最优，它实际上考察的是与客体需求相一致的农村综合信息服务资源利用的配置效率、投入产出的技术效率和供给体系的机制效率。20 世纪后期，欧美发达国家和地区将"3Es"（economy，effectiveness，efficiency）标准用于评价政府工作绩效，对于农村综合信息服务供给效率的核算提供了理论借鉴。其中，economy 从资源的有效配置角度，寻求要素投入最大和最佳比例下，需求满足程度与供给水平处于帕累托最优状态，即供求均衡，此时，农村综合信息服务供给效率可由式（4-11）表述。effectiveness 则从主体目标的角度强调一定投入水平下效果与目标价值关系的实现机制，供给效率可通过式（4-12）说明。efficiency 考虑资源的刚性约束下，投入与产出的比例关系，供给效率相应地可用式（4-13）表示。

$$农村综合信息服务效率（efficiency）= \frac{需求（demand）}{供给（supply）} \tag{4-11}$$

$$= \frac{效果（effect）}{价值目标（value\text{-}goal）} \tag{4-12}$$

$$= \frac{产出（output）}{投入（devotion）} \tag{4-13}$$

1. 农村综合信息服务供给的帕累托效率

式（4-11）表明，农村综合信息服务供给效率实现的基本条件是供求均衡，它为上述三个问题的探索指明了原则和方向。萨缪尔森（Paul A. Samuelson）认为，在消费者偏好集合与效用函数、生产可能集 $F(X,G) \leqslant 0$ 约束的基础上，若个人 $h(h = 1, 2, 3, \cdots, H)$ 对公共物品 G 与私人物品 $X_i(i = 1, 2, 3, \cdots, m)$ 的边际替代率之和等于 G 与 X_i 的边际转换率，则 G 的供给达到帕累托效率。据此，我们分析只有一个主体、两个客体 A 和 B 的简化农村综合信息服务供需均衡模型。两个客体接受农村综合信息服务的效用函数取决于其各自所消费的依附性信息服务和纯信息服务的数量，分别表示为 $U_A = U_A(x_1, x^*)$，$U_B = U_B(x_2, x^*)$；x_1 和 x_2 是客体 A 和客体 B 所接受的依附性农村综合信息服务的量集（种类和数量的集合），x^* 是两者接受的纯农村综合信息服务，且 $U' > 0$，$U'' < 0$。

图 4-6（a）显示，在依附性信息服务市场，x_1 和 x_2 分别受 A 与 B 的需求曲线 D_A 和 D_B 的影响。在一般均衡下，A 和 B 的效用达到最优，主体对该类服务的供给应当使各客体的边际收益（marginal revenue，MR，由需求曲线给出）等于边际成本（marginal cost，MC），量上表现为 $x_1 \cup x_2$。图 4-6（b）表示，纯农村综合信息服务的需求曲线是由客体 A 和客体 B 的需求曲线 D'_A 和 D'_B 垂直加总后得到的一条总需求曲线 $D'_A + D'_B$，该曲线上任一点 D_0 的成本 C_0 由 D'_A 和 D'_B 上相应的服务成本 C_1 和 C_2 加总形成，两客体接受的纯信息服务的量集相同，均为 x_0。当客体 A 在 F 点右方对纯信息服务没有需求时，x_0 仅为客体 B 的需求量集，总需求曲线呈折线状。均衡条件下，会有总边际成本 MC 等于总边际收益 MR，x^* 为纯农村综合信息服务的最优产量。由此，可推导农村综合信息服务有效供给或需求的帕累托最优条件。

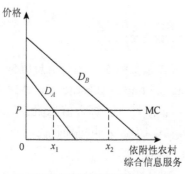

(a) 依附性农村综合信息服务供需均衡

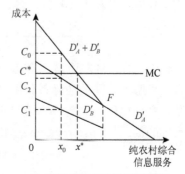

(b) 纯农村综合信息服务供需均衡

图 4-6　农村综合信息服务供给的帕累托最优

假设 X 为依附性农村综合信息服务总量，$X = X^A + X^B$，Y 为纯农村综合信息服务总量，也是每个客体获取的纯农村综合信息服务量。

供给可能性边界的隐函数为

$$T(X^A + X^B, Y) = 0 \qquad (4\text{-}14)$$

社会福利函数为

$$W = W\left[U^A(X^A, Y), U^B(X^B, Y) \right] \qquad (4\text{-}15)$$

在式（4-14）的约束条件下使式（4-15）最大化，构建拉格朗日函数：

$$L = W\left[U^A(X^A, Y), U^B(X^B, Y) \right] - \lambda T(X^A + X^B, Y)$$

分别对 X^A、X^B、Y 和 λ 求偏导，得以下四个一阶条件：

$$\partial L / \partial X^A = (\partial W / \partial U^A)(\partial U^A / \partial X^A) - \lambda(\partial T / \partial X) = 0 \qquad (4\text{-}16)$$

$$\partial L / \partial X^B = (\partial W / \partial U^B)(\partial U^B / \partial X^B) - \lambda(\partial T / \partial X) = 0 \qquad (4\text{-}17)$$

$$\partial L / \partial Y = (\partial W / \partial U^A)(\partial U^A / \partial Y) + (\partial W / \partial U^B)(\partial U^B / \partial Y) - \lambda(\partial T / \partial Y) = 0 \qquad (4\text{-}18)$$

$$\partial L / \partial \lambda = T(X^A + X^B, Y) = 0 \qquad (4\text{-}19)$$

由式（4-16）和式（4-17）可得

$$\lambda = \frac{(\partial W / \partial U^A)(\partial U^A / \partial X^A)}{\partial T / \partial X} = \frac{(\partial W / \partial U^B)(\partial U^B / \partial X^B)}{\partial T / \partial X} \qquad (4\text{-}20)$$

由式（4-18）可得

$$\frac{(\partial W / \partial U^A)(\partial U^A / \partial Y) + (\partial W / \partial U^B)(\partial U^B / \partial Y)}{\lambda} = \partial T / \partial Y \qquad (4\text{-}21)$$

将式（4-20）代入式（4-21）得

$$\frac{\partial U^A / \partial Y}{\partial U^A / \partial X^A} + \frac{\partial U^B / \partial Y}{\partial U^B / \partial X^B} = \frac{\partial T / \partial Y}{\partial T / \partial X} \qquad (4\text{-}22)$$

式（4-22）的等号左边是 A 和 B 两个客体接受纯农村综合信息服务与依附性农村综合信息服务之间的边际替代率（marginal rate of substitution，MRS），等号的右边则是主体提供纯农村综合信息服务与依附性农村综合信息服务的边际转换率（marginal rate of transformation，MRT），式（4-22）也可简化为

$$\mathrm{MRS}_{YX}^A + \mathrm{MRS}_{YX}^B = \mathrm{MRT}_{YX}$$

显然，上述一个主体、两个客体、两种服务模型也可推广至多个主体、客体，多种商品（或服务）的情况，得到农村综合信息服务供给或需求的帕累托最优条件：①就客体而言，其获取依附性信息服务与纯信息服务的边际替代率相等，也

应等于其消费其他商品或服务的边际替代率；②就主体而言，其提供农村综合信息服务的各生产要素的边际替代率相等，也等于用于生产其他商品或服务的要素间的边际替代率；③获取农村综合信息服务的客体对于纯信息服务与依附性信息服务（或其他商品及服务）间的边际替代率之和等于两种服务（或其他商品及服务）在供给中的边际转换率。这些条件是建立在信息充分对称的开放市场中的，现实中很难同时得到满足。特别是考虑到我国农村综合信息服务市场尚未成形，正如第 3 章的调查分析，有效需求不足的各类客体对农村综合信息服务的偏好集合及需求优先序也不尽相同，主体难以全面准确地了解客体的真实需求愿望，而做出相应的供给决策；而本章的研究揭示，以政府主导的农村综合信息服务供给的兼职性表明专业性服务尚未找到市场进入的有利路径，这使农村综合信息服务所需的生产要素缺乏流动积极性。

因此，在现实中，通常会根据一般次优理论（Lipsey and Lancaster，1956）及第三优理论（黄有光，2011）进行适当的机制设计与制度安排，构建符合我国农村实际的综合信息服务体系。通俗地理解，次优理论是指：假设达到帕累托最优状态需要满足十个条件，如果这些条件中有一个得不到满足，最优状态即被破坏；那么，即便满足全部剩余九个条件而得到的次优状态，也未必比满足剩余九个条件中的一部分（如四个或五个）而得到的次优状态更加接近于十个条件都得到满足的帕累托最优状态[1]。由于现实世界存在信息成本和各种约束，是连满足次优条件也不太可能的第三优世界，第三优理论认为[2]：①信息贫乏是指可利用的信息不够做出两项合理的判断，一是在次优约束存在时，若应用最优规则所产生的结果对于次优状态有何种方向的偏离；二是相关曲线偏离通常凹度的程度，此时在第三优世界应如同处于最优世界一样，采用最优法则进行调整。②信息不足是指可利用的信息对上述判断已足够，但不完善，在第三优世界应使用第三优法则，该法则认为如果可获得的信息量有理由让人们相信相关曲线向某一方向偏离，就应该选择向该方向偏离的策略；③信息完善是指处于信息轴上的极端位置，是一种理想状态，即最优世界，显然采取最优法则，而在次优世界则选用次优法则。

2. 农村综合信息服务供给效率的目标价值

式（4-12）揭示了农村综合信息服务供给的效率是目标与价值的统一，通常从供给的结果、功能及其关系协调三个方面加以讨论，它为上述三个问题的求解过程提供了评价标准（表 4-12）。

---

① 高鸿业，吴易风，刘凤良，等. 研究生用西方经济学（微观部分）. 2 版. 北京：经济科学出版社，2004.

② 黄有光. 经济与快乐. 大连：东北财经大学出版社，2000.

表 4-12　农村综合信息服务供给效率的目标价值

目标价值	具体含义	主要指标
农村资源配置	提供各类农村资源信息,促进农村资源的充分开发和有效利用	土地、资金、劳动力、技术和制度等的利用率
农业生产经营	提供组织农业生产经营所需的各类信息,实现科学生产、规范管理,降低成本,提高效益	农业生产结构、投入与产出比、农产品储运量与加工率、农村居民人均纯收入
农村生活改善	提供农村生活所需的各类信息,提升农民生活水平和质量	消费结构,医疗、社会保险普及率,文体、休闲和娱乐的投入时间和花费
农民个人发展	提供农民教育、培训和致富信息等,提升农民个人能力、拓展发展空间	受教育年限、培训次数和人数、劳动力就业结构、人均收入增长率
农村社会管理与民主政治建设	提供政务、社会管理、民主政治等信息公开,保障村民权利义务,推动社会公正、和谐发展	政务信息公开度、人均财政支农投入额、村民参与干部选举投票率、参与公共事务决策程度

　　主流经济学以客观结果作为检验效率的依据：是否实现了资源约束条件下客体接受农村综合信息服务的效用最大化,即帕累托最优状态。这将在实践中强化纯农村综合信息服务的公共物品属性,推动政府财政服务的均等化；注重依附性农村综合信息服务的私人物品属性,激励成本效益原则下服务供给的市场化；并以遵循当地农村社会经济发展基本规律为其基本价值标准,促进信息资源在农村地区的最优配置。

　　目前,尽管我国农村综合信息服务还表现出公共性、分散性、福利性、无序性、非标准化、弱市场化和供给主体的兼职性等特征,但其对推进农村社会经济和人文发展的功能性作用日益凸显,具体表现在五个方面：①充分的信息服务能够使农村自然资源和社会资源趋于合理配置和充分就业,促进农村生产力发展,繁荣农村经济；②有效的信息服务有利于降低农业生产经营成本,提高农业管理水平和效率,增加农民收入；③适宜的信息服务能够积极影响农村社会民俗民风、生活消费、卫生保健、文化、体育和娱乐方式,有助于改善农村落后面貌,缩小城乡差距；④及时准确的信息服务有助于农民提升个人能力和拓展发展空间,推动建立健全的农民社会保障体系,增强农民参与市场竞争和抵抗各类风险的能力；⑤全面的信息服务有益于社会管理和群众监督,能够提高社会信任感和公正性,推动基层民主政治建设和社会和谐发展。

　　此外,应特别关注农村综合信息服务供给效率与公平的关系协调问题。经济学界普遍认为公平与效率经常会不可避免地发生冲突,社会面临着在二者间的权衡与取舍；一般来说,政府供给更看重公平,私人供给更强调效率。就主体而言,效率是公平的基础,没有效率,意味着农村综合信息服务供给的缺失,最终制约农村社会经济的发展；就客体而言,公平是效率的保障,农村综合信息服务的显著不公,直接损伤客体对社会的信任和对服务的需求,引起客体对公正性的质疑,间接地影响农村社会经济的健康发展，终究会降低供给效率；因此，效率与公平是农村综合信息服务供给追求的基本价值。在实践层面，由市场机制主导的依附性农村综合信息服务供给重在实现效率，由政策机制主导的纯农村综合信息服务供给重在体现公平，二者应相互影响、相互作用、有机统一。然而，在政府对农村本就不充裕的财政投入中，用于农村综合信息服务的份额就更捉襟见肘，这或许才是当前农村综合信息服务供给效率与公平应解决的当务之急。

4.3.2　方法模型

式（4-13）是对农村综合信息服务供给效率的具体计算，需要科学的方法和模型支持，它为上述三个问题的解决提供了测度工具。农村综合信息服务的供给需要信息资源（主要包括信息生产者、信息和信息技术等）的投入，资源的有限性约束使对其利用能够得到最大产出，成为供给有效率的定量性判断。经济学模型认为不同投入组合获得的有效率产出组成了生产可能性边界，如图 4-7 所示。多种信息资源 $X = (x_1, x_2, \cdots, x_n)^{\mathrm{T}} \in E_n^+$ 投入，带来农村综合信息服务产出 y，生产函数表示为 $y = f(X) = f(x_1, x_2, \cdots, x_n)$；则生产可能集为

$$P(f) = \left\{ (X, y) \mid f(X) \geqslant y, X \in E_n^+ \right\}, \quad f(X) = \max_{(x,y) \in P(f)} y$$

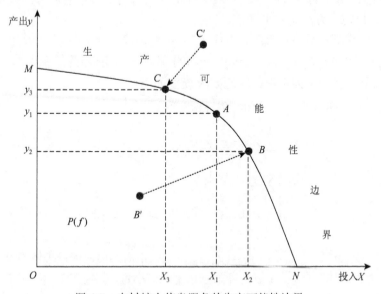

图 4-7　农村综合信息服务的生产可能性边界

如图 4-7 所示，在生产可能集外的 C' 点并不存在，因为现有资源的投入组合无法达到该点的产出；而 $P(f)$ 之内的点 B' 显然又未能充分利用现有资源，不满足

$f(X) = \max\limits_{(x,y) \in P(f)} y$ 条件，是无效率的，它会沿某一路径，如箭头所示，移动到生产可能性边界线上的某一位置，如 B 点。图中 A、B、C 点正好处于生产可能性边界线 MN 上，属于富有效率的投入、产出组合。

表 4-12 说明衡量农村综合信息服务的产出不是唯一的，需要考量多项指标，$Y = (y_1, y_2, \cdots, y_m)$，并且如 4.1.2 节所分析，投入 X 也包含诸多要素，则可定义集值映象：$X \Rightarrow S(X) \subset E_m^+$，$S(X) = \left\{ Y \in E_m^+ \mid 投入 X, 得到 Y \right\}$；此时，生产可能集为 $T = \left\{ (X,Y) \mid Y \in S(X), X \in E_n^+ \right\}$（当 $m=1$ 时，其与图 4-7 的描述是一致的）。设 $(\hat{X}, \hat{Y}) \in T$，若不存在 $(X,Y) \in T$，使得 $X \leqslant \hat{X}, Y \geqslant \hat{Y}$，则称 $(\hat{X}, \hat{Y})$ 为生产可能集 T 的帕累托解（最优点或效率点）；当等号不成立时，为弱帕累托解。

DEA 是运用线性规划（linear programming，LP）方法处理一组输入-输出的观测数据，得到各决策单元（decision making unit，DMU）有效生产前沿面的一种确定性非参数效率评估技术。DEA 的突出优势在于，无须事先探究 DMU 的生产函数形式，而直接利用其投入-产出数据，估计 DMU 的相对效率水平。因此，它非常适合用于比较分析具有多投入、多产出的农村综合信息服务主体的供给效率，DEA 有效性与相应的多目标规划问题的帕累托解是等价的，实质上都是判断农村综合信息服务供给是否落在生产可能集的前沿面上，即观察到的主体投入-产出数据的包络面的有效部分。从供给视角考察农村综合信息服务的技术效率和规模效率的 DEA 方法是 C^2R 模型。

设有 K 个农村综合信息服务主体 DMU_i，$i = 1, 2, \cdots, k$，DMU_i 的投入 $x_i = (x_{i1}, x_{i2}, \cdots, x_{im})^{\mathrm{T}}$，产出 $y_i = (y_{i1}, y_{i2}, \cdots, y_{in})^{\mathrm{T}}$，$m$、$n$ 分别为投入和产出的指标数目，$x_{i1}, x_{i2}, \cdots, x_{im} \geqslant 0$ 且至少有一个为正数，构造 C^2R 模型如下：

$$\min \left[\theta - \varepsilon(\hat{e}^{\mathrm{T}} s^- + e^{\mathrm{T}} s^+) \right]$$

$$\mathrm{s.t.} \begin{cases} \sum\limits_{i=1}^{k} \lambda_i x_i + s^- = \theta x_0 \\ \sum\limits_{i=1}^{k} \lambda_i y_i - s^+ = y_0 \\ \lambda_i \geqslant 0, \quad s^- \geqslant 0, \quad s^+ \geqslant 0, \quad \theta \in E_1^+ \end{cases} \tag{4-23}$$

式中，$x_0 = (x_{01}, x_{02}, \cdots, x_{0m})^{\mathrm{T}}$，$y_0 = (y_{01}, y_{02}, \cdots, y_{0n})^{\mathrm{T}}$ 为当前被评价主体的投入、产出指标；λ_i 为各主体组合系数；ε 为非阿基米德无穷小量，其值在实际应用中常取极小的正数，如 10^{-6}；$\hat{e} = (1,1,\cdots,1)^{\mathrm{T}} \in E_m^+$，$e = (1,1,\cdots,1)^{\mathrm{T}} \in E_n^+$。在具体分析中，$\theta$、$s^-$、$s^+$ 为效率评价的主要指标，θ 为效率评价指数（常被称为效率系数），$s^- = (s_1^-, s_2^-, \cdots, s_m^-)^{\mathrm{T}}$，$s^+ = (s_1^+, s_2^+, \cdots, s_n^+)^{\mathrm{T}}$ 为松弛变量。若 $\theta < 1$，则 DMU_{i0} 为 DEA 无效，用小于现有投入

量即可得到目前的供给；若 $\theta = 1$，s^-、s^+ 不全为 0，则 DMU_{i0} 仅为 DEA 弱有效；若 $\theta = 1$，s^-、s^+ 均为 0，则 DMU_{i0} 为 DEA 有效，在现有供给情况下不宜再增加或减少投入量。设 $\phi = \dfrac{1}{\theta}\sum_{i=1}^{k}\lambda_i$，若 $\phi = 1$，则表示 DMU_{i0} 的规模收益不变，且已达到最佳规模效率；若 $\phi > 1$，则说明 DMU_{i0} 的规模效益递减；若 $\phi < 1$，则表示 DMU_{i0} 的规模收益递增。

在 DEA 模型中所反映的是影响农村综合信息服务供给效率的内生性决定因素，为了进一步分析 DEA 方法评估的效率究竟受哪些外生性环境因素的影响及影响程度如何，通常会研究效率分布问题，并得出改进的方向和途径。由于农村综合信息服务供给效率值 θ（因变量）为 0～1 的截尾变量，可采用 Tobit 模型予以分析。该模型的结构如下：

$$Y_i^* = \boldsymbol{X}_i'\boldsymbol{\beta} + \varepsilon_i, \quad \varepsilon_i \sim N(0,\sigma^2), \quad i = 1,2,\cdots,n$$

$$Y_i = \begin{cases} \boldsymbol{X}_i'\boldsymbol{\beta} + \varepsilon_i, & Y_i^* > 0 \\ 0, & Y_i^* \leqslant 0 \end{cases} \tag{4-24}$$

式中，$\boldsymbol{X}_i'$ 是 $(k+1)\times 1$ 维自变量向量；$\boldsymbol{\beta}$ 是 $(k+1)\times 1$ 待估参数向量；k 为非负整数。Tobit 模型的重要特征是，因变量 y_i 只能以受限制的方式被观测到：当自变量 x_i' 取实际观测值时，若 $x_i'\beta + \varepsilon_i > 0$，$y_i$ 取实际观测值；若 $x_i'\beta + \varepsilon_i \leqslant 0$，$y_i$ 取 0。利用极大似然法可得到 β 与 σ^2 的一致估计量。

4.3.3 实证分析

根据生产函数前沿面效率理论，结合式（4-13）的规定性，利用 DEA-Tobit 计量模型分两个阶段估计农村综合信息服务供给的主体效率，分析其影响因素时，理应针对主体类型分别进行；并且各类主体利用有限的资源向客体提供农村综合信息服务过程中，其投入要素应依据 4.1.2 节的分析，综合考虑组织管理成本、信息资源成本和客体支付成本，而其产出变量则应用表 4-12 中目标价值的主要指标予以衡量，进而合理确定影响效率的环境因素。但在实践中，正是由于农村综合信息服务所具有的这种供求双方类型的多样性、投入分析的主体视角、产出评价的客体视角特征，使数据获取十分困难：一是各类年鉴没有提供所需要的完整的口径一致的统计资料；二是由于被调查者难以确定自己的各类收益中来自农村综合信息服务的贡献有多大，所以通过调查也很难（或无法保证）得到令人信服的一手资料。因此，本书无法就各类主体的供给效率及其环境因素分别予以评估，试图在兼顾研究范围的统一性和结论的可比性基础上，利用 2011 年统计资料中关于湖北省县、市、区的与农村综合信息服务投入、产出和环境变量相关的指标的截面数据对 DEA 效率系数及其影响因素进行整体的粗略分析，以期得出一个参考性结论。

1. 利用 C^2R 模型估算 DEA 效率系数

为了利用 C^2R 模型测算农村综合信息服务供给的 DEA 效率系数，本书选取了 4 个投入变量和 4 个产出变量，其含义和功能见表 4-13，基本数据详见附录Ⅸ。在利用 DEA 方法进行效率评价时，通常要求投入、产出变量间满足"同向性"原则，即具有显著的正相关性，确保增加某项投入不至于导致某项产出减少。由于无法确定各投入、产出数据是否符合正态分布，因此采用非参数的 Kendall's tau-b 相关性检验，利用 PASW Statistics 18 得检测结果如表 4-14 所示。显然，多数投入、产出变量间的相关性并不明显，说明尽管本书对已有统计资料的指标做了全面筛选和处理，但所得变量仍不足以对农村综合信息服务的投入、产出予以恰当描述。有些投入、产出间甚至存在负的弱相关，例如，广播电视人口覆盖率与所有产出变量呈负相关性，表明广播电视节目覆盖率的提高对以物质生产为代表的产出有反向作用，意味着广播电视节目的休闲娱乐作用比其对产出的促进作用更为明显，人们用于闲暇的时间增加，相应用于生产的时间减少了，但这种负相关关系却忽视了休闲娱乐给人们带来的效用增加。这就提醒我们对农村综合信息服务产出的衡量不能仅仅考虑易于量化的收益指标，也应关注其所带来的效用水平，虽然后者更难准确计量。千人拥有卫生技术人员与农村人口从业率间的负相关现象也可作类似的解释。在没有更好选择的情况下，本书尝试着就附录Ⅸ的投入、产出数据运用 DEAP 2.1 软件估算农村综合信息服务的 DEA 效率系数，经过综合整理后，结果如表 4-15 所示。

表 4-13　　C^2R 模型的变量说明

类型	名称及单位	含义及功能说明
投入变量	广播电视人口覆盖率 x_1/%	可接收广播电视节目的人口比例，解释农村纯信息服务的传统媒体方式和信息资源的设施、设备、技术及内容投入
	人均邮电通信费用 x_2/元	常住人口年人均用于邮电通信业务的开支，体现农村综合信息服务的现代资讯方式，代表主体的设备使用成本和客体的支付成本
	乡村畜牧兽医站覆盖率 x_3/个	平均每个乡村拥有的畜牧兽医站数量，表示典型农村依附性生产型信息服务及其组织管理的投入
	千人拥有卫生技术人员 x_4/人	每千个常住人口拥有的卫生技术人员数量，兼有依附性和纯信息服务特征，与农村社会保障特别是农村新型合作医疗和农村居民医疗救助结合起来，说明对农村生活性信息服务和信息资源的人力投入
产出变量	单位服务业增加值对应的农林牧渔业增加值 y_1/元	农林牧渔业增加值与其服务业增加值的比值，解释农村依附性信息服务对农村资源开发利用的促进作用
	万元农林牧渔服务业增加值对应的农村居民人均纯收入 y_2/元	农村居民家庭年人均纯收入与农林牧渔服务业增加值的比值，表示农村综合信息服务对农业生产经营和农民增收的支撑作用
	农村人口从业率 y_3/%	农村从业人数占农村人口的比例，反映以农村教育、培训、致富经验等纯信息为主的服务对农民个人发展的贡献
	农村居民人均消费性支出占纯收入的比例 y_4/%	农村居民人均生活消费性支出与其纯收入的比值，说明以社会生活性纯信息为主的服务对农村生活的影响

表 4-14　投入、产出变量间的 Kendall's tau-b 相关系数

投入	产出			
	y_1	y_2	y_3	y_4
x_1	−0.136 （0.085）	−0.246** （0.002）	−0.099 （0.210）	−0.330** （0.000）
x_2	0.026 （0.742）	0.112 （0.157）	0.059 （0.453）	0.001 （0.985）
x_3	0.123 （0.120）	0.243** （0.002）	0.090 （0.253）	0.010 （0.898）
x_4	0.162* （0.040）	0.246** （0.002）	−0.048 （0.546）	0.084 （0.284）

*和**分别表示在 0.05 和 0.01 水平上相关性显著，括号中的数值为双侧检验的 P 值。

综合效率（comprehensive efficiency，CE）= 纯技术效率（pure technical efficiency，PTE）×规模效率（scafe efficiency，SE）。全省平均的综合效率、纯技术效率和规模效率分别为 0.884、0.947、0.931。就各地区来看，大致可分为三个层次：综合效率小于 0.800 的有咸宁市和省直管单位（包括仙桃、潜江和天门三个市）；综合效率在 0.800~0.900 的有黄石、襄樊、荆门、荆州、随州 5 个市；其余的 8 个市、州、区的综合效率均在 0.900 及以上，占总数的 1/2 以上。用 DEA 方法得到的是湖北省内各 DMU（地区）间农村综合信息服务供给的相对效率，因此神农架林区的效率最高，为 1.000，结合表 4-15 中的松弛变量值判断，仅该地区的 DEA 有效；其他市、州的 DEA 均无效或近似弱有效，即减少投入量也可得到现在的供给。

在表 4-15 中，用各变量的松弛量占其目标值的百分比来表示投入、产出的松弛程度，即投入冗余和产出不足的程度。首先，从投入变量来看，全省平均冗余量最大的是人均邮电通信费用，年人均多投入 46.084 元，冗余程度为 21.661%，可能的原因：一是该投入中有不少部分并非服务于产出变量；二是该投入被平均后，夸大了农村居民所占的份额。其次是千人拥有卫生技术人员数，全省平均冗余 17.265 人，冗余程度为 5.774%，证明医疗卫生信息服务对产出变量的贡献并不明显，显示出相对过剩的投入。相比之下，广播电视人口覆盖率和乡村畜牧兽医站覆盖率的冗余情况则并不明显。从产出变量来看，万元农林牧渔服务业增加值对应的农村居民人均纯收入和单位服务业增加值对应的农林牧渔业增加值的产出不足程度较大，分别为 27.549% 和 19.388%，表明农村综合信息服务特别是农业生产性信息服务对农村居民人均纯收入及农业增加值的贡献并不理想，仍有很大的提升空间；农村居民人均消费性支出占纯收入的比例的不足程度也达到了 10.184%，体现了农村综合信息服务中的农村生活信息服务对农户生活影响作用的缺乏；农村人口从业率的产出不足程度最小，为 4.704%，显然在就业问题上农户本身也会积极主动，同时仍需要农民发展信息的充分支持。

表 4-15　2011 年湖北省农村综合信息服务供给效率测算结果

市、州、区		武汉市	黄石市	十堰市	宜昌市	襄樊市	鄂州市	荆门市	孝感市	荆州市	黄冈市	咸宁市	随州市	恩施自治州	省直管单位	神农架林区	全省平均
综合效率（CE）		0.913	0.830	0.920	0.943	0.842	0.933	0.823	0.915	0.842	0.900	0.738	0.886	0.970	0.758	1.000	0.884
纯技术效率（PTE）		0.946	0.915	0.975	0.956	0.926	0.947	0.923	0.977	0.925	0.962	0.886	0.935	0.987	0.894	1.000	0.947
规模效率（SE）		0.964	0.908	0.943	0.986	0.909	0.985	0.893	0.935	0.912	0.934	0.831	0.943	0.982	0.847	1.000	0.931
投入变量 x_1 松弛量		0.000	0.000	0.000	0.000	0.000	0.000	0.000	0.122	0.000	0.000	0.000	0.000	0.000	0.000	0.000	0.011
投入变量 x_1 松弛程度		0.000	0.000	0.000	0.000	0.000	0.000	0.000	0.128	0.000	0.000	0.000	0.000	0.000	0.000	0.000	0.012
投入变量 x_2 松弛量		232.505	0.000	0.000	25.539	15.451	58.560	17.293	110.746	17.852	86.447	21.508	0.000	9.221	42.735	0.000	46.084
投入变量 x_2 松弛程度		115.049	0.000	0.000	11.055	6.485	21.739	6.936	82.815	8.408	41.219	8.604	0.000	3.858	18.304	0.000	21.661
投入变量 x_3 松弛量		0.000	0.301	0.026	0.028	0.000	0.000	0.000	0.000	0.124	0.000	0.518	0.000	0.315	0.250	0.000	0.108
投入变量 x_3 松弛程度		0.000	6.695	0.437	0.423	0.000	0.000	0.000	0.000	2.790	0.000	7.777	0.000	8.429	5.411	0.000	2.308
投入变量 x_4 松弛量		23.002	1.837	5.101	31.105	30.727	0.000	0.000	0.000	12.114	27.534	0.000	36.933	24.514	18.522	0.000	17.265
投入变量 x_4 松弛程度		6.949	0.548	1.624	9.877	9.200	0.000	0.000	0.000	4.756	9.119	0.000	16.264	8.208	6.700	0.000	5.774
产出变量 y_1 松弛量		43.312	43.523	39.141	15.699	40.254	0.000	34.125	57.265	38.490	60.337	29.793	10.249	75.644	31.204	0.000	42.050
产出变量 y_1 松弛程度		12.152	33.712	19.961	3.880	28.874	0.000	48.355	34.896	30.780	23.006	24.084	11.717	32.565	39.086	0.000	19.688
产出变量 y_2 松弛量		0.181	1.861	2.544	2.095	1.015	13.396	1.821	0.849	1.896	0.766	2.831	0.719	2.942	2.468	0.000	1.852
产出变量 y_2 松弛程度		2.515	49.813	33.500	12.571	26.887	60.109	76.706	24.313	51.091	15.189	46.670	35.700	43.367	80.812	0.000	27.549
产出变量 y_3 松弛量		0.506	2.759	0.131	0.000	2.746	0.000	5.634	3.537	2.399	3.384	5.983	2.525	1.326	8.228	0.000	2.582
产出变量 y_3 松弛程度		0.985	5.208	0.251	5.632	5.016	0.000	9.919	6.283	4.410	6.265	11.460	4.735	2.313	14.725	0.000	4.704
产出变量 y_4 松弛量		13.056	5.639	4.655	5.632	17.256	27.108	10.764	8.089	14.555	9.043	8.945	7.706	0.471	23.168	0.000	9.321
产出变量 y_4 松弛程度		15.471	6.238	5.231	5.820	18.608	28.836	11.365	9.585	17.212	9.291	10.264	9.101	0.478	26.012	0.000	10.184

注：本表结果根据附录 IX 数据测算 DEA 效率系数计算整理所得；其中，省直管单位不包括仙桃、潜江和天门三个市。

2. 利用 Tobit 模型分析效率影响因素

用于 Tobit 模型分析影响农村综合信息服务主体供给效率的环境变量是不受主体控制的外生性因素，本书主要选取了 5 个指标，其含义和功能见表 4-16，基本数据详见附录Ⅸ，解释变量的描述性统计特征如表 4-17 所示。

表 4-16　Tobit 模型的解释变量说明

名称及单位	含义及功能说明
人均创造农林牧渔业增加值 x_5/元	农林牧渔从业人员年人均创造的农林牧渔业增加值，是对农村生产性信息服务效率的外在诉求
农村居民恩格尔系数 x_6/%	农村居民家庭食品支出总额占其纯收入的比重，对农村综合信息特别是生活性信息服务效率形成外部刺激
农村人均固定资产投资 x_7/元	按农村人口数量平均的农村固定资产投资额，对农村综合信息服务效率产生促进作用
农村年户均用电量 x_8/千瓦时	农村居民家庭年均用电额度，对农村综合信息服务效率有外在激励效果
每公顷耕地农业机械总动力 x_9/千瓦	平均每公顷耕地上投放的农业机械总动力，对农村综合信息服务特别是生产性信息服务效率形成客观性要求

表 4-17　解释变量的描述性统计特征

市、州、区	x_5	x_6	x_7	x_8	x_9
武汉市	24462.235	41.115	1500.743	1535.335	8.685
	(4937.371)	(4.044)	(489.998)	(339.170)	(0.925)
黄石市	14935.940	48.415	1046.360	2628.395	6.310
	(1526.360)	(0.175)	(71.260)	(664.405)	(1.680)
十堰市	9976.807	51.482	1039.043	406.488	6.540
	(757.197)	(0.742)	(213.593)	(44.345)	(0.766)
宜昌市	17626.003	45.743	1488.057	636.791	9.150
	(2755.771)	(1.875)	(274.668)	(98.501)	(1.317)
襄樊市	18113.101	48.298	865.279	518.674	10.371
	(1843.296)	(1.742)	(112.637)	(66.158)	(0.519)
鄂州市	18191.430	50.400	1124.420	1372.220	11.080
	(0.000)	(0.000)	(0.000)	(0.000)	(0.000)
荆门市	23180.227	44.743	1998.267	1100.947	11.200
	(2534.222)	(0.663)	(89.530)	(210.388)	(2.745)
孝感市	14688.414	46.764	1230.111	597.746	7.270
	(1614.647)	(2.083)	(95.005)	(73.826)	(0.631)

续表

市、州、区	x_5	x_6	x_7	x_8	x_9
荆州市	13701.672	50.740	955.252	743.400	7.885
	(655.364)	(0.859)	(118.158)	(131.310)	(0.934)
黄冈市	14892.750	43.753	833.081	1057.777	6.162
	(1062.705)	(1.625)	(147.512)	(156.296)	(0.549)
咸宁市	19217.258	45.900	1230.345	673.578	7.645
	(3329.422)	(2.504)	(78.792)	(125.471)	(0.617)
随州市	17185.320	45.790	373.565	500.655	9.430
	(3727.140)	(2.810)	(133.795)	(91.545)	(2.880)
恩施自治州	9277.850	54.690	424.256	334.169	6.146
	(354.859)	(1.547)	(73.327)	(21.139)	(0.945)
省直管单位	19373.553	43.613	1099.733	954.300	10.750
	(2598.239)	(0.563)	(199.427)	(215.685)	(0.212)
神农架林区	7932.890	48.500	2279.260	636.090	9.690
	(0.000)	(0.000)	(0.0000)	(0.000)	(0.000)

注：表中数值是由附录Ⅸ中数据计算所得，每个地区第一行数值为各变量的均值，第二行即括号中数值为标准误差；省直管单位的解释同表 4-15。

以表 4-15 中湖北省各市、州、区的综合效率为被解释变量，结合表 4-16 和表 4-17 的解释变量及数据，运用 LIMDEP 8.0 进行 Tobit 模型回归分析，结果如表 4-18 所示。各变量的相关系数绝对值很小，而 P 值较大，说明自变量对因变量即供给效率的影响很小，回归结果与期望存在较大差距。一方面表明现有统计事项对农村综合信息服务供给效率的作用能力较弱，解释变量仍需进一步优化乃至重新构建；另一方面反映了农村综合信息服务在当前"三农"领域的贡献仍显薄弱，与理想效果差距很大。农村人均固定资产投资和每公顷耕地农业机械总动力对农村综合信息服务供给效率具有正效应，意味着"三农"投入的增加催生对信息服务效率的提升压力。其他三个外生性因素则对农村综合信息服务供给效率产生负的效应：人均创造农林牧渔业增加值和农村年户均用电量的提高反而带来信息服务供给效率的下降，暗示目前农村综合信息服务对经济效益的促进作用非常有限，但不排除其对农村居民其他效用提升的正面意义；农村居民恩格尔系数的下降说明农村居民生活水平的提升，必然会提高对农村综合信息服务供给效率的期望。相对而言，农村居民恩格尔系数和每公顷耕地农业机械总动力对农村综合信息服务供给效率的影响程度较大些，其他三个因素的影响程度则较弱，表明直接的生产性投入增加和生活质量改善会对信息服务供给效率产生更为明显的作用，而间接性投入、产出的作用则呈弱势。

表 4-18　湖北省农村综合信息服务供给效率影响因素的 Tobit 回归结果

变量	相关系数	标准误差	P 值	均值
x_5	−1.37E−5	7.97E−6	0.085	16183.697
x_6	−2.45E−3	7.93E−3	0.757	47.330
x_7	4.31E−5	4.31E−5	0.317	1165.851
x_8	−2.97E−6	3.22E−5	0.927	913.104
x_9	7.64E−3	1.35E−2	0.572	8.554

4.4　农村综合信息服务供需均衡分析

4.3.1 节在阐述农村综合信息服务供给效率的理论基础上，已比较清晰地分析了帕累托状态下农村综合信息服务供求均衡的三个基本表征，并最终实现农村综合信息服务的目标价值。而现实中，这一理想状态很难达到，农村综合信息服务的供需均衡往往会偏离帕累托最优。第 3 章及本章的分析显示，湖北省农村综合信息服务的供需仍处于低水平均衡，表现为有效需求和有效供给均相对不足，是指现阶段农村综合信息服务的供求状态与国民经济发展和社会生活水平要求其应达到的均衡相比，特别是与帕累托均衡相比呈明显弱势。

4.4.1　农村综合信息服务有效需求相对不足

农户是农村综合信息服务的主要受益对象。以分散经营为特征的农村家庭联产承包责任制赋予农户独立自主的生产经营主体地位，是否形成农村综合信息服务的有效需求，理性的农户会在对成本与收益比较后做出合理选择。以下三个主要原因共同导致了农村综合信息服务有效需求的相对不足。

（1）农业经营规模与收入水平约束。农业规模经营在很大程度上取决于土地集中经营的规模，正常情况下，农户生产经营规模与收入水平呈正相关，是形成农村综合信息服务有效需求的核心因素，而农业产业化和现代化是形成农村综合信息服务有效需求的逻辑路径。种养大户和涉农企业作为农业规模经营的典型，随着农村劳动力转移，土地流转机制和社会保障体制的不断完善，其数量也在迅速增加；对信息技术的依赖程度较高，信息资源的收益率较大，其相对较高的收入水平也为其信息投资提供了支持，因此形成对农村综合信息服务特别是农业生产信息较为强烈的需求。但目前，分散的农户仍是我国农村经济主体的主要组成，占 98.10%；全国乡村就业人员人均耕地面积为 2.36 亩（1 亩≈666.7 平方米），湖北省为 2.43 亩；全国农村居民人均纯收入为 4760.60 元，生活消费支出为 3660.70 元，其中食品支出占 43.67%，湖北省的相应数据则分别是 4656.40 元、3652.60 元和 46.85%[①]。农户弱

---

① 数据来自《中国农村统计年鉴 2011》，经整理计算所得。

小的生产经营规模和偏低的收入水平不仅抑制了对信息设备的投入和服务的多样性需求，而且也制约了信息资源发挥作用的范围和效果，使他们往往成为信息消费的旁观者或搭便车者。

（2）客体自身条件约束。农村综合信息服务客体的受教育程度、年龄和性别等自身条件对农村综合信息服务有效需求的形成具有内在驱动作用。受教育程度高的客体或处于青壮年时期的客体，其对农村综合信息服务的有效需求较高；性别差异则主要影响客体对农村综合信息服务需求种类的侧重，例如，女性对农村生活信息服务的关注多于男性，而男性更关心农业生产信息和个人发展信息。绝大多数农村居民家庭劳动力的文化程度在初中及以下水平，全国的比例是 84.20%，湖北省为 85.00%；这一方面限制了客体学习、掌握信息技术和知识的能力，增加了客体学习成本；另一方面影响了客体理解分析信息、利用信息的能力，增加了信息的施效成本，最终严重挫伤客体对农村综合信息服务的有效需求。乡村就业人员年龄通常分布在 16～65 岁，全国乡村就业人员数为 77480 万人，而真正留在乡镇就业的比例为 59.51%，湖北省的数据相应为 2876 万人和 62.41%[①]。这就意味有近 1/2 的农村劳动力主要选择外出务工，从农村劳动力转移、实现充分就业、增加农民收入和城镇化等诸多视角来看并非坏事；但这一过程实质上是对农村劳动力的优胜劣汰，在机会成本面前，那些自身条件较优的农民大多选择外出打工，导致留守农村的劳动力年龄偏大、学历更低、整体素质堪忧，在农业生产、农村生活和个人发展中均表现出更为明显的求稳、守旧甚至停滞特征，阻碍了农村综合信息服务有效需求的形成。

（3）农村经济社会发展和信息化滞后的约束。我国大陆区域按经济发展水平高低，结合地理位置，划分为东、中、西部三大经济地带，这种经济社会发展的不平衡最终造成在信息资源开发与利用上的地域差距。目前，我国信息化发展总指数为 0.630；信息化发展高水平地区包括北京和上海，平均指数为 0.872；中高水平地区主要涵盖其他东部省份，平均指数为 0.667；中等水平地区则以中部省份为主，包含部分西部省份和自治区，平均指数为 0.592；中低水平地区全部为西部省份，平均指数为 0.546；西藏自治区为信息化发展的低水平地区，指数仅为 0.503，表明地域间存在显著的信息贫富差距[②]。全国地区间数字鸿沟指数为 0.44，即最落后地区的信息技术应用水平比全国平均水平落后 44%。同时，长期以来城乡分割

---

① 数据来自《中国农村统计年鉴 2011》和《中国人口和就业统计年鉴 2011》，经整理计算所得。
② 资料来源：《中国信息年鉴 2011》。信息化发展指数（informatization development index，IDI）从信息化基础设施建设、应用水平和制环境，以及居民信息消费等方面综合地测量和反映一个国家或地区信息化发展总体水平；由 5 个分类指数（基础设施、使用、知识、环境与效果、信息消费；用 W_i 表示，$i=1,2,\cdots,5$）和 10 个具体指标（电视机、固定电话、移动电话、计算机的各自拥有率，每百人互联网用户数，教育指数，信息产业增加值、信息产业研究与开发经费分占国内生产总值的比重，人均国内生产总值，信息消费系数；用 P_{ij} 表示，$j=1,2,\cdots,m$，m 为每个分类指数的具体指标构成量）计算，公式为 $\mathrm{IDI}=\sum_{i=1}^{n} W_i \left(\sum_{j=1}^{m} \frac{1}{m} P_{ij} \right)$。

的二元经济体制又形成全国范围内的城乡经济社会发展的不平衡，导致在信息资源的开发与利用上的城乡差距。我国城乡数字鸿沟指数为 0.59，即农村信息技术应用水平比城市落后 59%，说明城乡间也存在明显的信息贫富差距①。双重不平衡带来的叠加效应使农村经济社会在迅猛发展的市场经济中，缺乏有效组织和协作，势单力薄的小农户与风云变幻的大市场的不对等地位更加明显，抵御市场风险与自然灾害的能力薄弱。客体对信息技术、设备的学习和掌握丧失积极性，对信息资源开发与利用的效果预期悲观，信息需求的欲望不强，很难形成有效的农村综合信息服务需求。

4.4.2　农村综合信息服务有效供给相对不足

农村综合信息服务的供给主体主要是政府和市场，前者以提供纯农村信息服务为主，后者以提供依附性农村信息服务为主。对农村综合信息服务供给的客体满意度和主体效率的测评结果并不尽如人意，农村综合信息服务面临有效供给相对不足的局面。究其原因，主要有以下两个方面。

（1）农村综合信息服务资源政府配置不力。对资源配置的适当干预，特别是对生产公共物品的资源有效配置乃至公共物品的供给是政府经济和社会职能的重要体现。农村综合信息服务特别是纯信息服务显著的公共物品属性，注定政府在其供给中有着举足轻重的作用。国家、省（自治区、直辖市）、市、县四级政府以农业系统为主，包括科技、商务、文化和教育等系统基本建立了推进农村信息化相关工作的职能机构，97%的地（市）和 80%以上的县级农业部门都设有信息化管理和服务机构。农业部实施"金农"工程、"三电合一"项目，建设县级农业信息服务平台和乡镇信息服务站点；中共中央组织部主导全国农村党员干部现代远程教育工程，建成一批终端接收站点；商务部以"信福工程""万村千乡市场工程""双百市场工程"等为依托，建立村级商务信息服务站；文化部启动文化信息资源共享工程，设置乡镇、街道、社区和村基层点；工业和信息化部、国家新闻出版广电总局、科学技术部联合共建"村村通"（电话、广播电视和互联网）工程、农业科技"110"信息服务和农村信息化综合信息服务工程，推动科技下乡和信息下乡。各级政府对农村综合信息服务的投入收效显著，但客体对其服务供给的满意度评价并不高，这是因为客体满意度受其预期质量、感知质量、感知价值、客体抱怨和客体信任等因素综合作用，具体取决于农村综合信息服务资源的主要组成要素（农村综合信息，信息服务技术、设备和设施，信息服务人才和服务机制）的全面配置和有机协调。而政府对农村综合信息服务供给的公共性、福利性和兼

---

① 数字鸿沟是指不同社会群体之间在拥有和使用现代信息技术方面存在的差距；数字鸿沟指数（digital divide index, DDI）由互联网、计算机、彩电普及率各占 1/4 权重，固定电话和移动电话普及率各占 1/8 权重，共 5 个相对差距指数构成。

职性特征，使政府对农村综合信息服务资源的配置，重视技术、设备和设施投入，但在信息、人才和制度建设上则明显滞后，对服务过程、内容和效果就更难以有效掌控；政府各部门在农村综合信息服务上各行其是、分散供给、缺乏统筹管理，重复投入与投入缺失并存；政府对农村综合信息服务的具体目标定位尚不明确、对市场引导力度不够，最终导致农村综合信息服务供给效率并不尽如人意。

（2）农村综合信息服务资源市场配置乏力。我们把政府之外的农村综合信息服务供给，特别是依附性信息服务供给，归入市场配置的范畴；由事业单位、涉农企业、农民专业合作组织和个人等农村综合信息服务主体具体实现。就目前来看，即使在市场对农村综合信息服务资源配置的过程中，也总能看到政府的影子。这是由于农村综合信息服务市场仍处于起步阶段，市场机制对资源的配置能力尚不成熟，以追逐收益最大化为目标的各类资源没有足够的积极性进入该市场，政府的引导和补贴成为必然。在对农村综合信息服务主体特征的描述中也表明，事业单位多由政府部门举办或投资。教研组织主要通过农业科技人员和专家队伍建设，由政府牵头组织提供农业生产性信息服务，如"12316"农业服务热线；或直接到田间地头向客体传授生产技术，帮助农民致富，促进农业增收；其突出体现了信息服务人才和服务内容投入上的针对性、及时性、专业性和权威性特征，但缺乏服务的全面性、普及性和连续性。信息机构主要凭借其信息受众的广泛性，以信息内容（如图书馆）、信息传播技术、设备、设施（如广播电视和报刊）的投入为主，具有服务范围大、内容广和单向性特点，农村综合信息服务只是其众多信息服务内容之一；因此，要求客体应具备一定的信息素养，很难满足客体对信息服务针对性、互动性、延伸性和个性化的诉求。相关的服务站或中心与农村接触最为广泛，主要根据聘用合同提供专门的农村公益性服务，信息成为这一过程中的依附性供给，虽然其内容的针对性、及时性和互动性较明显，但却容易被忽视。事业单位受制于经费和待遇，普遍存在人员流失问题（服务站或中心尤为严重）；若不积极创新运营机制，可持续性的有效农村信息服务能力难以形成。涉农企业的农村信息服务要么以推销产品或服务为最终目标（如农资、农贸和农产品加工企业等）；要么以种养大户或其他涉农企业为主要对象，目的在于销售农业信息技术或促成市场交易（如农业信息技术企业）。因此，在利益驱动下，涉农企业农村综合信息服务的内容和群体较为有限，为数众多的小农户甚至很难感受到这种服务的存在；同时，客体可能要承担更高的信息可靠性、及时性等风险。农民专业合作组织虽然期望在某类信息上实现成员共享，但在信息服务的投入上普遍未受重视，更多依赖于成员间的信息传播；考虑到成员在组织中的地位差异，很容易产生信息不对称下的道德风险。个人通常不以提供农村综合信息服务作为其唯一（或主要）职业和收入来源，其服务的连续性、准确性、全面性难以保证。尽管国家农业部、工业和信息化部实施了农村信息服务站（点）和农村信息员队伍建设，但在现实中偏离农村综合信息服务的现象并非鲜见。综上所述，农村综合信息服务的各类市场供给主体各有优劣势，但能否相互补充，实现有效供给，目前尚无明证；特别是主体对处于依附地位的农村综合信息服务的市场价值信心不足时，即便有政府的介入，其供给效果也往往是事倍功半。

4.5　小结与讨论

需求可以激发供给，供给亦可创造需求，农村综合信息服务的供需也应如此。不过这里对"创造"赋予了更多的希冀，它不仅要求主体有较高的产品或服务创新能力，还要具有良好的市场开发能力。依据信息传播理论对农村综合信息服务供给过程的分析揭示了农村综合信息服务供给的关键环节；进一步的深入探究，也归纳出信息服务设计中的核心要素。这些显然是决定农村综合信息服务供给能否创造（或至少满足）需求的决定性力量，也反映了农村综合信息服务的供给特征。仍结合对湖北省调研数据的分析，得出以下结论可供参考。

（1）五大类农村综合信息服务供给主体理论上可提供"三农"所需的各类信息，但现实情况是，虽然它们各具优劣势，却很难做到协调与互补，非专业性、非标准化、无序性和间断性特征明显。在实际农村信息服务供给中，政府部门供给主体有意愿也有能力，但缺乏明确目标下的统筹协调和组织制度保障，导致应付较多、实效行动较少、多为上传下达；市场供给主体在自身条件约束下各行其是，表现为信息组织有限、服务能力不足、覆盖范围狭窄。

（2）农村综合信息服务成本的划分与估算不仅强调了信息服务过程的经济属性（主要涉及市场供求，要素投入，服务价格、效率和收益等），也揭示了其不可忽视的自然属性（对服务组织管理和资源开发利用等的内在需要）和社会属性（基于农村经济和社会发展条件下主、客体的信息素质）。因此，我们在关注主、客体双方投入要素及其报酬（决定有效供需形成的经济基础）的同时，也要注意上述三种属性的相互协调与促进，它们共同决定了市场供给的活力，是重构农村综合信息服务体系的重要依据。

（3）农村综合信息服务模式是主体解决客体信息需求的具体方法，也是供需双方的直接沟通渠道。信息的来源、质量和丰裕程度，以及信息服务方式和手段的组合成为设计农村综合信息服务模式的核心要件，而采取何种运营机制使主体效益和客体效用均达到满意，则是模式有效的根本动力。因此，合理的资源开发、整合和利用，现代服务方式和手段的有机集成，委托-代理关系的科学设定，成为农村综合信息服务模式设计的关键。

第 3 章的研究表明，农村综合信息服务客体的潜在需求转化为有效需求存在诸多困难，因此，其激发供给的作用亦较有限；本章的测评则显示，即使形成了有效需求，客体对农村综合信息服务的各项评价也并不高，总体满意度不甚理想。而农村综合信息的资源性地位，使其成为农业生产、农村生活和农民发展的必需品；因此，缩小对服务感知与预期的差距，增加信任、减少抱怨是客体对主体的殷切期待，也是创造有效需求的原动力。进一步对主体效率的粗略估计揭示，当前农村综合信息服务的供给效率和对"三农"的贡献率普遍偏低。对主体的调查结果也一定程度地证明了这一结论，在提供农村信息服务过程中，主体对其信息的完善、易懂和实用程度，对服务的科学性、针对性、及时性和互动性的评价为"一般"的均超了 50%，认为"不好"或"差"的在 18%左右；接近 50%的主体认为普通农户接受信息服务并用于实践的能力"一般"。多数主体将"缺少经费""信息服务人员不够""信息服务人员无积极性，服务如何与个人收入无关""信息来源有限"列为制约农村信息服务开展的主要因素，要提高农村信息服务效率，应首先"保障信息服务的资金投入"；其次要"优化组织结构、明确工作职责、提高业务水平"；再次"信息服务应更加完善、准确、实用和及时"。因此，目前农村综合信息服务供给创造需求的能力也令人担忧。由此得出农村综合信息服务供求处于低水平均衡的结论也就不难理解了。

如同第 3 章讨论所提到的，本章以湖北省农村综合信息服务主体为对象的调查研究还存在微观局限性，仍有待做宏观层面的总体探究。此外，对定量的服务成本的科学核算、对主体效率评价的指标设置和测度都是今后需要深入研究的内容。

第5章 国内外农村信息服务模式及经验启示

对农村综合信息服务供需的分析显示，潜在需求的必然性、紧迫性与有效需求的不足特征并存，供给的兼职性、无序性和间断性特征与当前农村经济社会发展需要极不匹配，使均衡处于低水平状态。根据信息服务体系的理论架构，供需双方是在整个农村综合信息服务体系中共生的，并表现为具体信息服务模式下主、客体的行动，直接衍生出客体满意度和主体效率。因此，本章在信息服务模式理论指导下，对国内外经典农村信息服务模式①予以分类剖析，通过归纳与演绎，得出模式设计的核心内容，为后续研究提供经验借鉴与启示。

5.1 国外农村信息服务模式

国外基于信息技术支撑下的现代农村信息服务大致经历了三个阶段：一是萌发时期（20 世纪 50～60 年代），主要是利用计算机进行农业科学计算，计算机操作人员和信息基础设施是这一阶段的基本要素；二是发展时期（20 世纪 70 年代），重心是通过农业数据处理和农业数据库开发，实现计算机参与农场管理，此时信息资源日渐丰富，信息技术作用初显，信息组织机构开始建立；三是成熟时期（20 世纪 80 年代至今），以知识处理、自动控制和网络通信等为代表的新兴信息技术全面渗透到农业领域，农村信息服务呈现网络化、综合化、全程化和实用化特征。世界各国均从国家经济发展与安全的战略高度加强本国的农村信息化建设，积极开展多种模式的农村信息服务。

5.1.1 主要发达国家农村信息服务模式

美国、加拿大、法国、英国、德国、澳大利亚、日本和韩国等发达国家的农业产业化、现代化和市场化程度很高，信息产业成为其国民经济的主导产业。各国政府不仅以信息支持作为农业管理决策的基础，而且以信息引导和信息服务为政府的重要职能；农民也视信息为农业生产经营中重要的投入要素，农村信息技术应用与信息服务水平均处于世界领先地位。

---

① 这里主要是对前人调研成果和已有文献资料的归纳、演绎与总结，形成对研究对象农村信息服务模式的基本判断；并且重点针对的是农业生产和农民发展的信息服务，对农村生活信息涉及相对较少。

1. 美国农村信息服务模式

美国在政府引导下构建了涉及面广泛、运行规范高效的农村信息服务模式。其信息服务主体由政府部门（农业部）、教育科研机构、科研成果中介、民间自组机构和涉农企业四大类组成，它们利用信息时代的众多技术手段、方式及渠道，向主要的信息服务客体——农场主，提供各类信息服务内容，见图 5-1。图中箭头表示信息收集、发布或服务的来源与去向，图中文字描述了农村信息服务的主、客体及其分类；其中，中心圆为信息服务客体，周围为信息服务主体（每个扇面代表一大类），连接各主体的虚线同心圆表示它们之间的协作与信息沟通关系。图 5-1 体现了美国农村信息服务模式以客体为中心，以政府为主导，各主体互补、协作的特征。

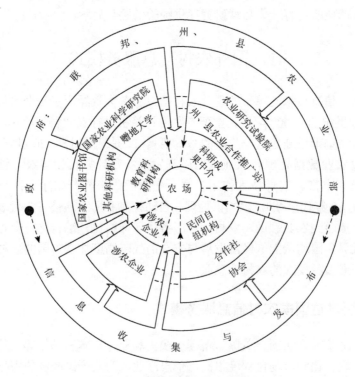

图 5-1　美国农村信息服务模式

首先，为保证信息的全面、准确、及时和公平性，除了负责农业行政管理和农业执法工作，美国农业部还建立了国家农业统计局、经济研究局、农业市场服务局和外国农业局四大权威的官方信息收集、加工和发布机构：①国家农业统计局把各州统计分部对农业生产者的抽样调查数据汇总、处理，每年发布约 340 种报告，涉及 120 多种农产品。向全社会提供客观、实用的农业信息，具体包括农产品生产、农业经营、农业环境信息，以及接受有偿的委托农业信息服务；对农业产业链上各部门的经营管理决策具有极大指导意义。②经济研究局以出版物和电子数据产品形式向社会大众发布关于农产品市场，农业资源、环境和技术，农村经济发展及国际贸易等方面的数据、分析、预测和专题研究报告。③农业市场服务局为 600 多种农产品建立了分级标准，收集有关产品的数量、质量、价格与市场供需等信息，预测变化趋势，为农产品生产、加工和销售提供帮助，其 3/4 的业务经费来自它所服务的众多产业部门。④外国农业局通过设在 75 个国家或地区的办公机构，运用传统情报手段或现代信息技术收集全球 130 个国家和地区的农业政策、种植业和牲畜业生产数据，及市场供求信息；每年形成近 200 种农资、农产品及其加工品的生产、消费和贸易报告，约 1000 份新闻报告和项目公告，为美国农业产业各部门提供信息支持。此外，美国农业部还设有世界农业展望委员会，负责核准其他机构发布的预测和分析报告，以确保信息的一致性和客观性。

其次，在政府支持下，教育科研机构与科研成果中介组织密切合作，在农业人才培养、农业科研及成果推广方面担负重任。国家农业图书馆建有全国农业网站信息中心、农业数据库和技术标准库，为各部门提供信息支撑；农业科学研究院与农业研究试验院以社会性、公益性和非营利性为原则，从事农业基础性生产技术、可持续农业技术、农产品加工转化技术及食品安全等的研究、开发、试验与推广；赠地大学与各级农业合作推广站协作，承担农业人才培养和职业教育培训，农业基础性、前瞻性研究及成果推广工作；其他科研机构则主要以合同方式，通过承接委托开发、转让科技成果等来服务用户。

再次，以农场主为主要成员的民间自组机构有效地连接了产、供、销各环节，成为信息沟通与服务、技术推广与应用的重要桥梁。联邦、州、县三级农业协会和各类专业技术协会代表农民利益与政府对话，为国家制定相关农业法律游说；提供技术和市场信息、农村金融和保险咨询，宣传法律和政策；服务农民健康、农业教育、青年农场主培养，协助处理有害物质、灾害赔偿和意外事故等。以加工和流通领域为主的农业合作社一般按行业跨社区合作，提供科技、信息、政策方面的支持；其中，销售合作社占 52%，采购供应合作社占 36%，其他如生产性、生活性、服务性等合作社占 12%。

最后，主要是一些融科研、推广、经营于一体的大型或跨国涉农企业，是美国农业科技商品化、产业化的执行主体，通过市场化运营，提供农资和农产品加工品来获取利润。

2. 加拿大农村信息服务模式

加拿大农业高度发达，2009 年农业生产总值占全国国内生产总值的 2%，98%

的农场以家庭经营为主，现代信息技术在农业领域应用广泛，形成了政府、协会、大学、公司等部门共同参与的多主体信息服务模式，见图 5-2；其以政府开发农村信息资源为基础，以农业专业协会信息服务为依托、其他服务主体为补充的农村信息服务特征较为明显。

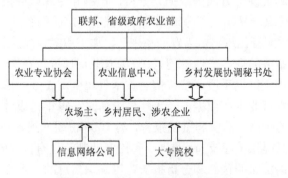

图 5-2　加拿大农村信息服务模式

加拿大联邦、省级政府农业部门设有农业信息中心和乡村发展协调秘书处，前者通过政府部门、协会、互联网、报刊等渠道获取信息；通过组建专家库，向农场提供服务，并收集信息；对所得信息进行处理，最终形成数据库；然后，利用网站、免费电话、电子邮件、传真和邮寄资料等方式提供信息服务，选派专家到农场现场解决问题、培训农民、讲授实现信息服务的相关知识。后者通过问卷调查、召集农场主和协会等参加研讨会、座谈会等方式收集各类信息、意见和建议，综合整理后向政府反馈，使政府的政策和服务更加符合现实需求；同时，也将政府的政策和服务信息及时传递给客体，促进政府与乡村间的沟通。农业信息中心向农场主、乡村居民及涉农企业等提供如农业法规、政策、标准、灾害、经营管理及农产品供求趋势等信息服务均是无偿的和公益性的。

政府除了直接为客体提供信息服务，更多是以农业专业协会为中介，将信息供给协会，由协会向客体传播信息。各类专业协会（主要是协调农产品生产和销售）成为加拿大直接从事农村信息和技术服务的主要组织，它以确保客体实际效益为目标，向会员有偿提供包括农产品市场供求和价格，农产品加工和质量标准，良种选育、种植或养殖等信息与技术。此外，大专院校主要开展农民培训、信息咨询服务和农业人才培养；信息网络公司则为农业提供信息处理技术与服务。

3. 法国农村信息服务模式

为满足农业生产者、经营者（主要是农场主及其家庭劳动力）多样化的信息需求，经过多年发展，法国逐渐形成了以政府部门、农业商会、合作组织、教育科研单位和民间信息媒体为主的多元化农村信息服务主体共存的服务模式。自 20 世纪 90 年代初，法国农民开始接触 Minitel 以来，计算机及互联网技术在农业中的应用日趋广泛，与传统信息传播手段相结合，形成了丰富的信息服务渠道和高效的信息服务方式。图 5-3 描述了法国农村信息服务主、客体之间的信息行为，指向农场的箭头表示各类主体差异化的信息服务供给，由农场指出的箭头表示客体为获取信息服务而采取的行动；主体之间的双向箭头反映了信息服务的委托-代理关系。图 5-3 体现了法国农村信息服务模式以客体信息需求为指引，政府信息集散为基础，多种服务主体并存互补的特征。

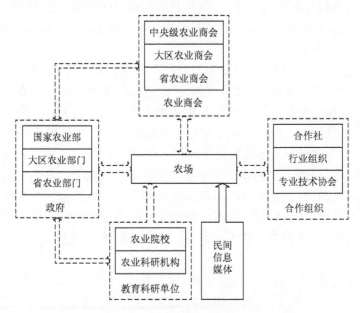

图 5-3　法国农村信息服务模式

　　法国分为 22 个大区、90 个省，相应设国家、大区和省三级政府农业部门，负责农业信息的收集和处理，定期或不定期向社会发布政策（法规）信息、统计数据、市场动态等分析和预测报告。为此，法国构建了集中、准确、高效的农业信息采集、管理与发布系统，由专业的信息采集人员采取年报、抽样调查（每两年一次）、普查（每 8~10 年一次）、专题调查（根据需要）等方式向农业生产和经营者直接收集涵盖种植业、畜牧业、渔业、林业、食品生产及农产品流通等方面的信息；由农业部门对这些信息资源进行深层次加工、开发和分析，借助公共信息平台，形成规范的信息资料和研究成果，为政府的管理决策和农业产业链成员的生产经营提供参考。

　　法国农业商会也类似于政府农业部门，分为中央、大区和省三个层面，各地农场主按地域归属加入商会。该组织归国家农业部门领导，承担一部分政府职能，如安排和落实生产配额、检查农畜产品质量、发放有关农产品价格补贴；政府则准予其收取和使用土地税。农业商会还作为农民与政府间的中介组织，及时反馈农民意见、保护农民利益。同时，它在传播高新技术信息，组织专家、学者讲座、咨询和发布分析、预测报告等，举办各类职业培训，协助农场主做好经营管理等方面也发挥着重要作用。

各级各类农业教育和科研单位，如国家农业科学研究学院、农业机械乡村工程及水利、森林中心、国家兽医和食品中心等，在政府研发政策指导和资金资助下，开展农业基础性和应用性研究，并向政府提供科研成果。这些单位直接产生、传播和利用大量农业科技信息、通过产、学、研一体化，为社会培养农业人才、提供信息咨询与服务。

法国农村合作组织种类多样，功能互补，主要为同一产业内部的农场主提供农产品加工、储存、运输、销售、农用生产资料的生产和供应等方面的信息服务，农业生产和经营者根据自身需求加入相应的组织。各类农业合作社统一出售农产品，以整体形式应对市场，定期与农场结算；有60%的农用生产资料通过合作社销售，90%的农业贷款通过合作社发放；此外，它还将业务拓展到农产品加工及其下游产业链领域，发展多元化经营，形成了实力强大的农业合作社集团；向其成员提供生产组织保障和技术信息，以及产前、产后环节的相关信息服务。法国约有130多万个不同类型、不同级别和不同规模的行业组织和专业技术协会，收集相关的技术、市场、法规、政策等信息，为其本身及组织成员使用。

法国的信息媒体一般都是私营性质（含股份制）的，如《法国农业》杂志等。该杂志年发行20万份，约有40%的农场主成为其订户，它设有综合刊和专刊，前者包含宏观、微观信息，如欧盟政策、政府法规、宏观经济形势、市场分析报告、新品种新技术信息等；后者围绕某一事项予以深度说明，如养牛、养猪或养鱼等。此外，杂志社还办有自己的局域网和广域网，其订户可免费登录网站查询有关农业信息。

4. 英国农村信息服务模式

英国的涉农部门、机构、企业都可称为农业信息组织，他们既生产、加工信息也使用信息，既是农业信息源也是农业信息服务主体；包括政府涉农部门，半政府性指导和咨询机构，涉农科研、教学和培训单位，涉农专业学会、协会和企业等；其农业信息服务客体以农场为主。以英国政府部门的信息采集、处理和传播为基础，各类信息服务主体并存，信息服务市场化特色鲜明是英国农村信息服务模式的典型特征，如图5-4所示。

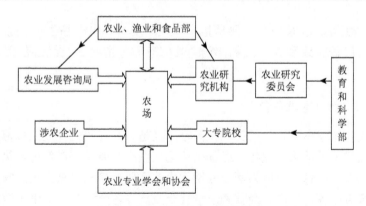

图 5-4　英国农村信息服务模式

英国农业、渔业和食品部每年投入大量资金用于统计与调查，内容涉及种植业、畜牧业及市场行情等，通过农业普查、农场抽样调查、进出口统计、全国食品调查及特别调查等方法从农场、涉农企业、消费者及研究机构等获取数据。农业部门利用农业统计信息为政府相关机构、欧洲联盟的决策服务，更重要的是为农场、涉农企业提供信息支持，也满足研究机构、社会公众等的信息需求。政府通过法律规定确保信息的可靠性、真实性和权威性。

农业发展咨询局隶属农业、渔业和食品部，是承担农业信息咨询、农业技术指导与推广的半政府、半商业性组织，在地方上设有农业科研成果推广、转化机构和农业技术推广训练中心。前者主要负责把政府资助的研究项目成果通过会议、讲座、期刊等向社会公众免费宣传，对不属于政府资助的研究项目，在向农场主推广时收取一定的费用；后者的任务则是培训农业技术推广人员。农业发展咨询局一般先收集零散、简单的信息，经过整理、加工将其转化为可用的增值信息，向客体提供包括种养业、园艺、食品与饮料、环保等生产与销售方面的有偿咨询服务。

英国的农业研究机构分为国家所有和私人出资两类。国家主办的农业研究机构有 46 个，分别由农业、渔业和食品部及教育和科学部下设的农业研究委员会统一管理与协调。前者侧重于应用性研究，并通过有偿技术推广和咨询获得主要经费来源；后者主要从事基础性研究，由政府给予项目支持，并向客体免费发布研究成果。英国有 15 所综合性农业大学和 42 所农学院，各地还建有可供农场主、农业工人学习、培训的农校，其资金来源以政府资助和向学生、用户收费为主。向农场主、国内外企业提供先进的教育、培训、研究、开发、技术转让和咨询等服务是大专院校农村信息服务的主要内容。

为数众多的农业专业学会和协会通过各种途径，如农业类期刊、新闻、音像、图书馆、数据库、互联网等，收集各类信息，向上为政府决策参考，向下直接为用户服务。涉农企业主要是指农业生产资料、农产品生产、加工和销售企业，作为股份制或私人性质的部门，其信息服务主要涉及经营范围内的相关客体。

5. 德国农村信息服务模式

德国既是全球高度发达的工业化国家，也是农业现代化发展的典范。德国农业不仅普遍实现了结构合理化、经营企业化、生产专业化、耕作机械化和发展持续化，并且农业信息化已成为其农业现代化的重要支撑和引领力量，农业信息技术渗透到政策服务、生产、经营和质量安全监测等各个环节，催生了政府主导、高效实用、自觉自愿的专业化农村信息服务。政府部门、农业合作组织、教育科研机构、媒体及信息中介等是德国农村信息服务的主体，其服务对象主要是农场；形成了以农业合作组织的日常服务为主，政府部门提供基础性支撑，其他单位为辅的农村信息服务模式，见图 5-5。

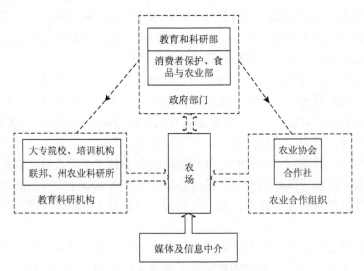

图 5-5　德国农村信息服务模式

德国信息服务设施全面，现代信息技术应用水平较高，农民计算机拥有比例高达 95%以上，80%～90%的农户接入互联网，多数农业企业是通过计算机来完成经营核算及日常生产管理的，政府利用完善的信息处理系统实现对农业基础数据的采集、储存、加工、分析和利用。教育和科研部及消费者保护、食品与农业部是与农村信息服务直接相关的主要政府部门，前者对教育科研机构的农业经营、管理和技术人才培养，职业技能培训，农业科学研究和技术推广提供政策引导与资金支持；后者则除了扶持和监管农业合作组织，还利用互联网、电话、传真、邮件、媒体等向客体免费传递以农业政策为主的各类农村公益性信息或专业、准确、及时的农业综合性数据。

农业合作组织的农村信息服务涵盖了客体日常生产经营所需的农业机械，农产品市场供求，农产品加工、储运和出口，农业实用技术等核心内容，加之信息经过专业的加工与分析，其针对性和实用性非常好；因此，在德国，农业合作组织是农村信息服务的主力。农业协会种类繁多，为避免竞争，促进协作，规范各自的职责，更好地维护农业的整体利益，以 4 家协会为代表组建了德国农业中央委员会：①农民协会，在农业、法律、税收、社会、培训、环境和社团政策等方面为农业从业人员和农业企业争取政治经济利益，促进农村区域文化、休闲、娱乐和经济的一体化发展，保障其享有与城市居民相当的生活条件和环境，并从农产品生产、加工、运输、销售环节强化市场营销力度和确保食品质量安全。②赖夫艾森协会，代表农业合作社的政治经济利益，为其提供法律、税收、权利、经济和业务等方面的咨询；通过扩大市场影响力，帮助合作社解决农产品收购、加工、销售，农业生产资料购进及投融资，国内市场发展和国际贸易合作等问题；各类具体的农业合作社数量众多，可为其成员和社会提供多元化、高质量的产品和服务。③公法农业协会联合会，承担政府农业管理任务，促进行业与政府间的沟通和合作，建议相关法律、法规的设计，支持农业培养、职业教育和培训，给予农业企业全方位的咨询。④农民与企业协会，通过专业会展、集会，传播现代农业技术与专业信息服务，制定行业标准，监测农用物资及农产品质量安全，提高其购进和销售环节的市场透明度。德国农业协会的经费源自会员会费和服务收费以及政府补贴。

教育科研机构具体负责人才培养、职业培训、科学研究和技术推广等方面的农村信息服务。媒体除了发挥一定的农村信息传播作用，主要向客体有偿发布专业人士或研究机构的判研成果。信息中介组织通常由政府提供选题，采取自主研究或与他人合作的形式进行专业化分析，并提供有偿信息服务。

6. 澳大利亚农村信息服务模式

澳大利亚的农牧业较为发达，羊毛、牛肉、小麦、蔗糖、奶制品等产品在世界市场上占较大份额，家庭农场是其农业生产的主要方式，也是农村信息服务的核心客体。以政府部门、教育科研单位、农业合作组织和涉农企业为主的农村信息服务主体充分利用先进的信息化设施和设备，通过各种方式和渠道提供农村信息及相关服务，形成了以政府部门信息采集、处理和发布为基础，以农业合作组织、教育科研单位为信息服务主力军的农村信息服务模式，见图5-6。图中，带箭头的虚直线代表投资与指导方向；带箭头的实直线表示信息传播与调控指向；宽箭头代表信息收集或服务指向。

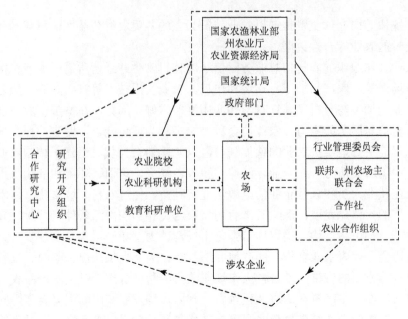

图 5-6 澳大利亚农村信息服务模式

澳大利亚政府高度重视农业信息资源的深度开发利用。国家统计局坚持每年一次的农业样本普查，调查内容、范围、数据收集和处理程序已标准化，并每年召开一次用户咨询会，确定使用者的信息需求，调整数据收集的优先序；同时，还开展样本普查范围之外的其他农业数据定期采集活动和一些专项调查。联邦统计局通过大型主机与各州统计局联网处理农业统计数据，对外公布月度、年度或定期的农业统计出版物和电子数据。农业资源经济局向全国大中型农场、综合交易市场等基本信息源派出农业信息调查人员，从多角度搜集各类专业性、基础性农业信息；利用"3S"①等现代信息技术完成对土地利用、作物产量、土壤养分和气象信息等的监测；形成丰富、全面、准确和持续的农业数据，适时通过各种公众媒体发布农业生产和市场动态等常规性预测报告或各类应急性专题分析报告。农渔林业部（厅）则主要在水资源、环境、健康等方面制定相关法律、政策和标准，据此管理与规范农业及其相关产业；也及时公布各类涉农信息，为农业经济发展创造有利条件。

教育科研单位在农村信息服务中主要承担人才培训、科学研究和技术推广等任务。综合性大学、高等教育学院、技术和继续教育学院中涉农类专业担负起了

---

① 3S 技术是遥感技术（remote sensing，RS）、地理信息系统（geography information systems，GIS）和全球定位系统（global positioning systems，GPS）的统称，是空间技术、传感技术、卫星定位与导航技术和计算机技术、通信技术相结合，多学科高度集成的对空间信息进行采集、处理、管理、分析、表达、传播和应用的现代信息技术。

农业经营管理和技能型人才的培养；特别是在农业职业技能培训方面，由国家教育、培训就业与青年事务部及职业培训局规范管理和资金支持（占 90%左右），受农场和涉农企业资助（约占 10%），接受行业管理委员会的评估和建议，确保满足社会对人才的实际需要。联邦科学与工业研究组织、州政府部门的涉农研究机构和高等学校成为澳大利亚农业科学研究的主力，并与农业合作组织、涉农企业一道完成科研成果转化与推广工作，其资金主要来自政府支持；其中，应用研究及其成果的转化与推广是面向客体提供信息服务的核心内容，受政府、行业生产者、涉农企业筹建的研究开发组织和研究合作中心的投资与引导，极大地提高了农业科研的经济效益。

　　澳大利亚的农业合作组织和涉农企业除了参与上述技能培训和农业推广，在保障农民权益、改善农民生活水平、增加农业生产效益、繁荣农村经济、促进农业现代化等方面也发挥着重要的信息服务功能。特别是各类合作社，在农业生产经营、加工储运、市场销售、生活消费、信贷保险等领域广泛收集信息，向农场提供专业服务。涉农企业则在自己经营范围内与农场密切协作，共享信息资源。

　　7. 日本农村信息服务模式

　　日本农户户均耕地面积不足 1.2 公顷，农业资源相对贫乏，日本政府采取以科学技术为先导，推进农业适度专业化和规模化，提高农业信息化水平以及包括信息服务在内的农村社会化服务能力，是日本农业现代化的基本策略。因此，在日本，以小规模经营为主，但耕地集中趋势明显的日本，农户是农村信息服务的主要客体；形成了以政府主导的农业改良普及体系和官助民办的农业协同组合（简称农协）体系为信息服务主体的二元结构特征明显的农村信息服务模式，见图 5-7。

　　日本政府通过财政拨款、专业公司投标承建，有效地推进了农业信息化基础设施建设，大力建设气象、病虫害防治、农业技术、栽培等农业基础信息数据库，建立农业科技信息网络、地方农业信息中心和地域农业信息系统，向农户和协会无偿提供各类农业信息。农林水产省是日本主管全国农林水产事务的最高政府机构，在各级地方均设有派出单位，保证了农村公共管理和服务的有效实施。依托于各级政府农业部门的农业改良普及所、中心，由中央和地方政府统一协调其运营资金、技术和政策；并配置有专业技术员和改良普及员，直接在农村基层从事信息服务活动，内容涉及田间管理、生产经营、农事技术、市场供求、教育培训、调查咨询、数据资料等。

　　农协按行政区划分为农协中央会、都道府县农村农协联合会、市町村基层农协三级，覆盖了全国农村和农业各个领域，成为集农业、农村、农户三大主题为一体的综合性互助合作组织，全国几乎 100%的农户都是农协成员。农协通过遍布全国的营农指导机构和聘用的营农指导员，为其成员提供农业技术、资金信贷、

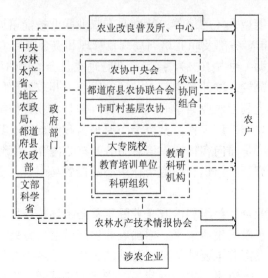

图 5-7　日本农村信息服务模式

农资供应、农产品加工与销售、保险业务、设施和设备使用、土地改良、经营管理、生活消费、医疗保健等全方位的信息服务。农协业务广泛，渗透到日本农业生产、农村生活和农民发展的方方面面，具有浓重的社会组织色彩。农协经费尽管主要来自其开展经营服务活动的盈余，但对政府存在很大的依赖性，各级政府对不同层次的农协都有扶持补贴政策和监督责任，使其发挥着辅助国家实施农业政策的作用。

　　日本的农业科学研究主要集中在中央政府和各都道府县设立的农业科研机构以及大专院校，农协和私人企业也从事相关的农业科研活动；但其研究成果向农户推广时，通常借力农业改良普及体系和农业协同组织体系来完成。文部科学省主管的高中和大学农业教育、农林水产省管辖的农业研修和培训是面向农户的人才教育和培养服务。此外，农林水产技术情报协会作为连接教育科研机构、涉农企业和政府部门的社会团体，通过网络向社会传播农业政策和技术产品信息，旨在促进农业研究和技术推广；同时，该协会本身也从事农业研究、开发和成果转化，农事试验和教育培训，调查、咨询与信息交流等业务，其资金来自政府资助、成员会费和企业委托开发经费。

8. 韩国农村信息服务模式

　　韩国农业的小规模家庭经营占主导地位，但其规模化趋势明显，农户是农村信息服务的主要客体。在政府大力投资的基础上，韩国鼓励私人企业积极参与农村信息基础设施建设。行政安全部负责规划、投资信息化村庄信息内容和硬件条件的建设与管理；农林水产食品部负责开发信息化村庄网站、农业信息管理系统和农产品电子商务平台，以及人员培训和推广应用工作，并为农户上网提供优惠措施。农村信息化推进下的农业现代化中，韩国形成了政府部门、农协两个信息服务主体共同主导的农村信息服务模式，见图 5-8。

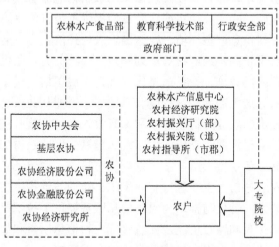

图 5-8　韩国农村信息服务模式

农林水产食品部、国家统计局是农业信息的主要采集、加工部门，农村经济研究院下设的农业观测信息中心和农林水产食品部下属的农林水产信息中心则对涉农数据和信息进行收集与分析，定期通过网站、邮件、手机短信、报刊、电视媒体等发布各类预测信息，在支持政府决策、指导农业生产、引导农产品购销、增加农户收入等方面作用明显。隶属农林水产食品部的农村振兴厅在道、市郡两级地方政府分别设有农村振兴院与农村指导所，全面负责韩国的农业科学研究、技术推广、生活指导、职业教育和培训等农村信息服务。当然，大专院校也是向农户提供农业人才专业教育和实习等信息服务的重要主体。

农协由农协中央会和基层农协两级组织构成，全国农户均加入了基层农协。自 2012 年 3 月 2 日新《农协法》施行以来，农协中央会负责向政府提出有关农协、农民、农业和农村发展的政策建议，向基层农协和农民成员提供教育培训、生产支援和生活指导，指引农协经济研究工作。由农协中央会出资成立的农协经济股份公司和农协金融股份公司成为自负盈亏的经营实体，二者接受农协中央会的指导与监督；前者会同其子公司与基层农协协作，全面深入地支持或参与农牧产品的销售、加工、流通业务及相关信息服务；后者主要通过其子公司从事银行、保险、证券、期货、资本和资产经营等业务及相关信息咨询。农协的运营经费来自经营事业收入和成员交纳会费。

5.1.2　主要发达国家农村信息服务模式的经验与启示

从上面的分析发现，尽管主要发达国家的农村信息服务模式都有各自的鲜明特色，但也存在某些核心的共性特征，为我们提供了极有价值的经验与启示。

（1）优越的农村信息服务环境。发达国家农村经济社会发展良好，农业现代化和农村信息化水平较高。政府统筹规划和投资，社会力量积极参与农村信息基础设施建设和农业基础设施、设备信息化工程，形成了信息采集、传输和接收的良好物质条件。农村居民的受教育程度普遍较好，农业从业人员大多接受过职业技能培训，拥有较高的农业劳动生产率和家庭收入水平，具有获取农村信息服务的良好信息素养、支付意愿和支付能力。发达国家为保证农村信息服务的正常运转，在资金倾斜和政策扶持上给予了一系列优惠措施；构建了完善的农村信息管理与服务机构，对农村信息工作进行有效组织、协调与管控；高效的现代农业技术和信息技术的研发、转化与推广为农村信息服务提供了技术保障；建立了健全的农村信息化法律法规和监督机制，依法保证农村信息质量和知识产权等，维护农村信息化主体的权益和促进农村信息服务的良性发展。

（2）严谨的农村信息资源开发与利用。政府在农村信息采集、处理和发布，农业信息系统开发和农村信息人才培养方面发挥主导作用，形成了规范化、标准化的信息资源可持续开发和利用机制。特别是对用于农村信息服务的基础性要素——农村信息高度重视，要求：信息内容全面、指标设置合理；信息人员经过严格选拔与专业培训；采取科学、实效的信息采集方法和处理技术；强调信息的客观真实性，关注农村信息的深层次开发和信息分析工作；通过传统媒介、计算机网络与现代通信技术定期向社会传送及时、有效的信息产品与服务。发达国家均有具体、明确、统一的政府部门担负农村信息数据库的建设、维护与使用，并成为农村纯信息服务的主要供给主体；通过资金投入和政策引导，对农村信息系统研发与应用、农业经营管理人才和职业技能培训予以鼓励和支持。

（3）多元化的农村信息服务主体。发达国家农村信息服务主体通常包括政府部门、教育科研机构、农村合作组织和涉农类企业。其中，政府部门主要涉及农业、教育科研、统计、信息化等方面；如前所述，这类服务主体分工协作，主导农村信息资源（包括农村信息、信息基础设施设备、信息技术、信息人才及信息政策法规等）的开发利用，是包括农村信息发布、农业科研、教育、培训和技术推广等的农村纯信息服务的主要来源。教育科研机构通常受到政府相关部门的资金和政策支持，与政府职能部门紧密配合，在相应的农村信息服务方面具有不可替代的作用。农村合作组织常指各类农民协会和农业合作社，其职能围绕农业生产这一核心任务，辐射到农村生活和农民发展的方方面面，成为发达国家农村信息服务不可或缺的供给主体。涉农企业连同媒体或信息中介（网络公司）尽管都是在其业务范围内向其客户或潜在客户给予相关的信息指导或传播，但却成为农村信息服务的重要补充。

（4）强大的农村合作组织。发达国家的农村合作组织类型多样，具有独立、完善的组织体系和运营机制，并受到法律法规的充分保障及政府支持，功能齐全、作用强大，成为农业生产、农村生活和农民发展的核心利益代表者，也是与政府部门同等重要的农村信息服务的又一主导力量。农民协会是农户与政府之间沟通的桥梁，能将农民的利益诉求及时准确地反映给政府，影响甚至参与农业政策、法规的制定；政府也会以协会为中介，向农业从业人员传递各类农村信息。农业合作社种类繁多，内容涉及整个农业产业链，主要提供依附性农村信息服务，指导客体生产经营、日常生活和个人发展。

（5）有效的农村信息服务运作机制。发达国家不同的农村信息服务主体，所采取的利益配置机制也不一样。政府部门的农村信息服务由国家财政支持，以提供政策法规、统计数据、市场动态等纯信息服务为主，通常是免费的。农村合作组织的信息服务根据自身特点及运营方式，属于成员自助性质服务，有无偿（主要针对纯信息服务）和有偿（主要针对依附性信息服务）之分；而且即便是有偿服务，一般也只收取成本费，并不以盈利为目的；其运营费用除了来自成员缴纳会费，也会受到政府的资金资助和政策优惠。教育科研机构的农村信息服务主要是农业科研、教育和技术推广，并与政府部门、农村合作组织密切配合，实现三者的有机衔接和有效运作；其资金源自政府财政支出的服务项目是免费的，其他的服务内容会收取学费、培训费、咨询或推广费。提供农村信息服务的企业或公司大部分是以盈利为目的的，通过信息或技术支持在自己的经营范围内获得收益。

5.1.3　主要发展中国家农村信息服务模式

俄罗斯、印度、泰国、巴西和南非等与中国一道是综合实力较强的发展中国家。与发达国家相比，这些国家农业在国民经济中的比例相对较大，农村人口所占比例较高，农业现代化和信息化水平较低，综合经济实力相对较弱。但随着信息时代的到来，发展中国家认识到信息技术对农村经济发展的重要影响，农村信息之于农村社会的资源性地位，开始从资金、制度、人力、技术等多方面对农村信息化予以关注，农村信息服务也得到较快的发展。尽管存在差异，且水平偏低，但由于都处在致力于农村经济社会发展的重要时期，其发展经验对于搞好我国农村信息服务仍具有重要借鉴作用。

1. 俄罗斯农村信息服务模式

俄罗斯土地资源十分丰富，农业用地占总面积的 23.8%，拥有全世界 10.0% 的耕地，其中 50.0%的可耕地为黑壤。其农业改革始于 20 世纪 90 年代，经历了土地私有化到土地向大生产者集中的艰难过程，明确了农业发展方向，加大了对农业的支持力度，在 21 世纪初现成效，逐渐恢复了世界主要粮食出口国的地位。随着国家经济实力的逐步增强，俄罗斯将农业列为未来经济发展的重点领域之一。个体农户、私人农场和农业企业成为俄罗斯农村信息服务的主要客体，形成了以政府部门为指导，农工综合体为核心，企业和教学科研机构为补充的多元农村信息服务模式，见图 5-9。图中双向箭头线表示部门之间的沟通与合作，无向实线或虚线表示政策、业务和资金的支持关系，单向宽箭头则表示农村信息服务的主、客体关系。

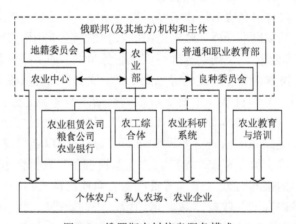

图 5-9　俄罗斯农村信息服务模式

俄罗斯的农业管理主要是通过相应的俄联邦机构和主体与地方分支机构实现的。其中俄罗斯地籍委员会负责包括农用土地在内的国家地籍管理，涉及农用土地的规划、监督、评估、利用和保护等，并为农业部提供有关的信息支持。俄罗斯农业中心和良种委员会在各地区均有分支机构，它们与各级农业管理机构协同工作，向客体提供职能范围内的农村信息服务，主要关于农业生产、良种推广两个方面的内容。俄罗斯农业部是联邦农业发展事务的权力执行机构，通常并不直接面向客体提供信息服务，但它是国家农业政策、法规和指导性文件的制定者和推行者，履行对下设机构的管理、监督、协调和支持职责，并为下属企业、农工综合体及其他组织机构提供包括政策和资金支持、业务和信息指导在内的国家服务。普通和职业教育部与农业部沟通、协作，借助农业教育和培训方式向客体提供个人发展方面的信息服务。

事实上，在俄罗斯，日常农村信息服务的主要供给者是农工综合体，它由各级农业部门主管，对上分担了部分政府职能，协调与其他相关机构间的关系，向联邦政府提出关于农地利用、农业发展和粮食生产等方面的政策建议；对下涵盖了农业从生产到销售及服务的各个环节和部门，向客体提供农业生产，农产品收购、储藏、加工、运输直至最终消费的全方位信息服务，成为国家调节农产品政策的途径之一。甚至在农业科技进步和创新活动方面，农工综合体也得到政府主管部门的大力支持。俄罗斯农业租赁公司通过购买、租赁农机设备等为农业生产提供支持；国家粮食公司执行国家采购或抛售，干预国内农产品市场，稳定农产品价格、维护生产者和消费者利益；俄罗斯农业银行为农工综合体、个体农户、私人农场和其他农业企业提供信贷服务；相应地，三者也供给业务范围内的依附性农村信息服务。政府主导下的农业科研系统是俄罗斯农业科技研发、应用与推广的主力军（特别是在育种和畜牧业领域实力雄厚）；并成为农业科技信息来源和服务的可靠保证。俄罗斯农业教育与培训工作主要由高等农业院校承担，包括农业大学、农业学术学院和农业专业学院三种类型，此外，还有少数综合性大学中也包含部分农科院系。它们除了担负相应的农业科研和技术开发任务，还是农业领域各类人才和职业技能培养的摇篮，为农村信息服务客体中的个人发展提供了重要的信息支持。

2. 印度农村信息服务模式

印度是世界上人口第二大国，也是农业大国，其可耕地面积居亚洲之首，达1.43 亿公顷，农业对国内生产总值的贡献接近 30%，并为全国 2/3 以上的劳动力提供了就业机会。印度政府为了解决农业发展问题，先后实施了卓有成效的"绿色革命"（发展粮食生产）、"白色革命"（增加牛奶产量和人均奶消费量）、"蓝色革命"（促进海洋捕捞和养殖业）和"彩色革命"（推动印度水果、花卉产业）。虽然其农村基础设施薄弱，但信息产业发展强劲，特别是软件业的发展，一定程度上为印度小农经济为主、生活水平较低、市场分布广泛、信息交流匮乏的农村社会注入了活力。个体农户是印度农村信息服务的主要客体，并大体上形成了政府部门主导、私有企业辅助的二元农村信息服务模式，见图 5-10。图中无向线表示隶属关系，存在资金和政策支持；单向宽箭头表示农村信息服务的来源与去向。

印度政府非常重视信息技术人才的教育和培训，加强信息基础设施建设、农业应用软件开发和国家级农村信息化项目实施。通讯和信息技术部所属的国家信息中心与农业部门协作建立了农村市场数据库系统，该系统试图将所有农村信息和部分政府职能纳入其中，实现对农村综合信息的管理、传播与共享；但受制于农村信息条件与客体信息素养，这类农村信息服务形式尚难惠及大多数的普通农户。因此，直接面向农户的农村信息服务就显得尤为迫切和实用。印度农业部下

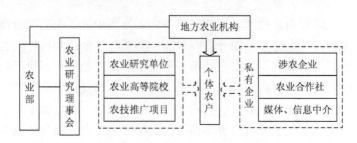

图 5-10　印度农村信息服务模式

设的农业推广理事会、各邦农业局、各地区和农村社区农业办公室成为官方农村综合信息服务的主体，特别是关于农业技术和良种信息的咨询服务。而隶属于农业部的农业研究理事会是集农业科研、教育、培训和技术推广于一体的政府主办机构，旨在提升农业生产水平和农民生活质量。农业科研院所、中心和科研项目指导委员会主要专注于农业科学研究和技术开发，并且是这类信息的供给者。农业大学在业务上受各邦政府和理事会的双重领导，它除了从事与农业相关的研究工作，主要提供农业人才教育和职业培训服务；并通过其所设置的农业推广（教育）部、农民客栈等实现校内农业咨询和农民培训；还深入农村进行走访和示范，或利用广播电视及远程教育提供农业技术培训和信息传播。农业技术推广是理事会的另一项重要职责，它举办培训和咨询讲座向农村和农户宣传技术产品和优良品种。以上所有农村信息服务的经费主要来自中央和邦政府的财政预算。

　　私有企业是印度农村信息服务的一支重要力量，主要借助咨询服务、订单农业（农业生产资料和农产品的订购）和农业技术示范（以宣传产品和拓展市场）等三种形式增加企业收益。特别是农业合作社得到政府的大力支持和法律规范，印度绝大多数农村的 2/3 以上的农户都加入相应的合作社，并在农业生产、农村生活和个人发展方面得到成员间的信息扶持。此外，各类非政府组织，如印度青年农民协会、印度农业赈灾联合会等，也会在一定程度上接受中央和邦政府或国际组织的资助，开展农业推广活动及相关农村信息服务。

　　3. 泰国农村信息服务模式

　　泰国是传统的农业国家，也是亚洲唯一的粮食净出口国和世界主要粮食出口国之一，享有"东南亚粮仓"的美誉，还是世界三大橡胶生产和出口国之一。随着泰国经济的迅速发展，20 世纪 90 年代，它成为亚洲又一个新兴工业化国家，而政府推行的"以农立国"方针在其中起了举足轻重的作用。农村信息服务在农业发展中也日益受到重视，并发挥着重要功能。农户家庭经营是泰国农业的主要生产方式，并成为农村信息服务客体，形成了政府部门、教育科研单位和农业合作社为主的三元农村信息服务模式，见图 5-11。

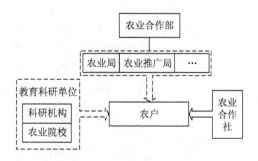

图 5-11　泰国农村信息服务模式

泰国政府在农业信息基础设施上投入不足，农业信息化进程比较缓慢，农村地区居民利用计算机网络获得信息服务的条件有限，传统的广播电视、推广服务仍是农村信息传播的主流。泰国农业合作部是行政和科技合一的农业事务主管部门，其下设各局及地方机构在服务农村信息需求中发挥重要作用；例如，农业局和农业推广局，各自都有较为完整的体系，且分工明确，前者主要负责农业行政管理，如政策制定、项目确定与审批、农药登记等；后者负责农业技术推广和农业信息传播，特别是病虫预测预报、植保技术服务和检疫等工作。

在农业科研成果和技术开发的信息服务方面，农业合作部、教育部享有极大的自主管理权，前者地位突出，下设有研究中心和试验站，从事有关土壤、水、肥、植物、农业投入物等生产要素方面的分析、检疫和信息咨询；后者引导的农业院校则在农业基础研究和应用研究中成为一支重要力量，并发挥着农业人才教育和职业培训的功能，成为这类信息服务的主要供给者。此外，稍具规模的农业企业都会有自己独立的研发部门，多从事农业应用领域的科技研究或成果推广与转化。

泰国对农业合作社发展制定了总体规划和法律规定，农业合作部合作社促进局为其注入了大量资源，包括在村级建立农产品中心市场、在各地设置产品配送中心、对合作社管理人员进行培训等。合作社分为多目标的普通农业合作社和各种专业合作社，它们通过产品加工、分级、包装等服务活动提高产品质量；设立附属公司，加强与私营部门合作，共享信息资源、营销渠道、企业品牌等优势；吸收农村社区准社员，推动合作社与社区的融合，扩大影响范围；成立合作社妇女组织，促进生活消费、卫生保健和道德精神水平；鼓励电子商务，利用合作社网站，促成产品销售和信息服务。

4. 巴西农村信息服务模式

巴西是南美洲最大的国家，土地、热量、水等自然资源十分丰富，农村人口占 18%左右，农业作为其重要的经济产业，生产条件十分优越，甘蔗、柑橘、咖

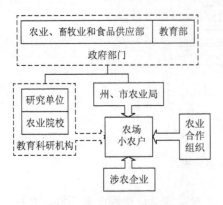

图 5-12　巴西农村信息服务模式

啡、大豆、烟草、木薯、香蕉、牛肉等农产品产量均名列世界前茅。巴西农业规模经营与分散经营并存，占农户总量 0.68%的大农场主（单个农场占地 1000 公顷以上）拥有全国 48%的土地，而 85%是小农户（占地 50 公顷以下），只占有全国 13%的土地。农场和小农户是巴西农村信息服务的主要客体，以政府部门、教育科研机构、农业合作组织和涉农企业为主的信息服务主体构成了巴西农村信息服务的现有模式，见图 5-12。

巴西联邦政府建立了一个统一的政务数据库信息系统，由财政部下属的信息中心管理，各部门共享此数据库信息，并研发相应的应用系统，服务于社会公众。农业、畜牧业和食品供应部通过其下设的州、市农业局向客体提供农业生产信息为主的咨询服务，其下属的农牧业研究公司（农业科学院）是巴西最大的农业基础研究与技术开发相结合的综合科研机构，负责制定农业研究计划，协调全国农牧业科研部门、高等农业院校、农牧业企业和私营农场的科研活动，普及和推广科研成果；其 80%以上的资金来自联邦预算，其余则通过技术开发、转让等方式自筹，成为农业科技信息的重要源泉。巴西政府将农业划分为若干个发展区域，并设有相应的农业技术联合体，由州农业厅全额拨款，除销售种子，负责对客体的免费技术指导和信息咨询。农业院校还承担农业人才的教育和职业培训服务，为客体个人发展提供支持。

巴西农业合作组织主要分为全国农业合作社和全国农业联合会两大类。前者现有各类合作社 5500 多个，涉及农牧业、消费服务、劳动、信贷、卫生、电力、通信等 12 个领域，每个州都成立了合作社协会，是向社员提供产、供、销等，及相关信息服务的经济联合体，不以盈利为目的，但在良种供应、技术指导及农业物资的采购、储存、加工、销售中会收取一定的服务费。后者是农业生产者自行组织的民间机构，按不同农作物设有专业委员会，如大豆、玉米、马铃薯、烟草、咖啡、柑橘和棉花等农产品委员会，各州、市相应设有农业生产者协会，是向农户传达政府农业政策、向政府转达农业生产经营者意愿的桥梁，成为农业从业者与政府有效沟通的纽带。

5. 南非农村信息服务模式

南非是非洲大陆经济最为发达的国家，其国民生产总值占整个非洲大陆的 30%以上，目前的支柱产业是采矿业和制造业，农业占国内生产总值的份额约 3%。

南非现有的可耕地面积占国土面积的 13%，拥有世界上最大的人造森林，农业部门就业人数占劳动力总量的 8.5%，农业机械化程度较高，农业生产率和商品率位于非洲前茅，农产品的地区特色鲜明，除少数干旱年份，其粮食生产通常自给有余并可供出口，而羊毛、葡萄酒和葵花籽的产量居于世界前列。南非农业生产机制和土地制度二元结构突出，6 万多白人农场主占有和经营规模大都超过 1000 公顷的现代化大农场，为南非农业贡献了 90% 以上的总产值；而广大黑人占农村人口的 71%，仅拥有 14% 的土地，从事着仅能维持生计、生产方式落后的传统农业。因此，南非农村信息服务的主要对象是农场和小农户，政府部门和教育科研机构为核心主体，涉农企业为补充的农村信息服务模式，见图 5-13。

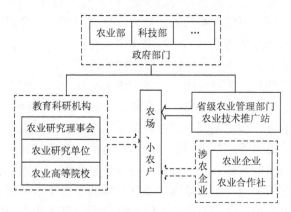

图 5-13　南非农村信息服务模式

农业部作为国家农业管理部门，主要通过制定农业发展政策、实施计划和提供资金来支持农业科学技术研究、成果推广和信息服务，各省级农业管理机构也有相应计划和资金来配套完成这些工作。科技部是全国科技管理的最高机构，它通过科技发展计划和国家研究基金会来支持农业科学技术的研究、开发和推广。农业技术推广站由各省级农业管理部门管理并提供全部经费，直接面向客体提供技术培训、推广和信息咨询服务；通常站内服务人员先由国家研究机构培训，获得新技术、新品种和新知识，经引进、试验和消化吸收，再对客体进行免费培训和传播。

农业研究理事会隶属农业部，是南非国家级农业研究实体，其下设谷物及工业作物部、园艺部、畜牧部和全国服务部四个业务部门，旨在通过科研、技术创新及技术转移促进农业及相关领域的发展，以达到保护自然资源和环境、保持农业经济发展、保障食品质量和安全的目标。它和各省级农业研究机构及农业高等院校一起构成全国农业教育、研究和推广体系，是农民个人发展、农业生产信息的重要来源。

　　涉农企业包括公司型和合作社型，前者数量不多，以盈利为目的，也从事新技术和新品种的研发活动，并提供相关产品和技术的信息咨询服务；后者是农民自己独立的服务组织，种类数量众多，涉及农业、消费、营销、金融、住房、交通等多个领域，主要为其会员提供农业生产资料、农业机械、农产品加工和销售、新技术和新产品推广、短期贷款和金融担保等服务及信息咨询，受到黑人低收入者的普遍欢迎。

5.1.4　主要发展中国家农村信息服务模式的经验与启示

　　主要发展中国家在推进经济社会进步的过程中，如何摆脱农业和农村的相对落后与贫困是其不可回避的现实问题。然而，受制于国家的全面发展计划，各国在农村信息化及信息服务的投入上仍与现实需求存在较大差距，使它们在农村信息服务模式的实践中有如下几个值得我们注意的问题。

　　（1）更为显著的政府主导作用。发展中国家与农业相关的政府部门对农村信息服务的主导程度更为明显。一方面，它通过下属的地方政府机构直接向客体提供农村综合信息服务，但主要限于农业政策、法律和法规，部分农业生产资料与农产品信息及农业技术推广与培训信息；另一方面，它依靠其构建的教育和科研系统，向客体提供农业科研和技术推广服务及信息咨询，人才培养与职业技能培训服务。因此，在服务内容上很难满足不同客体的个性需求，服务形式上缺乏灵活性，限制了服务对象和作用范围。尽管这些问题由其他类型的服务主体（如农业合作组织、涉农企业等）在一定程度上予以了缓解，但这些主体本身也由于资金、技术、人才和运营目标等的约束而作用有限。

　　（2）较为明显的信息资源建设不足。发展中国家资金有限，对农村信息基础设施、设备的投入能力不足；较高的机会成本又使社会力量参与建设的积极性不高，造成这类国家农村信息采集、传输和接收的物质条件很不完善。特别是在农村信息数据库建设方面缺乏统一规划和合理协调，以及规范化、标准化的开发、管理和利用机制，使农村综合信息服务的内容得不到有效保障。农村信息人才匮乏，应用系统开发滞后，农业从业人员受教育程度偏低，导致农村信息采集、加工、传播和利用效率不高。在信息资源的建设上，总体表现为更加重视硬件条件的筹建，而轻视了软件资源的开发和利用。

　　（3）作用有限的农村合作组织。发展中国家的农户大都有自己的农民协会或合作组织，它的发展不仅需要科学的法律、法规予以规范和保障，还需要政府的支持、引导和宣传；明确合作组织的地位、性质、作用和运营机制，使合作组织代表农户利益，成为农户与政府沟通的桥梁，在农业生产、农村生活和农民发展中扮演重要角色，真正起到提升农户社会、经济和文化福利的作用。目前，发展中国家农村合作组织的发展还不够成熟，尽管种类繁多，但在应对市场风险时仍显得实力不强、竞争力较弱，合作组织人才匮乏、管理薄弱、资金不足、技术落后，自我发展的良性机制还未完全建立，不能很好地满足成员需求。

（4）相对乏力的利益激励机制。目前，发展中国家农村信息化及信息服务的推进主要依靠政府，农村地区基础设施落后，经济效益不明显，影响了市场力量对农村信息基础设施的投资建设。农户收入水平偏低，支付能力有限，加之信息素养不高，不会选取高成本的农村信息服务方式；这不仅削弱了市场力量推动农村信息化的积极性，而且也制约了它们提供农村信息服务的热情。因此，发展中国家农村信息服务以政府免费供给为主，有偿的信息服务也大多是依附性信息服务；而有限的纯信息服务大多通过现场沟通和单向知会方式实现，传统媒体、现代资讯介入的程度很不理想。

5.2　国内不同地区农村信息服务模式

我国农村地区经济发展较为缓慢，主要原因是由于我国农村人口基数较大，人均耕地面积较少，农村严重缺乏资源，而且一个普遍的问题就是城乡存在较大差距，这也导致我国农村信息服务及信息化水平处于世界较低的位置。近年来，我国以解决"三农"问题为重点目标，在农村信息服务方面做出了很多努力，为农村信息打下了坚实的基础。随着我国小康社会目标的实现，经过几代人的努力，我国农村信息服务根据各个地区发展程度的不同，形成了许多典型的模式。

5.2.1　东部地区典型农村信息服务模式

我国东部地区，经济发展较快，农村人口较少，信息化水平也较高，信息服务模式也较为发达，其中较为出众的是"上海模式""浙江模式""北京模式"。

上海是我国金融中心，其经济发展处于我国乃至世界的前列，当然信息化水平也较高，农村信息服务的互联网平台较为发达，主要有"五网一线"信息服务平台，它是由上海农业委员会主持建设的；政府部门也建设了专门的农村信息服务网站（农委政务网），由上海农业行政管理部门组织建设，另外还有一些非常著名的网站如上海农业网、华东农业网、上海农科热线、上海农村远程教育网及上海科教兴农网。依托强大的互联网络，上海还建立了农产品信息市场职能分析系统、农产品物流管理系统等一系列的便利农村的信息服务系统。在此基础上，上海还建立了许多农村信息服务系统，如猪肉安全生产控制系统、农产品批发市场安全管理系统、精准农业系统、农产品认证系统、有机肥生产管理系统、农业生产管理系统、粮食生产管理系统、农产品现代物流平台等。这些系统都是"上海模式"的核心，不断地为农村用户提供及时有效的信息。

浙江省是我国经济发展最快速的省份之一，其农村信息化水平也处于我国各个省份的前列。浙江的农村信息服务水平也在不断地发展、完善与提升。"浙江模式"主要依托强大的市级农业科技信息网络和县级服务站，有些信息服务站延伸到农村最基础的乡镇，在广大的基层农村，浙江省就拥有全国数一数二的信息服务终端，并且由于浙江省是我国的经济大省，农村生活相对于其他省份较为富裕，人均手机数及手机上网人数都处于我国前列。"浙江模式"的宗旨就是依托它的强大的科技信息网络服务农村信息化建设，为农村信息服务提供更加便利的渠道，加强利用高科技建设更加合理规范的信息网络，结合各种前端的信息技术手段，对农村科技信息加以整合。归纳总结"浙江模式"的具体运用，主要是整合与运用，主要把握以下几点：成立专门服务于农村信息服务建设的政府组织机构，全权负责农村信息化建设；创建科技信息共享机制，开发有效信息技术平台；整合各种农业信息资源，共建共享；加快对高校科研合作力度，将知识转变成生产力；加快专家系统及科技特派员制度的建设。

"北京模式"主要依托自己强大的经济发展和高科技技术，大力发展并运用远程教育模式，对郊区的从事农业服务的农民进行教育与管理，是利用网络技术和卫星功能对农村进行信息服务的新模式。远程教育系统的引入是北京在农村信息服务建设中的一大亮点，在北京也起到了很大作用，使北京郊区的菜农及农业企业得到很多有价值的信息。

5.2.2　中部地区典型农村信息服务模式

我国中部地区肩负着我国粮食的主要来源的重任，因此农村生产责任非常重大，农村信息服务建设也取得了一定成效，近年来，也出现了取得重大突破的农村信息服务模式，如"安徽模式""河北模式""吉林模式"等。中部地区，经济发展相对于东部起步较晚，但是近年来发展速度较快，基层设施建设也比较完善，网络技术的运用也处于较快发展阶段，因此也具有其本身的特色。

安徽是我国农业发展较快的中部省份，在农村信息服务方面，为了达到政府省心、农民开心的目的，政府充分重视农户对市场的参与，主要是通过网络技术开发高质量的农村综合经济信息网，农户以安徽农网为载体和纽带，政府构建了以综合经济信息网站为中心的信息服务模式。不仅在市级地区，安徽还构建覆盖整个基层单位的农村综合信息网，使广大农户在自己家门都可以很方便地使用该网络。安徽农网是安徽信息服务模式的核心，以此为中心，构建覆盖全省农村经济信息网络，使用规模达到空前。在安徽信息服务模式中，政府占有主导地位，但是也注重各部门的合作，充分利用各方资源，为农村信息化建设都作出应有的贡献。为了避免信息"最后一公里"的问题，安徽政府开展了信息下乡工程，充分利用了电话、报刊、电信、电视及广播等手段扩大安徽农村经济信息网的覆盖面积及使用率。

河北省距离我国首都很近的城市，受北京经济发展的影响，近年来在农村信息服务建设的过程中也形成了一套自己的体系，我们称为"河北模式"。河北省非常重视信息来源渠道的建设，从多方面获取农村最需要的信息，如种子、肥料、气象等。为了更加合理的利用网络，河北省不断地更新网站的数据库，建立了许多大型的信息服务数据库，为农村信息服务提供基础保障。有了信息来源的渠道，并且建立了大型数据库，还是远远不能满足农村的信息的需求，因此，河北省加强了对农村信息资源的转化和运用，使有价值的信息，转化成有用的生产力，切实帮助农户走上富裕的道路。为了使河北省的农产品尽快销售到北京等大城市，政府很注重农村超市的建设，并不断地与高科技信息技术相结合。

吉林是老工业区，虽然是我国的粮食主产区，但是在农村信息服务方面发展还是相对滞后的，许多基础设施建设缓慢，根本无法满足日益扩大的信息需求。由于吉林省是我国过去的老工业化区，电信等基础设施较为完善，村村基本实现电视、电话、广播等电信设备的全覆盖，因为政府充分考虑到这一点，构建了以"吉林 12316 热线平台"为核心的农村信息服务模式。这个平台并不是政府部门自己在管理，它由吉林网通公司、广播电视台等多种媒体渠道共同为农村信息服务模式贡献力量。为了更好地为农户提供专业、准确的回答，热线平台的接话员并不是一般的培训后的员工，而是资深农业专家，他们知识丰富，而且不断地学习各个方面的知识前沿，能够在第一时间，解决农户提供的一切难题。在整个模式建设过程中，各个单位都实现共赢，政府解决了农村发展过程中的许多难题，公司从中得到了巨大的利润，农民实现了丰收。

5.2.3　西部地区典型农村信息服务模式

西部地区主要以山区为主，农业发展相对滞后，并且耕地面积较少、比较零散，为农村信息化建设带来了不少问题，农村信息服务也处于全国相对落后的位置。但是有些省份也充分考虑自身的特点，充分利用资源，开发出具有自己特色的信息服务模式，如收效较大的"宁夏模式""四川模式""甘肃模式"等。

宁夏是我国西部面积较小的省份，经济发展缓慢，但是信息化的步伐并不输于有些中原地区，它最早提出了构建全区的信息化覆盖的目标，并通过新农村建设的脚步，不断推进该项事业的进展，目前已经取得一定的成绩，并在农村信息服务模式方面形成了特有的"宁夏模式"。宁夏新农村建设起步较大，政府大胆尝试，不断创新，使信息化也随着新农村的建设不断形成一定的规模，首先，大部分乡镇都实现了宽带覆盖，注重乡村信息服务站的建设。"宁夏模式"主体服务宗旨就是平台上移，服务下延，并充分发挥其省份较小，便于集中的优势，对信息资源进行各方面的整合，整合是该模式的核心，不仅是对传播渠道的整合、对信息资源的整合及信息平台的整合，还包括对信息终端及信息服务场所的整合。

四川省是我国著名的多山省份，种植面值也较大，但是受其地理位置的影响，有些信息服务的基础设施根本不具备，为了解决这一难题，政府充分发挥了自己在农村信息化建设过程中的主导作用，与有关企业合作，实现了村村通电话，家家有电视的目标。利用三网服务农村是"四川模式"的核心，所谓三网就是指服务网、基础网、信息网。基础网是农户接触信息服务的主要渠道网络，它解决了农户无信息渠道的困境；而农户在信息服务的过程中遇到了许多棘手的问题，这都需要及时解决，就需要服务网的帮助；信息网是三网的核心，主要提供能够帮助农户致富的信息，这些信息都是农户急需的、有实用价值的信息。

甘肃省也是我国西部地区发展较为落后的地区，但是政府部门另辟蹊径、因地制宜，开发出了适合甘肃农业发展的信息服务模式，也为类似地区提供参考，我们把"甘肃模式"称为"金塔模式"。所谓"金塔模式"，就是政府全权出资建设以市级政府部门为核心的信息服务平台，再向基层扩散，建设县级信息发布平台及村级信息服务站，这种模式由多个村级信息服务站、县级信息发布平台及少数市级信息服务站形成一个金字塔模式，充分利用各方资源，接近农村具体情况，更好地解决信息化"最后一公里"的难题。该模式发挥了政府在农村信息服务过程中的主导作用，但也没有忽视其他力量的参与，整合了大量可利用的资源，为甘肃省农村信息服务建设开辟了独特的途径，农村在此过程中也确实感觉到该模式带来的巨大收益及其方便性。

5.2.4　国内不同地区农村信息服务模式的经验与启示

根据对各个地区典型身份的分析，可以得出以下经验启示：首先是没有万能的农村信息服务模式，各个地区都会因地制宜，根据自身情况制定符合自己实际情况的信息服务模式，例如，我国东部地区，网络技术运用较为发达，农民教育水平相对较高，接受网络较早，普遍可以使用网络，因此东部地区注重农村信息网络的建设，充分利用自己的优势，为农村信息服务提供方便、快捷的网络渠道。中部地区是我国粮食主产区，肩负着我国十几亿人民的口粮问题，因此值得有关部门高度重视其农村信息服务，中部地区的基础设施起步较早，电话、电视、广播的普及率较高，因此许多省份都选择充分利用这些基础设施更好地为农村信息服务，形成了许多可行的并且收效较好的农村信息服务模式。西部地区是我国农业发展较为缓慢的地区，因此该地区的农村信息服务建设少不了政府的大量支持，政府要充分发挥其主导作用，不断的推进农村信息服务的建设，也形成了一些具有西部特色的农村信息服务模式。其次是每个模式都有其缺点，例如，东部地区虽然有其发达的网络系统，但是有些农户不善于使用网络，不能从中得到并分析信息的真实性，因此许多农户因为不能辨别网络信息的真假，盲目相信，蒙受巨大的经济损失。中部地区的基础设施虽然较为发达，但是现代科技带来的巨大便利，无法在此体现。西部地区有政府出面建设面向基层的信息服务模式，但是政府个人的力量总是有限的，很多地方都需要企业的大量支持并给予帮助。最后，任何信息服务模式都需要政府部门的支持，并且与企业通力合作，共同为农村现代化建设贡献自己的力量，政府使农村富裕起来，企业从中获取一定的利润，实现双赢的局面，只要这样，农村的信息模式体系才能不断地完善，不断地发展下去。

5.3　小结与讨论

对发达国家农村综合信息服务模式的认知表明，包括设施、设备、技术、人员、组织管理在内的良好的农村信息服务环境，政府主导的规范化、标准化的信息资源开发和利用过程与机制，分工协作、主次分明的多元化农村信息服务主体，各类繁多、功能强大、权责鲜明、独立完善的农村合作组织，以及利益配置有效多样的农村信息服务运作机制成为我们完善或构建新型农村综合信息服务模式的极有价值的参考目标和评价依据。而对发展中国家农村综合信息服务模式的分析揭示，在足够重视农村综合信息资源建设的基础上，必须设计有效的利益激励机制，以充分规划和发挥各类主体的服务功能与作用。

通过对我国东部、中部、西部地区一些典型的农村信息服务模式的分析可知，农村信息服务首先要解决好各个要素之间的协作问题，只有各个要素密切配合好，才能形成一个具有高效率的信息服务模式，还要了解各个要素的特点及该地区的优势及劣势。在构建整个信息服务模式时，政府部门要发挥主导协调作用，充分引导相关企业参与进来是政府的主要责任，从思想上高度重视合作共赢的理念，不断开发出符合一个地区的信息服务模式。整合各方资源是整个农村信息服务模式的重点也是难题，只要解决这个问题，这个模式就可能得到有效实施。企业在我国农村信息服务模式中的角色也很重要，它们要洞察政府的意图，农村信息需求方向，加强与政府合作的力度，不断地推进我国农村信息化建设。只要充分发挥政府的主导作用，吸引企业的积极性和有关部门的高度重视，我国的农村信息服务建设一定会取得更大的进步。

第6章 农村综合信息服务模式设计和运营机制

我国农村综合信息服务具有其特殊性，为了更好地适应我国农村的实际情况，开发出属于我们自己的信息服务模式是非常必要的，当然这也必须借鉴国外先进的模式，结合我国实际国情，最终加快我国农村信息化的步伐，对于农村综合信息服务模式的探索具有重要意义。理论上，这不但丰富了信息服务模式理论的内容，而且从整体结构上概述了具有中国特色社会主义的农村综合信息服务模式理论。实践中，它符合我国信息化的总体规划，也属其中重要的一部分，而且是解决"三农"问题的最有效的办法。利用信息化使广大农村尽快富裕起来，利用更加科学的方法从事农业活动，信息服务是必不可少的。信息服务使农村原来的生产方式得到很大的变革，生产的信息化，不但使农民增收，而且还可以节省农村劳动力，使更多的劳力投入到我国城镇化的建设中来。可见探索适合于我国国情的农村综合信息服务模式已经迫在眉睫，刻不容缓。

本章首先对服务客体与信息需求、服务客体与信息供给、服务技术手段与运营机制等进行了理论思考，为最终合理的模式设计奠定了基础。然后对农村综合信息服务的概念结构及工作原理进行分析归纳，对与之相适应的制度安排也进行了详细的分解，以期提出更加符合我国国情的农村综合信息服务模式。为了设计出更加合理的农村综合信息服务模式并探索一种更加合理的制度安排，在前面分析农村信息服务的需求与供给现状、存在的问题的基础上给出本章的逻辑思路，如图6-1所示。

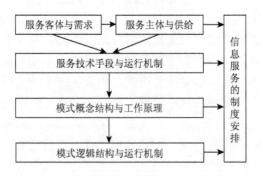

图6-1 农村综合信息服务模式设计的逻辑思路

6.1　农村综合信息服务模式设计的理论思考

农村信息服务客体与主体是信息服务中的主要参与者，了解他们的特征及供给与需求现状，可以为设计出更加合理的信息服务模式提供必要的基础。我国"三农"问题促使信息服务的客体产生信息需求，信息服务主体获知这种需求，通过一定的技术手段想方设法满足这种需求，实现信息供给。这一系列的过程需要良好的体制与技术环境，因此有必要从理论高度认知有关的信息服务客体与信息需求、信息服务主体与信息供给、信息服务手段及运行机制，在此基础上形成一个设计农村综合信息服务模式的理论支撑。

6.1.1　服务客体与信息需求

信息服务客体是信息服务的接受者，在广大农村主要是指普通农户、种养大户、农村经纪人、涉农企业、相关农民专业组织、政府部门和事业单位等。他们是信息需求的主要参与者，是形成需求的重要享有者。信息服务客体越来越认识到信息需求的重要性，从而强化了需求行为的诞生，一旦需求行为产生，信息服务客体就通过一些技术或者手段获取信息，再经过自己的加工、吸收和利用，从而解决了信息服务客体遇到的"三农"问题，这就是整个信息需求的过程，也是信息服务客体满足自己需求的过程。因此，了解信息服务客体及其信息需求的理论对农村综合信息服务模式的设计及运营起着基础性的作用。

通过问卷的数据分析我们可知，农村综合信息服务的客体主要还是普通农户、种养大户、农村经纪人、涉农企业，他们主导信息需求，因此他们的个体特征将严重影响需求走向。例如，不同年龄段对信息需求的不同，在农村年纪较大或者较小都对信息服务的需求较低，而年轻人对信息服务这个新时代的手段的需求还是较为旺盛的。但是由于农村的受教育水平程度较低，大部分中年人不懂得如何满足自己的信息需求，主要手段还是通过电视等无法互动的媒体交流。另一个信息服务客体的特征是客体的收入水平，我国农村地区普遍存在收入低下的问题，资金是享有良好信息服务的基础，农民手中没有大量闲置收入，也无法加大对信息的了解。如图 6-2 所示，农村综合信息服务使用的基本模式，从图中可以看出，信息服务客体是信息服务的开端，是非常重要的起点，也是信息服务的结束点，因此对于整个农村综合信息服务模式的开发具有重要的战略意义，也是开发模式主要考虑的一部分内容。

图 6-2　农村综合信息服务使用的基本模式

　　信息需求的强弱也和当地的经济发展水平息息相关，而一个地区的经济发展水平又和资源丰富程度有关，因此，信息服务客体对信息的需求还受到该地区资源情况与经济发展水平的制约。农村村民主要想获得的信息服务有农业政策法规、农业新闻、农业资源信息；农用物资信息、农村投融资信息、农产品市场信息、农村科技信息、生产经营管理信息、农产品储运信息；农村生活消费、交通、医疗卫生、体育文化、休闲娱乐等信息；农村教育培训、致富经验、就业信息等。不难看出，这些信息服务的需求和该地区经济发展水平有很大的关系，对于经济发展较为落后的农村来说获取信息的主要渠道是电视、电话等简单媒介，对于网络这个具有丰富信息来源的媒介，农村暂时难以普及。

　　由此可见，信息服务客体需要信息，但是未必能及时、有效地获取自己想要的信息，这就是信息服务的可及性。农村综合信息服务客体对信息的需求是信息服务的起始阶段，它是信息获取、信息处理及信息应用的基础，对于农村综合信息服务的效用发挥意义重大。

6.1.2　服务主体与信息供给

　　信息服务主体是信息服务的提供者，旨在满足农村综合信息服务客体的需求。它确保信息供给及时、有效，在构建农村信息服务模式中处于核心地位。能否及时洞察信息服务客体需要什么信息，通过什么样的途径及时、有效地传递信息及方式方法的选择都极大影响信息被客体接受时的效用。农村综合信息服务主体从事农村信息资源开发、信息产品制造和信息服务供给等活动，主要由各级政府、事业单位（教研部门、信息机构、广播电视、农技推广站、兽医站等）、企业（农资农贸公司、农产品加工企业、农业 IT 企业、信息咨询公司等）、农民专业组织（协会、合作社等）及个人等单位组成。其中各级政府是信息服务的主导，它制定一定信息服务的宗旨，为其他信息服务组织制定规则。事业单位、企业、农民专业组织及个人是信息服务的具体提供者，承担着大部分的信息供给任务。

　　农村信息服务主体通过信息服务客体的"三农"问题引导，从而了解信息服务客体的需求，为了满足这些需求，信息服务主体不断积累"三农"领域的知识、信息技术、资金、人才、信息资源。利用"三农"信息数据库对农村综合信息进行统一采集、整理、归纳及管理。然后，根据信息服务客体的要求对信息服务的内容进行选择，决定运用何种服务策略，何种信息服务渠道，该过程产生满足农村信息服务客体需求的信息服务供给。

在农村综合信息服务模式中，作为信息供给主体的县市级政府部门信息资源较为充裕，信息化水平也相对较高；而与信息服务客体接触较多，最容易了解客体信息需求的乡镇政府部门，信息资源相对匮乏，信息化程度也较低。因此在设计信息服务模式的时候，要充分利用县市级政府部门的资源优势，也要发挥乡镇级政府相关部门的反馈信息及时性的特点，更好地为信息服务客体服务。经营性企业的趋利性特征，使其在农村综合信息服务中有不可避免的局限性，但是，其灵活性的特点不容忽视，例如，经营性企业可以将信息搜索的主要技术手段和一些常规设备直接提供给信息服务客体，让其自己了解所需信息，可以更好地使客体将所需信息表达出来。在信息采集的过程中，农户的真实想法也要逐级向上级反馈。

农村综合信息服务供给的前提是信息来源，通过调查显示，大部分的农村信息服务主体都是通过自主采集、转载、互联网加工及渠道传递等手段获取信息。信息采集人员通过对上级有关政府部门下达的政策法规信息、外部网络信息、企业发展信息、涉农部门和农协信息以及乡镇和村信息服务站提供的信息进行整理、加工，信息服务主体要通过自己的技术手段将信息快速、有效地供给到信息需求客体手中，这种渠道可能是乡镇或村的信息服务站里的工作人员、企业的生产基地、农协的会员等。具体的农村信息服务主体供给信息流程如图 6-3 所示。

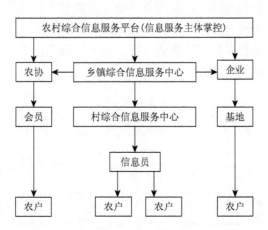

图 6-3　农村信息服务主体供给信息流程

6.1.3　服务技术手段与运营机制

农村综合信息服务主体想要满足信息服务客体的信息需求，除了具备一定的信息供给能力，一定的服务技术手段也是非常重要的，它起到一个工具的作用，是信息顺利及时到达农户的渠道和方法。信息服务技术手段主要包括主体获取农村信息后将其传递到客体整个过程中所涉及的技术、载体和渠道。首先，信息主体需要对获取的农村信息进行处理，主要包括对信息的采集、生产、整理、加工、存储、传递和利用等方面的技术，其次在信息传播的过程中需要信息载体和传播渠道，在广大的农村主要表现为传统的电视、电话、印刷品、广播等，还有现代的计算机、网络、卫星等信息载体。农村信息传输的另一种传播渠道就是现场发布、洽谈、咨询和指导等通俗易懂的方式。

农村信息服务运营机制就是指在农村信息服务过程中，各构成要素相互依赖、相互作用（制约和促进）、共同发展的过程和方式。主体如何根据客体的需求获取信息、提供信息；主体如何控制好成本，其中包括组织管理成本、信息资源成本、客体支付成本等。具体的运营机制主要由信息服务的组织机制、投资机制、动力机制，利益分配机制和协调机制等有机构成，共同作用。其中，组织机制主要是指组织的构建、结构、人员组成等一系列的组织行为；投机机制主要指农村综合信息服务的资金来源，如何吸引投资并为投资者带来可观收益；动力机制主要是信息服务的目的，如何使有限的资源得到更广泛的应用，使广大农村综合信息服务客体共享信息化带来的红利，使农村快速的致富；利益分配机制主要是协调好利益冲突，使农村综合信息服务模式中的相关方获得各自的期望收益。

运营机制需要组织保障，在我国农村地区，能够为农户提供信息服务的组织主要有政府组织、非政府组织。除了非政府组织（如协会、合作社、畜牧兽医站、涉农企业和个人）承担着相应的服务职能，相关政府部门承担是信息供给的主要职责，其结构大致如图 6-4 所示。

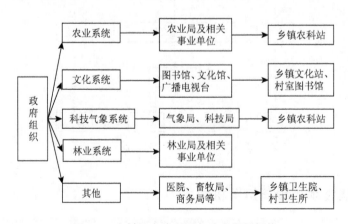

图 6-4　农村综合信息服务政府组织机构

农村信息服务运行机制主要有三种类型（社团式自助机制、政府性输血机制及商业化市场机制），这三种运行机制都是将信息服务的五种要素组合到统一的体系中，相互补充，相互促进。社团式自助机制是由农村综合信息服务客体为获取信息而自发形成的组织，具有针对性、适用性特点，但缺乏普遍性。政府性输血机制能够对农村纯信息服务提供有力的支撑，而商业化市场机制则在农村依附性服务领域体现活力，三者的有机结合是农村综合信息服务模式的动力源泉。

在我国现有的农村信息服务运行机制中存在许多缺点，需要创新农村信息服务机制，从而不断完善建设农村信息化服务体系。首先，政府的主导作用在现阶段仍需要充分发挥，政府是农村综合信息服务的主力军，但是也要注重民间力量的运用，其中最需要推进的就是协会组织。在政府主导农村综合信息服务基础设施建设的基础上，充分引导民间力量，如种养大户、中介组织、农业龙头企业、农业信息企业等，在农村信息服务中的积极作用。政府部门在选择农村信息服务方式时不仅要考虑自身的优、劣势，也要因地制宜选，不断革新。例如，在经济快速发展的大城市，可以充分利用高校的图书馆、农业科技园等设施发展如高校图书馆模式、农业科技园模式及农业批发市场模式的农村信息服务；而东部沿海地区，信息化程度较高，基础设施较为规范，因此可以充分发挥电话、网络等现代资讯信息服务模式；中部地区主要是粮食主产区，经济发展相对缓慢，但是农业龙头企业较多，可以充分发挥"企业＋协会/农户"的农村信息服务协作模式；西部地区是我国经济发展较为滞后的地区，需要更多地发挥基层政府部门的作用，寻求与农户联动的农村信息服务模式。

6.1.4　一个理论性结论

通过对农村综合信息服务客体及需求、农村综合信息服务主体及供给的特点及影响因素分析，我们了解到信息服务就是把信息服务客体所需的信息内容通过一定的技术手段，传递到他们手中，而信息服务主体就负责获取与处理信息服务内容。这就构成了信息服务活动的主要过程，而通过一系列的活动把信息服务的各种要素联系起来就是一种信息服务模式。因此看来，在设计农村信息服务模式的过程中，要了解信息服务传递的方式，通过对我国农村现实情况的调查，我国广大农村主要存在以下几种信息服务传递方式，首先是信息传递型服务方式，它主要是指信息服务主体通过对所获得的数据、文献等资料进行加工处理，然后经过一定的方式直接传递给信息使用者也就是信息服务客体。另一种是信息使用型，是信息服务客体主动因为某种信息需求，寻找合适的信息服务主体谋求一定的信息服务。还有一种信息服务类型近几年发展速度较为迅速，即互联网信息服务型，主要是指信息服务主体在广阔的互联网上获得海量的信息，通过一定的技术手段甄别有用信息，然后利用相应的信息系统发布给信息服务客体，是一种信息服务客体被动接受信息服务的模式。另外还有混合型及问题解决型等其他信息服务方式。

　　由以上研究结论可知，农村综合信息服务的主体是由政府相关机构、行业协会、农村信息媒体、通信企业及相关专家和科研机构组成，信息服务客体主要包括农村工商企业和农户个人，农村需要和供给的信息主要涵盖生产信息（产品、农业气象、种养技术、防治病虫害及育苗育种科技）、生活信息（娱乐、文化、教育、政策、医疗保障、农民工）、购买和消费信息（新产品信息、市场情况信息、农产品价格情况、种子及相关农资价格、产品真假识别信息）。信息服务主体通过一定的服务技术手段与运营机制将客体需求的信息及时、有效地传播下去。如图6-5 所示，农村综合信息服务主、客体之间的关系。

图 6-5　农村综合信息服务主、客体间的关系

　　了解了农村综合信息服务的主体、客体、信息服务的内容、信息需求及供给特点、技术手段及运行机制，如何协调信息服务主体与客体之间的关系，如何增加及时、精确的信息供给，如何感知农户真正的信息需求是完美构建农村综合信息服务模式的关键。在构建农村信息服务平台时，充分考虑政府与经营性组织的相互合作，共同为农村信息化服务，不仅要政府直接给农户提供信息，也应该充分吸引企业参与其中，更好地为农户提供所需信息。经营性企业可以发挥自己灵活性的特点，即时把握前沿信息；同时，企业还可以把一些信息技术手段或者设备直接提供给农户，这样不但增加了农户的主动性与积极性，而且还使信息快速被利用，节约企业的相关费用开支。但是也要考虑农村综合信息服务客体信息素养有限，有些现代化的工具，不能及时掌握其使用方法，需要一定的培训。企业和政府在农村综合信息服务模式中需要相互协作、相辅相成。其中政府部门无偿为农户提供信息，为了增加其效率及减少不必要的投稿，县市与乡镇两级信息服务部门合理分工，县市要充分发挥其技术手段先进，人力资源素质高，运行机制有保障的优势，更快、更精确地为农户、经营性企业及乡镇级信息服务机构提供所需信息，而乡镇级信息服务政府部门要充分发挥其贴近农户生产经营活动的便利条件，及时了解客体信息需求的方向，向上级汇总，上级服务部门通过先进技术手段获得有价值的信息，再反馈回去。

6.2　农村综合信息服务模式的概念结构和工作原理

现代农村综合信息服务模式是农村综合信息服务的主体、客体、内容、技术手段和运营机制五要素有机组成及其功能和关系的系统描述，是主体通过一定技术手段和运行机制把客体所需要的信息内容及时、有效地传递下去而形成的统一整体。及时满足客体的有效性需求是其设计的核心要求，实现农村综合信息服务的有效供需平衡是其基本功能，促进农业增效、农民增收和农村现代化是其最终目标。为了实现这个目标，我们必须考虑主体、客体、内容、技术手段和运营机制五要素之间的内在联系，以便在设计农村综合信息服务模式时提供有力的理论依据。结合前面的分析结果，本书构建了两级信息集散与三级信息服务相结合的农村综合信息服务模式的概念结构，其信息需求与供给主要体现为纯信息服务和依附性信息服务。

6.2.1　概念结构

考虑到农村信息服务需求和供给的特点，我们将农村综合信息服务分为纯信息服务和依附性信息服务。所谓纯信息服务是指信息服务主体仅向信息服务客体提供信息，而对于客体接受信息，要经过自己的整理、加工，形成自己有用的信息后，才完成整个纯信息服务的过程。而依附性信息服务主要是在纯信息的基础上，增加了技术和设备等统一和信息一起传递给信息服务客体，让其利用这些技术和设备来实现自我利益，同时完成整个依附性信息服务的全过程。前者只向用户提供信息，用户据此采取措施，实现信息使用价值和自我权益；后者将信息及获取信息使用价值所需物资、技术和设备等打包提供给用户，以辅助用户实现自我权益。为此我们构建了两级信息集散、三级信息服务的农村综合信息服务概念结构（图 6-6），以求增加农村综合信息服务供给，提升服务质量。所谓两级信息集散，就是为了提高农村综合信息资源的开发利用，确保县/市级信息集散与（公益性）服务主体、乡镇级信息集散与（公益性）服务主体之间一级信息畅通，另一级信息集散是乡镇级信息集散与（公益性）服务主体要和经营性信息主体之间的信息传递，最大限度地增加信息供给量，满足信息客体的信息需求。三级信息服务主要针对农村综合信息服务客体信息需求的满足，经营性信息主体、县/市级信息集散与（公益性）服务主体、乡镇级信息集散与（公益性）服务主体直接向农户朋友提供信息服务，它也是纯信息服务的主要渠道。此概念结构为信息服务主体更好地获取和及时地提供信息提供了理论参考，将县/市及乡镇的信息服务主体统一到一个整体中，重在发挥县/市的信息资源优势，带动乡镇级信息服务主体发展。将经营性信息服务主体与政府部门服务主体结合起来，在政策上支持经营性服务主体的发展，并与其协作共同为农村综合信息服务客体服务，这样做不但充分利用了各种资源，而且尽可能地满足了各方面的利益，客体方便地获得了自己所需要的信息，经营性服务主体获得相应利润，政府更好地实现其服务职能。

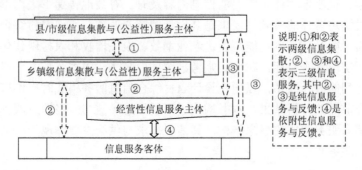

图 6-6　农村综合信息服务概念结构

归纳出我国农村综合信息服务的概念结构，为开发出符合我国国情的农村综合信息服务新模式提供理论基础，也为农村综合信息服务模式的逻辑结构奠定了基础。此概念结构把信息服务的客体当作设计的核心内容，在组织上和可能的制度安排上为信息服务客体提供有效保障。两种服务方式（纯信息服务与反馈、依附性信息服务与反馈）的选择，是全方位地为信息服务客体提供及时、有用信息的重要路径。县/市及乡镇等政府职能部门，充分考虑其公益性信息服务；经营性企业信息服务主体则充分考虑其营利性特征；形成了公益性（政府职能部门）与经营性（营利性企业主体）相结合的农村综合信息服务的概念结构。

6.2.2　工作原理

上述农村综合信息服务模式概念结构较为清晰地描述了其内部结构组成，具体的工作原理需要考虑信息服务主体与信息服务客体互动过程中信息获取、整理、加工及传递的技术手段及运行机制。在县/市及乡镇建立两级信息集散，前者利用农村综合信息资源优势广泛获取和处理农村综合信息，并定时向后者传输；后者发挥中介作用，及其与用户便利的接触条件，定时向信息服务客体和经营性信息服务主体发布主要农村综合信息，并准确、及时地收集当地农村综合信息及其需求变化，定期向前者上报。县/市及乡镇公益性和经营性信息服务主体构成三级信息服务，其中，公益性信息服务主体无偿提供纯信息服务；经营性信息服务主体主要提供有偿依附性信息服务，二者均得到相应服务反馈。在此过程中，县/市及乡镇公益性和经营性信息服务主体都会利用自己的有力手段获取信息、整理信息、加工信息，并且及时、有效地将信息传递到用户手中，为确保信息的有效与及时，三者必须及时与农户沟通，了解其真正的需求，这也体现了依附性信息服务的重要性，用户可以根据自己的需求，利用经营性信息服务客体提供的技术、设备及信息源来分析出自己最需要的信息。

各类农村综合信息服务客体可通过县/市级信息集散与公益性信息服务主体或者乡镇级信息集散与公益性信息服务主体获取纯信息服务，也可以通过经营性信息服务主体提供的技术和设备来实现依附性信息服务。而公益性服务主体（主要是政府部门）与经营性信息服务主体为了更好地满足客体的信息需求，必须对信息进行整理、分类及加工，县/市技术和设备较为完善，但是离客体特别是普通农户距离相对较远，难以及时实现信息传递，需要乡镇级信息集散及时将农户需求传递到县市级信息集散中心，而后者获得有用信息后及时反馈给乡镇级，再传递到农户手中，这样公益性主体就会形成县/市和乡镇两级信息集散中心。在此过程中经营性信息主体可以与两级信息集散中心合作，充分发挥自己灵活性的优势，更好地为农户信息服务，从中获取一定的利益，形成三级信息服务。

6.3　农村综合信息服务模式的逻辑结构和运营机制

对农村综合信息服务需求与供给的调查发现，首先是农村综合信息服务客体接受信息服务的主动性有待提高，其原因主要是受客体个体特征制约，还需要加大教育与宣传力度，让客体意识到信息服务带来的巨大好处。其次是信息服务主体对农村综合信息资源的开发和运用存在滞后问题，这主要考验信息服务主体提供及时、有效的信息服务的能力。此外，在我国农村综合信息服务中较缺乏很好的反馈机制，导致农村综合信息服务的供需存在偏差，并无法得到及时修正，很难实现真正的信息服务客体与主体之间无障碍沟通，农村综合信息服务普遍存在针对性较差及时效性较低问题。农村综合信息服务的管理及保障机制也非常重要，目前对于农村综合信息服务的管理是缺乏科学规范的，基本处于无序状态。

农村综合信息服务模式的逻辑结构是指农村综合信息服务中的五种要素之间具体的作用机制，在设计逻辑结构时，首先要考虑信息的来源，农村所需信息的内容；除了相关种类农村综合信息，信息服务客体反馈的信息需求也是急需搜集的信息之一。农业局、科技局等相关政府部门如何协调与县/市及乡镇之间的关系，也是逻辑设计考虑的内容。其中通畅、及时、有效的信息传递过程是整个逻辑结构的核心，这里既要发挥县/市级政府相关部门的优势，又要协调与下级、经营性企业之间的关系。该逻辑结构还应该是一个互动过程，不仅是上级对下级传递信息，还应该包括信息反馈，及时对信息进行纠正。关于农村综合信息服务的运行机制，是充分考虑"政府+市场"的运作过程，既能发挥政府的调节作用，也能发挥市场的灵活性优势。

6.3.1　逻辑结构

基于概念结构和工作原理，设计农村综合信息服务逻辑模式（图6-7）。首先，信息服务的内容主要由信息客体需求决定，为了获得这些内容，农业局和科技局等政府部门派驻技术人员到县/市农村综合信息服务中心，通过对需求的分析，完成对政府部门，科研院、校、所，图书馆，农业数据库及网站的信息采集，经过加工、处理后得到农户所需信息。县/市农村综合信息服务中心在获取农村综合信息后有可能直接传递给需求者，成为纯信息服务与反馈，也要将信息传输到乡镇农村综合信息服务中心，该中心通过信息发布的方式，将信息传递给经营性农村综合信息服务主体，也包括乡镇农村综合信息服务公司、涉农企业、农民专业组织等经营性农村信息服务主体。这些经营性农村信息服务主体获得信息后通过依附性信息服务与反馈方式，传递到农户手中，同时会将信息客体所需信息反馈给乡镇和

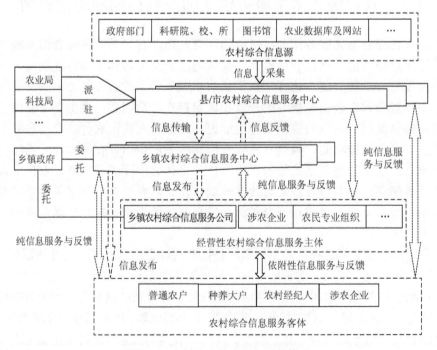

图 6-7　农村综合信息服务逻辑模式

县/市农村综合信息服务中心。在整个农村综合信息服务模式的逻辑结构中信息主体与客体之间并不是孤立的，而是相互保持信息畅通的，这是及时满足信息客体需求的根本保障。相反，农村综合信息服务客体（普通农户、种养大户、农村经纪人及涉农企业等）为了得到想要的信息，可以直接利用经营性信息服务主体提供的技术与设备通过依附性信息服务的方式获得信息，也可以直接通过纯信息服务的方式从县/市或乡镇级农村综合信息服务中心获得，针对不同的客体和不同信息内容，可以通过不同的方式来获得信息，增加了农户的可选择性，信息服务客体会根据自己的需求，选择一个相对比较快、成本又较低的方式。

在整个逻辑结构中，首先是要保证整个结构的动态性，充分发挥县/市农村综合信息服务中心、乡镇农村综合信息服务中心及相关农村信息服务企业之间的联动作用；其次要强化县/市级信息服务部门的信息采集能力、人才的培养与锻炼，还要利用好企业的依附性信息服务方式的优点，使其获取相应的经济收益。农村综合信息服务客体在获取信息的选择上也更为广泛，有成本较低的乡镇农村综合信息服务中心及县/市农村综合信息服务中心；也有经营性农村综合信息服务主体的帮助，虽然需要一定的成本，但在收益大于成本时，对普通农户来讲都是可以接受的。两级信息集散中心之间的信息服务和信息反馈是整个逻辑结构的重点之一，乡镇政府是我国最基层的政府管理部门，和广大的农户朝夕相处，对他们的信息需求较为了解，容易向上级综合信息服务中心实现较好的信息反馈，上级综合信息服务中心利用较好的资源优势，将农村综合信息传递到乡镇政府或者信息服务客体手中，充分发挥了乡镇政府职能部门的上传下达的作用，也发挥了上级优势资源的利用率。农村综合信息服务模式的逻辑结构就是概念结构的进一步具体化，而概念结构是其逻辑结构的基础。

6.3.2　运营机制

农村综合信息服务模式的运行机制，主要采用政府参与，鼓励企业投资的机制，也就是政府与企业联动的机制。政府部门是信息的采集者，是农业信息的主要提供者，不仅直接向信息服务客体提供信息，更多的是向经营性企业提供信息，政府在接收到信息客体与经营性企业的信息反馈后，及时采集相关信息，补充信息库。政府部门应和经营性企业有机协调，充分发挥联动效应。为此，在县/市与乡镇分别成立农村综合信息集散中心，县/市级信息集散中心具有资源优势，而乡镇具有对信息服务客体需求的获取优势，两级信息集散联动，确保农村综合信息服务的及时性与有效性。经营性企业获取信息服务客体所需信息，提供依附性农村信息服务，从中获得收益。

1. 一级农村综合信息集散与服务——县/市农村综合信息服务中心

一级农村综合信息集散与服务中心是县/市农村综合信息服务中心，它承担着主要的信息搜集工作，具有信息资源优势，它将县/市级政府机构或事业单位（以下统称"单位"）中与"三农"相关的职能部门集中起来，组建县/市农村综合信息服务中心（图6-8）：①投资上，由县/市政府和各单位统筹协商，共同出资构建办公场所、技术和设备。②组织结构上，除中心1名主任和3名副主任由县/市政府选任，各职能部门人员均由原单位推荐、中心选聘，人事隶属原单位，不新增编制，培训上岗后，接受中心和原单位双重监管；中心级别原则上不低于诸单位。中心设办公大厅，将职能部门按农业生产、农村生活和农民发展3个工作区（信息部）分类布设，各自挂牌，集中办公。③功能上，中心具体管理和协调各职能部门工作，建设农村综合信息资源库，定期出版农村综合信息简报；定时向乡镇农村综合信息服务中心传输规范统一的农村综合信息，提供信息服务，并获取反馈；定期组织各类专业或综合培训、指导、咨询等服务性活动。各职能部门与原单位紧密配合，完成相关信息的采集、处理和入库；与其他职能部门合作，实现农村综合信息的组织和传输；提供职能范围内的纯信息服务。④利益分配上，各职能部门工资由原单位发放，中心主任工资由县/市财政支出；中心日常运营经费和人员福利、奖金等由县/市财政和各单位协调预算，拨付中心支配；中心所有信息传输与服务均为免费。⑤技术上，综合利用现有信息处理技术、信息载体和传播渠道，包括计算机网络、广播电视、固定（移动）电话、印刷品及现场培训、指导和咨询等。

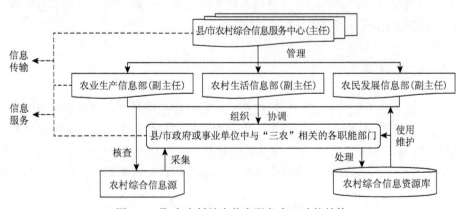

图6-8　县/市农村综合信息服务中心功能结构

2. 二级农村综合信息集散与服务——乡镇农村综合信息服务中心

乡镇农村综合信息服务中心在整个运行机制中起承上启下作用，具有重要的战略意义。将乡镇原有的"七站八所"按功能重组为两个市场化经营实体：乡镇农村综合信息服务中心和乡镇农村综合信息服务公司（详述见后）。前者接受县/市农村综合信息服务中心的信息传输，合理利用计算机网络、广播电视、固定（移动）电话、印刷品等技术手段，定时向信息服务客体和其他主体发布信息；无偿提供纯信息服务；及时收集当地农村综合信息及需求，定时向县/市农村综合信息服务中心反馈。该中心由乡镇政府投资建设，对外公开招标，承包经营；该中心是独立法人实体，其运营费用及员工收入由乡镇财政负担，以基本权、责、益与考核激励相结合的方法确定预算合同。

3. 三级农村综合信息服务——经营性农村综合信息服务主体

以乡镇农村综合信息服务公司为主，涉农企业、农民专业组织等为辅，构成经营性农村综合信息服务主体。前者可由乡镇政府投资、提供贷款担保、合资或集资等方式统筹购建依附性信息服务所需的场所、物资、技术和设备等，对外公开招标，组建独立公司法人，自主经营、自负盈亏；公司主要提供有偿的依附性信息服务并获得反馈，也可向前两级中心提出纯信息服务请求和反馈，其有权利或义务在协商的合同期内还清出资人的投资。后者则按照各自组织的运营规程向特定客体提供农村信息服务。经营性企业在了解信息服务客体的信息需求后及时向乡镇、县/市级农村综合信息服务中心反馈，以便及时收到信息传递给客体。

经营性农村综合信息服务主体主要承担依附性信息服务的功能，它是一些营利性企业，需要信息服务的使用者支付一定的费用，才可以获得其提供的农村综合信息服务。考虑到农村综合信息服务客体的支付能力与支付意愿，如何引导经营性企业的积极性，需要政府发挥其主导作用，加强政府补贴，吸引更多的优秀企业加入到农村综合信息服务队伍中来，这就形成了"政府+企业"的运行机制，不但是一些农业龙头企业，还有小型信息服务企业也要得到政府部门的高度重视。

6.4 农村综合信息服务的制度安排

两级信息集散、三级信息服务的农村综合信息服务模式为摆脱农村综合信息服务供给不足、结构失衡、质量偏低的困境提供了可能，但其有效实施需要相应的制度保障。一个良好的保障机制是非常重要的，可以促进农村信息服务发展，排除一些制约发展的因素，除了基本的监控评估机制，还要做到社会考评机制、奖惩机制等都是有效的信息服务保障机制。监控评估机制主要针对一些基础设施建设、系统的开发进度安排是否合理等方面进行全面监督与评估。而社会考评机制主要针对于现有运行模式是否满足农村综合信息服务需求等方面做出合理的解释。而奖励机制是促进农村综合信息服务的各个部门表现突出的一种激励手段，吸引更多的机构或者部门参与农村综合信息服务的工作。

首先是法律保障，在整个信息服务的过程中，除政府参与，更多的是经营性信息服务主体企业的参与，如何确保信息服务客体的最终权益，如何规范经营性企业的行为，都需要一定的法律支持，因此健全的法律机制是该模式有效实行的根本保障。有效的法律还可以强制性地规范企业行为，让信息服务客体花费更少的成本，获得有价值的信息。当然，法律并不仅对企业进行限制，也可以为企业增加投资提供便利，例如，加强地方政府对经营性信息服务主体的融资信心，拓展融资渠道，减少这类企业的税收等方面，都可以通过一定的法律体系来完善。

其次是人才机制，现阶段我国广大农村的教育水平虽然已经得到很大的改善，但是目前农村劳力的知识水平仍然较低，为了更好地利用信息化带来的红利，提高农村人口的知识水平是非常重要的，可以通过讲座、宣传、电影等手段，增加农村人口对信息搜集与利用的能力。另外，对于信息采集的队伍建设也非常重要，目前的县/市级农村综合信息服务中心已经具有信息采集的能力，但是人才相对匮乏带来的信息不对称性的危害也越来越严重，乡镇级信息集散中心根本无法吸引适用的人才，无法对信息进行有效整理与归纳，更无法保障信息供给，主要还是通过县/市级提供信息。由此可见，吸引大学生到乡镇级信息集散中心锻炼非常重要，希望国家多鼓励大学生投身于农村信息化建设的大军中，建立一个良好的人才利用机制，为农村综合信息服务模式的顺利进行提供人才保障，为农村信息化建设输送信息方面的人才。

再次是风险管理制度，农户在获得信息后，也许信息的真伪难以辨别，信息客体采取一定的行为后，造成了严重的经济损失，承担了一定的风险。因此良好的风险管理制度可以规避大部分人为造成的不必要的风险。

然后就是良好的监督机制，任何信息服务模式的实施都离不开良好的监督机制，不仅要对政府部门进行监管，还要对经营性企业的行为进行有效管理，这就需要建立一个健全、有效的监督机制。该监督机制除政府部门参与，还要积极引导信息服务客体参与，让更多的农户参与监督，可使信息更加准确、及时。建议在乡镇中选取几名具有代表性的信息服务客体，参与全程监督，对自己在信息咨询的过程中遇到的问题，提出宝贵意见，政府有关部门根据相关问题，进行调查取证，及时有效地规范有关提供信息服务的政府部门。有了信息服务客体的参与监督，加上良好的法律环境，该模式一定会收到应有的效果。

另外还要建立良好的沟通机制，在该模式实施的过程中，涉及两级信息集散、三级信息服务中心，包括县/市及乡镇有关政府部门、经营性信息服务主体企业等参与者，为了确保沟通畅通，各个参与者要及时联系，确定各个参与者的行为的有效性，确保不做无用功及不重复做功。各个信息服务主体之间尤其要确保信息的对称性，建立良好的沟通机制，将信息服务客体的反馈情况，及时形成有价值的信息，再次传递给农户，使信息得到有效利用。政府也要加大沟通的基础设施建设与配备，为保持良好沟通提供基础保证。沟通是整个模式中各参与要素首先要做到的，它对于整个信息服务模式是否正常运行具有至关重要的作用。传递失误信息，及时更改信息等问题都需要良好的沟通机制，可以说沟通机制是整个农村综合信息服务模式的核心、灵魂。一旦沟通失误，就会产生大量的无用功及不良信息传递，对资源造成浪费，对农村信息化建设也造成一定的影响，在一定范围内对农民收入造成严重影响。

最后，县/市政府应合理界定中心各职能部门与原单位之间的人事、利益和职责配置关系、中心与诸单位的合作关系、中心与县/市政府、诸单位的经济关系；强化中心对各职能部门的管理权，鼓励中心与其原单位协商，形成有效的监管考核机制；提供建设农村综合信息资源库的必要人才和技术，搭建中心与县/市媒体及通信公司的合作平台；中心应有完善的运营制度、计划和发展规划。乡镇政府应根据当地农村实际情况科学划分纯信息服务与依附性信息服务，稳妥推进乡镇农村综合信息服务中心和综合信息服务公司的组建；制定合理的招标要求，设计有效的激励合同成为优化乡镇政府与中心、公司之间委托-代理关系的关键。两级政府和中心应通力协作，采取宣传、培训、指导、示范等措施有效提升客体信息意识和实现信息使用价值的能力，增强信息服务有效需求，解决信息服务供给动力不足问题，并将此作为考核中心绩效的重要内容。两级政府和三级信息服务主体会同有关专家及客体代表充分调研，谨慎制定、试行和完善农村信息服务风险处理制度、程序和措施，条件成熟时，上升到法律层面；制定严格的信息采集、核查、处理、传输、发布和服务制度；实行信息服务风险定期识别和规避机制，并考虑风险的第三方转移和分担。

6.5　小结与讨论

信息现在已经成为农村生产的一种重要的要素，我国广大农村急需现代信息手段改善农业生产、农村生活。我国正在为实现农业现代化做出努力，为解决"三农"问题，利用信息化是最有力的途径。而如何开发符合我国实际情况的信息服务模式，对于我国农业发展至关重要。所谓农村综合信息服务模式，是一种综合服务系统，在这个综合系统中要综合考虑各种要素的有机结合。本章开发的信息服务综合模式中，各个要素都充分发挥其特长，而且各个要素的服务效率也得到提高，具有一定的科学性和可行性。该模式以政府为依托，大量引进经营性企业及大学等高知识单位，充分利用我国基层政府职能部门的信息管理骨干，可以及时地、有针对性地及系统化地把科技信息成果高效率地传递到信息服务客体的手中。在该模式下运行信息服务，可以有效地促进社会生产要素的流动，让一些更加适合农业生产的高科技知识成果尽快形成战斗力，加快我国的农业生产效率。利用现代化的信息技术手段，与该综合信息服务模式相结合，对于促进农业发展、增加农民收入、改善农民生活水平都具有重要意义。

构建出农村综合信息服务模式只是农村信息化步伐中的一小步，具体在实施过程还会遇到很多问题，因此需要考虑运行过程中的运行保障机制。一个良好的保障机制是信息服务模式正常运行的护航员，也是各区域政府部门在引进农村综合信息服务模式时首要考虑的问题。具体应该做到以下几点：首先是提供充裕的资金支持，尤其要发挥政府在这方面的主导作用。政府要对该模式提供一个相对完整的组织结构来管理信息服务，包括对信息人才的培养，信息服务基础设施的运营及日常维护工作等。对于一个新的模式的引入，必须制定相对应的政府扶持政策，加快新模式的运用速度，不断推进农业信息化建设。这些都离不开资金的支持，因此政府要加大资金引入力度，鼓励私有资金进入，制定各项优惠政策，吸引更多的投资者关注农村信息化建设。其次是信息服务需要大量的信息资源，信息资源的开发利用程度决定农村信息服务的水平。信息资源的采集、分析需要制定一定的规范方式，否则容易导致错误信息流入该模式中，最终使信息服务客体得到无用或者错误信息，造成一定的损失。农业生产需要大量的数据和相应的数据管理，该模式的实践要求建设和完善数据库。在整个信息传递过程中，发挥重要作用的就是系统，一个良好的信息传递系统是信息服务模式正常运动的保障，因此要重视应用系统的集成与开发。整个模式运行中，最不可缺少的就是人才，如何吸引和培养完全掌握新模式运行的人才是引进是否成功的关键，要加大人才的培养力度，普及农业科学技术。专业的操作团队是关键，活跃的信息服务专门人才是重点，一些懂信息、善于运用信息的信息服务带头人是核心。

农村的中年人是信息接受能力最强的一部分人，要想使该模式良好运行，就要加强对这部分人的引导。农村的年轻人也容易接受信息化带来的便利，他们在信息服务方面的作用要加以引导，值得政府相关部门重视。各区域根据本区域的农村教育水平，可以因地制宜地选择合适的模式，要开发出适合本区域与教育水平相当的信息服务模式。针对农村信息装备不足的问题，需要加大投入力度，积极引导农民购买使用信息装备，给予一定的补贴。随着农村信息意识的提升，这对于信息服务模式的实行是非常有利的，但是农村的信息服务内容也呈现多样化的趋势，因此要依据不同人群，提供不同的信息服务。随着我国农村信息化程度的不断提升，农村信息服务客体的信息利用能力也逐步提高，因此要开发属于各个层面的信息服务手段。

通过对农村综合信息服务模式中的五种要素的理论理解，基本了解在构建该模式时应该考虑的所有因素，这是成功构建两级信息集散、三级信息服务模式的关键，更重要的是对运行机制的创新，通过"政府+市场"的综合运行机制，确保该模式的科学性与可行性。在分析信息客体与需求中，了解我国农村信息需求客体的特点，信息需求的方向。在分析信息主体与供给中，发挥了政府的主导作用，也认识到经营性信息服务主体的重要作用。在分析该模式的服务手段中，结合了我国实际国情，考虑到农户最常用、最容易接触的服务手段，为客体获取信息开拓了渠道。在构建农村综合信息服务的概念结构中，充分发挥政府与商业化市场合作运行机制的特点，构建两级信息集散、三级信息服务的概念结构，并开发出纯信息服务与依赖性信息服务两种不同的方式。该模式的逻辑结构，主要的创新点在于增加了政府相关部门上下级、经营性信息服务主体之间的联动作用，并设计了信息反馈机制，为及时、有效地保障信息传递奠定基础。在制度安排上，主要考虑该模式在实行过程中遇到的主要困难如信息不对称、风险较大、人才匮乏等不利因素，需要更好的法律制度、人才机制、风险管理机制、监管机制等保障性制度安排。

随着农村经济技术和信息化的发展，农村综合信息的资源稀缺性和生产力特征更加显著，现代农村综合信息服务模式和体系的建设与完善受到普遍关注。尽管我国在这些方面的理论研究和实践探索中取得了一定成果；但基于典型地区的调查发现，农村综合信息服务供需失衡的严峻现实与政府对农村信息化的高度重视仍存在明显反差，突出表现在：主体信息服务结构失衡、质量欠缺导致有效供给不足；客体信息意识和信息能力偏低导致有效需求不足；信息服务支持、保障不力则使这一状况恶化。本书考虑到我国多样且不平衡的农村经济发展态势，提出了符合有效性规则的两级信息集散、三级信息服务的农村综合信息服务模式及其制度安排，旨在为不同地区的农村综合信息服务体系建设提供具有普遍参考意义的概念结构和工作原理、逻辑模式和运营机制，是理论研究上的补充和实践操作上的尝试；同时，也形成了进一步探索的空间，例如，县/市政府、诸单位及中心略显复杂的关系所导致的三方博弈，如何促使实现中心功能的均衡和结果出现？准确划分纯信息服务与依附性信息服务，以及由此形成的委托-代理关系中有效激励合同设计，是乡镇政府面临的重大挑战。另外，各方可能达成怎样的农村综合信息服务风险处理共识，及如何规避、转移和分担此类风险也值得深入研究。

第7章 农村综合信息服务博弈分析与体系构建

根据第 6 章的研究，农村综合信息服务模式的运行机制是政府与企业联动，政府部门是信息的主要提供者，它不仅直接向信息服务客体提供信息，更主要的是向经营性企业提供信息，政府在接收到经营性企业和信息客体的信息反馈后，及时补充和调整信息供给种类或供给方式，政府与经营性企业相结合的运行机制能够更好地实现农村综合信息服务。

农业综合信息由政府、事业单位发现或创造，经过县/市、乡镇农村综合信息服务中心、企业等经营性农村综合信息服务主体发布最终传递给普通农户等农村综合信息服务客体，在这一信息传递模式中，由于使用信息的目的和采取的行为策略不同，信息的需求方与供给方存在博弈。

7.1 "政府+经营性企业"信息供给模式

7.1.1 博弈的分析框架

传统的农村综合信息服务都是由政府自上而下单独实施的。提供农村信息服务是政府的职责，此项活动能够给政府带来政绩和信誉，但在社会分工不断加快和技术突飞猛进的今天，仅依靠政府难以保障农村信息服务的及时性和有效性。这为市场供给农村信息服务创造了条件，涉农企业能够及时把握农业市场动态，及时提供有针对性的信息，并且能够从中获得一定的利益。因此，"政府+经营性企业"的农村信息供给模式，是通过涉农企业的作用来强化政府的效率，实现信息资源的合理配置，更大程度上满足农户对农村信息服务的需求。

7.1.2 博弈模型构建

按照黄友兰（2010）的研究，在农村信息服务的供给上，由于政府和企业的出发点、可利用资源及效用目标的不同，二者存在互补供给的可能。不管是政府还是涉农企业在供给农村综合信息时，都会产生一定的成本（如组织管理成本、信息资源成本等），然而政府供给农村综合信息具有公益性，其主要目的是提高政绩和声誉；涉农企业提供农村综合信息具有营利性，其主要目的是实现自身利益的最大化。

本部分涉及农村综合信息服务的供给主体，也是信息供给模式中博弈的参与者，包括：①政府部门，主要指中央和地方政府机构中与"三农"相关的职能部门（如农业局、畜牧兽医局、水产局、粮食局、农机局、科技局、国土资源局等）；②经营性企业，主要是包括农业信息技术（如通信、网站等）企业、农业信息咨询公司等以农业信息为主营业务的企业，还有以提供农业信息作为其业务活动附属的企业，如农资农贸公司、农产品加工企业等。

假设 1：涉农企业与政府合作供给农村综合信息是有利可图的，否则二者不具备合作的可能，假设政府在政策、资本或技术方面给予企业适当的支持；

假设2：政府收益为 R_G，企业收益为 R_E（$R_E \leqslant R_G$），成本比例为 c（$0 \leqslant c \leqslant 1$），信息资源成本为 C_P，组织管理成本为 C_M，搜寻信息成本为 C_L，总成本为 C（$C = C_P + C_M + C_L$）；

假设3：如果企业与政府合作，双方按收益比例出资承担成本。

则企业与政府的具体博弈结果如表 7-1 所示。

表 7-1　企业与政府的合作供给博弈

企业 ＼ 政府	合作	不合作
合作	$R_E - cR_E / (R_E + R_G), R_G - (1-c)R_G / (R_E + R_G)$	$R_E - C, R_G$
不合作	$0, R_G - C$	0, 0

7.1.3　博弈行为分析

显然，对于企业而言，在任何情况下，采取不合作行为都会导致其收益为0。当 $R_E \geqslant C$ 时，企业采取合作行为的收益 $R_E - cR_E / (R_E + R_G) \geqslant R_E - C \geqslant 0$，即不管政府如何选择，只要企业选取合作供给农村综合信息策略，企业收益都为非负；当 $R_E \leqslant C$ 时，企业采取合作行为的收益分别为 $R_E - cR_E / (R_E + R_G) \geqslant 0$，$R_E - C \leqslant 0$，即使政府采取的行为策略不同，企业采取合作行为获得正收益的概率为50%。

企业选择不合作供给行为可以使其收益不增不减，看似保险，实则对于一个专门从事农村信息服务的企业来说，同时也失去了一个极大的市场；而且若企业采取合作供给行为，其获得正收益的可能性比较大，也正因此，更多企业会选择合作供给行为。若企业采取合作行为，政府不管在什么情况下，其收益 $R_G - (1-c)R_G / (R_E + R_G) \geqslant 0$，$R_G \geqslant 0$，因此，不管从收益的角度还是从提供农村信息的及时性、针对性和多样性考虑，政府都是欢迎企业采取合作行为的。

在初期，博弈双方总是试图选择个体的最优战略，例如，企业与政府间的（合作、不合作）策略组合，政府可以达到收益最大化 R_G，但合作关系是在进行多次博弈后最终达成的一个均衡结果，博弈一方最优的策略是不稳定的，如果博弈一方发现对方不合作，也会用不合作来报复，这样，经过多次博弈，最后双方发现合作对大家都有利，达到双赢的局面，从而实现总体最优的策略。因此，选择以政府为主导的"政府+经营性企业"的供给模式（合作供给）才是促进农村综合信息服务的均衡结果。

7.1.4　制度启示

政府供给农村综合信息的目的是实现农村社会经济福利的帕累托改进，政府供给具备确保信息服务的主动性和持续性等优点，但在经济全球化的带动下，农村信息资源的需求呈现快速性、广泛性和多样性的特征，政府的单一供给模式已不能满足。因此，政府应当针对不同的领域和范围主动、及时和持续地承担起对信息服务企业的鼓励和扶持的责任，以促进与信息服务企业的合作供给，同时为了保证合作供给模式的长期、有效运行，政府还须建立相应的监督、约束机制，以防止机会主义和道德风险的产生。

7.2　"政府—经营性企业—农户"信息传递模式

7.2.1　博弈的分析框架

农户在明确农村综合信息需求的情况下，搜寻相应的服务供给，并做出理性的选择，力图最大化信息服务的效用。然而，农村综合信息服务的实现并不是一蹴而就的，它是信息的需求者在理性判断的基础上与供给者经过"讨价还价"后达成的一种均衡。自由市场环境中，政府、经营性企业（信息供给者）和农户（信息的需求者）是相互独立的理性个体，农村信息服务的实现是二者讨价还价的结果。

7.2.2　博弈模型构建

本部分涉及农村综合信息服务的供给和需求主体，也是该信息传递模式中博弈的参与者，其包括：①政府部门，主要指中央和地方政府机构中与"三农"相关的职能部门（如农业局、畜牧兽医局、水产局、粮食局、农机局、科技局、国土资源局等）；②经营性企业，主要是包括农业信息技术（如通信、网站等）企业、农业信息咨询公司等以农业信息为主营业务的企业，还有以提供农业信息作为其业务活动附属的企业，如农资农贸公司、农产品加工企业等；③农户，主要包括农村信息员、农业经纪人、种养大户及小规模经营农民。

具体假设如下。

假设 1：农村综合信息供求博弈的参与人由两方构成，分别是经营性企业和农户，且博弈双方都能了解博弈的结构和自己在博弈各阶段的收益、支付。

假设 2：政府有两种可供选择的策略：支持企业和不支持企业，且政府支持的概率为 $q(0 \leqslant q \leqslant 1)$，不支持的概率为 $1-q$，政府对企业的支持为 R_S，政府收益为 R_G，企业收益为 R_E。

假设 3：企业有两种可供选择的策略：与政府合作或不与政府合作，且企业选择合作的概率为 $p(0 \leqslant p \leqslant 1)$，不合作的概率为 $1-p$。与政府合作意味着能得到政府的支持 R_S，同时需要接受政府的监督，提供真实的信息；企业采取投机行为，提供虚假信息便不能与政府合作，这种情况下企业获得投机收益 R_T。

假设 4：农户有两种策略可供选择：支付和不支付，且选择支付的概率为 w $(0 \leqslant w \leqslant 1)$，不支付的概率为 $1-w$，其他参与人只知道农户类型的概率分布而并不知道其真实类型，假设农户收益为 R_A，农户为信息服务支付的费用为 C_S，农户支付费用所导致的机会成本为 C_O；

假设 5：企业与政府合作，双方按收益比例出资承担成本，企业与政府不合作，总成本为 C，$C = C_P + C_M + C_L$（信息资源成本为 C_P，组织管理成本为 C_M，搜寻信息成本为 C_L）。

根据以上假设，政府、企业和农户三方的博弈树如图 7-1 所示，其中得益集合中上面数值表示政府的收益，中间数值表示企业的收益，下面数值为农户的收益。

7.2.3　博弈行为分析

上述的博弈假设和支付矩阵是符合逻辑和现实情况的。从以上博弈模型可以发现以下四点。

（1）显然，不管政府是否对农业信息企业提供支持，农户选择支付与选择不支付的总收益是相同的；但企业选择与政府合作时，农户支付获得的收益为 $R_A - C_S$，选择不与政府合作时，农户支付获得的收益为 $R_A - C_S - C_O$，原因在于：企业选择与政府合作，企业便要接受政府的监督，保证提供真实的信息，也就是说需要保证所提供商品或服务的价值；若选择不与政府合作，企业的投机行为能够给其带来投机收益 R_T，向农户提供虚假信息，扭曲商品或服务的价值，给农户带来直接损失，导致农户机会成本 C_O 的产生。

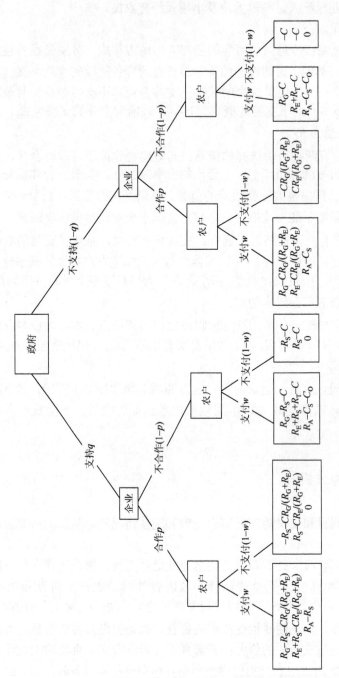

图 7-1　政府、企业和农户三方的博弈树

（2）在农户选择支付的情况下，企业采取合作与不合作的预期收益分别为

$$E_1 = p\left[w\left(R_E + R_S - \frac{CR_E}{R_G + R_E}\right) + w\left(R_E - \frac{CR_E}{R_G + R_E}\right)\right] = pw\left(2R_E + R_S - \frac{2CR_E}{R_G + R_E}\right)$$

$$E_2 = (1-p)[w(R_E + R_S + R_T - C) + w(R_E + R_T - C)] = (1-p)w(2R_E + R_S + 2R_T - 2C)$$

当 $E_1 = E_2$ 时，即企业采取合作与不采取合作行为的预期收益相等，可以得到

$$p^* = \frac{2R_E + R_S + 2R_T - 2C}{4R_E + 2R_S + 2R_T - 2C - 2CR_E/(R_G + R_E)}$$

（3）在农户选择支付的情况下，政府采取支持与不支持的预期收益分别为

$$E_3 = q\left[w\left(R_G - R_S - \frac{CR_G}{R_G + R_E}\right) + w(R_G - R_S - C)\right] = qw\left(2R_G - 2R_S - C - \frac{CR_G}{R_G + R_E}\right)$$

$$E_4 = (1-q)\left[w\left(R_G - \frac{CR_G}{R_G + R_E}\right) + w(R_G - C)\right] = (1-q)w\left(2R_G - C - \frac{CR_G}{R_G + R_E}\right)$$

当 $E_3 = E_4$ 时，即政府采取支持与不支持策略的预期收益相等，可以得到

$$q^* = \frac{2R_G - CR_G/(R_G + R_E) - C}{4R_G - 2R_S - 2C}$$

当政府以 $(q^*, 1-q^*)$ 的概率分布选择支持或不支持企业时，企业以 $(p^*, 1-p^*)$ 的概率分布选择合作或不合作，因此，(q^*, p^*) 是农户采取支付策略下博弈的混合策略均衡。

（4）在农户选择支付的情况下，企业采取合作与不合作的预期收益相等时，$R_T = C - CR_E/(R_G + R_E)$。也就是说，当农户选择支付行为时，企业是否会选择与政府合作取决于合作和不合作的预期收益比较，当 $R_T \leq C - CR_E/(R_G + R_E)$ 时，企业选择合作获得的预期收益比不合作的要高，因此，只有当企业采取投机行为，向农户提供虚假信息获得的投机收益少于 $C - CR_E/(R_G + R_E)$ 时，企业才会采取与政府合作的行为。

7.2.4　制度启示

（1）信息服务企业供应的信息具有及时性、针对性和广泛性等特点，与政府供应信息形成良好的互补，有利于政府的农村经济福利最大化目标的实现，因此，为了更好地保障农村信息的良好供应，政府需加强与农村综合信息供给企业的紧密合作，加大对企业的支持力度，使其获得的总收益大于不合作时企业获得的投机收益。

（2）政府在与企业合作过程中，应积极加强与企业之间的沟通，并逐渐将农

村综合信息供给工作标准化、制度化，工作人员队伍专业化，从而不断提高政府的监督水平。

（3）企业为了追求自身利益的最大化，存在提供虚假信息的动机，为了减少虚假信息对农户的损害，政府应加大对于信息服务企业的不规范行为的惩罚力度。

7.3　农村综合信息服务体系构建的原则与运行框架

7.3.1　农村综合信息服务体系构建的原则

农村综合信息服务体系建设作为立足"三农"，面向新农村建设的重要举措，具有很强的现实意义。它不仅能够提高农村、农业和农民的整体效率，更重要的是使"三农"面向现代化、面向未来，具有划时代意义。因此，农村综合信息服务体系的构建必须遵循一定的原则，具体如下。

第一，以科学性原则为基础。科学性原则在这里主要是指在农村综合信息服务体系建设、实施以及评价过程中根据实际情况选择具体的方法的过程。科学性原则基本上可以从以下三点理解：①贴近农村、农业实际以及农民生活，没有调查就没有发言权；②符合中国国情，符合农民自身特点及接受能力，在简单、易懂、易操作的前提下，实现数据或信息的科学化；③以现实生活中的事实为根据，通过比量，采用科学方法进行信息的收集。

因此，在农村综合信息服务体系建设过程中，要坚持科学性原则，就必须从以下几点入手：①把握评价信息的客观性，切忌主观臆断；②把握信息的全面性，切忌依据片面的信息作出结论；③切忌使评价移位。

第二，以实用性原则为条件。实用性原则是每个信息系统在开发和建设过程中必须认真思考的关键问题。所谓的实用性原则在农村综合信息服务体系建设过程中主要是指体系的运转要以贴近"三农"实际，服务"三农"为前提，在体系内所创建的每一个流程或环节都要体现出具有实际应用价值这一特点，同时，该体系主体方所收集的信息也应该具有对客体方给予实际帮助的效果，不能过于花哨，形式主义。

第三，以服务性原则为根本。农村综合信息服务体系建设主要是在国家和政府主导前提下，为了使农村经济得到长足发展，面向农业现代化，农民收入不断提高所探索的新时期的新思路。因此，体系建设的主要领导者还是政府兼有社会团体，所以，以服务性原则为根本就显得很重要。

7.3.2　农村综合信息服务体系构建的运行框架

作为一个系统工程，农村综合信息服务体系是极其庞杂的系统，它分为不同的模式和不同的反应机制。其基本的流程根据市场原理，以需求为导向，也就是客体（用户）对相关的农村综合信息产生了需求，从而形成搜寻等形式的探知行为；同时信息服务主体根据信息服务客体的这种动机，组织资源，利用信息技术、网络资源以及电视、广播、报刊等传统大众传播媒介为渠道，经过科学的方法选择，对信息进行加工、处理、传输、发布等行为向最终的信息服务客体及时、准确、有效地传播各种农业信息资源；目的是帮助农业生产者、涉农企业、农民组织、农业经纪人等客体规避市场风险，更加有效地参与市场的资源配置，避免信息的不对称以及因此产生的道德风险和委托-代理关系等问题。

　　农村综合信息服务体系涉及的基本框架要素主要包含以下几项：信息服务主体、信息服务客体、资源与保障机制、投资机制、利益分配机制、组织机制和管理协调机制。下面将对各个构成要素进行简单分析，具体如图 7-2 所示。

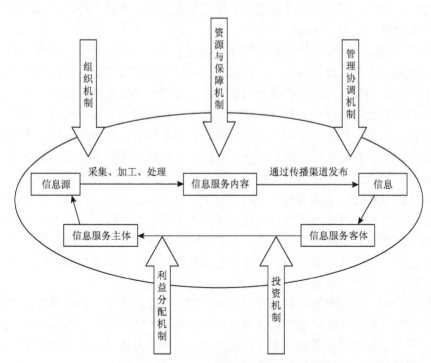

图 7-2　农村综合信息服务体系基本运行框架

　　第一，农村综合信息服务主体。农村综合信息服务主体一般是信息的供给方，也就是农业政策等农业信息资源的开发者和农业信息产品的制造者。信息服务主体的工作流程一般是收集需求、采集信息、加工处理信息、传递信息和反馈信息的闭合流程。

　　一般来看，农村综合信息服务的主体主要包含以下五类：政府、事业单位、涉农企业、农民专业合作组织和个人。从中央政府到地方政府和基层政府构成了信息服务主体的主要部分；高校、科研单位、信息咨询机构、基层农技推广站等是事业单位信息主体的重要组成部分；大型农牧龙头企业、农产品加工厂、食品厂、选育公司、农资公司等是涉农企业的重要组成部分；农民专业合作组织主要指协会、合作社等；个人，主要是指农村经纪人、农业信息员等。

第二，农村综合信息服务客体。农村综合信息服务客体一般是农业信息产品或服务的需求方，也就是信息用户或所谓的信息资源的使用者。根据实际情况，农村综合信息服务客体在接受信息以及转化、吸收过程中由于受到年龄、性别、学历、行业等约束而产生不同的使用效果。因此，必须针对不同特征的信息服务客体提供不同的、有针对性的信息，所以，对信息服务客体的归类就显得很重要。第 3 章对信息服务客体也就是信息需求的影响因素进行了剖析，并未直接提出归类问题，因此，本书所指的信息服务客体主要是农民、种养大户、农业经纪人、部分涉农企业、政府、事业单位等。

第三，资源与保障机制。资源与保障机制是农村综合信息服务体系的基础，在整个体系中具有支撑保障作用，没有资源和相应的基础设施作为保障的体系，只能是一个空洞的理论，不能够为现实服务，更谈不上带来商业效率。

农村综合信息资源主要包括各级政府的农业展示网站、各级农业图书馆、各类农业信息刊物、各种农业电视频道资源等。农村综合信息服务的保障体系就是对以上各类资源建设从信息设施、技术手段、风险规避等方面提供基础支撑。

第四，投资机制。在目前条件下，我国"三农"事业还处于起步阶段，工业反哺农业的战略思维刚刚运转，农村、农业和农民问题显著，再加之财政支持力度有限，虽然每年财政支持农业的资金在逐步提高，但难以满足"三农"各个方面的需求。因此，在这样的大背景下，农村综合信息服务体系的投资机制应该更加灵活，应该以国家财政支持为主导，强调吸收民间资本，让社会组织积极参与进来，形成供求调节机制。

第五，利益分配机制。利益分配是农村综合信息服务体系最根本也最现实的问题。因此，利益分配机制的构建也是该体系能否正常运转的至关重要的一环。在该体系的运转过程中必然产生主体与主体、主体与客体之间的各种利益关系。它们是相互制约而又相互作用的整体。

从市场的角度来看，任何信息开发的目的都在于盈利，没有盈利作为驱动力的开发不能够促进系统的创新和更迭。实际上，农村综合信息服务类似于一个产品，都要经由产品的投资、产品的生产和产品销售等阶段，最终实现产品价值的增值。而在价值增值过程中，传输、经营等费用的牵制，必然会产生共同费用和价值增值过程中带来的共同利润。那么，有效分配利润和分摊费用则是保障农村综合信息服务体系正常运转的基础。

第六，组织机制。事实证明，高效的组织机制能够产生"1+1＞2"的效果，因此组织机制构建不可忽略。首先，作为一个系统的管理者、组织者，有效的管理和组织能够产生生产力；其次，系统中的服务组织在制定农业信息规划、规范、法律、法规等以及紧密联系系统中各个层次、各个部门等扮演至关重要的角色。没有服务组织的管理和协调，整个系统有可能会一盘散沙。因此，任何组织只有建立了高效、自律的运行机制，才能保证系统内各项工作的有序进行。

第七，管理协调机制。农村综合信息服务体系的建立不仅是农业部门的事情，而且是一个社会大范围下的管理协调系统。综合信息服务的获取、加工、发布、回馈等过程需要一个良好的政策、法律环境发挥综合力量。同时，系统内各个环节之间的责任与义务、权力与利益等关系的梳理都需要构建有效的管理协调机制。

7.4 农村综合信息服务体系的资源与基础设施建设

7.4.1 农村综合信息服务体系的资源建设

1. 传统信息资源建设

传统信息资源体系一般包括各级农业图书馆、各类农业科普刊物、农业专题电视节目、农业专项广播等。

（1）农业图书馆建设。农业图书馆作为专业图书馆是重要的传统信息资源体系的一部分，但是由于各地情况不一样，农业图书馆的建设步伐也不一致，有些发达地区已经专业化，其他绝大部分地区的农业图书馆建设还仅仅是依托地方图书馆设置农业专栏的形式，建设步伐相对落后。因此，应该加大财政支持力度，逐步建立起省、市、县各级专业农业图书馆，更值得注意的是在乡（镇）、村级设置专业农村综合信息图书室等，最终的目的就是积极寻求农业图书馆的可持续发展模式，从而带动地方农业经济的跨步向前。乡镇村级图书室的具体做法可以以政府或其他利益第三方为主体，常年收集和购买与本地农业相关的农业图书、报刊、杂志等，依托乡镇文化站、乡镇中小学的资源平台共建农业图书室，指派农业信息员，定期安排农业信息资源专题讲座，同时，在日常生活中要积极鼓励本地农民凭证入馆学习农业科普知识，提高自身文化素质。

（2）农业科普读物建设。每个省份在国家财政支持下都办有不同的，具有地方特色的各类农业科普读物，包括相关报纸的农业信息专栏、农产品供求信息以及专业的期刊，如《安徽农业科学》《新疆农业科学》《湖北农业科学》等。但是传统的农业科普读物形式显得很单一，不能直接与受众客体对接，因为主要的农业需求方还是农民。

因此，在这种背景下，建议寻求与省级报刊、杂志的联动，在各个县建立专门的分刊或有条件的县独立承担、建设具有自身特色的专业农业信息刊物、报纸等。在县级报刊杂志上创办农业科技专栏，引导当地农民读报、学报，在农村社会中形成良好的科技信息氛围。通过以县自建为单元逐步辐射重点乡镇和重点村落，使农业科普读物深入百姓。

（3）开设农业科技类专题电视节目。在传统的农业信息资源中，农民或者说客体主要是通过电视接收相关农村综合信息，因此开办农业科技类专题电视节目显得至关重要。积极开办省、市、县级农业电视频道或农业相关栏目，尤其是在县一级更应该加大政府的支持力度和社会第三方的关注度。

（4）农业专项广播建设。和农业类电视节目相同，在传统的农业信息资源中，广播是最重要的农民接收相关信息的渠道。一般是各个地区有专属的农业广播频道，主要是向农民介绍成功的经验和失败的教训，引导农民使用专业技术规避相关农业风险。这种传递资源的渠道随着现代技术的发展，显得不太重要了，且受众人群的年龄集中在 60 岁左右。

2. 现代农业信息资源体系建设

现代农业信息资源体系比照传统有了很大进步，主要是因为网络的发展及各类数据库的建设。而随着生活水平的提高，新农村建设的发展，现代农村的网络设施也逐渐的走上了正轨。现代农业资源体系的建设是大势所趋，因为其方便性、可及性、及时性都会使客体获益很多，同时主体在此过程中还可以实现盈利。例如，农业类网站在免费传递信息的同时，也在为知名产品做一些广告推广，收取一定费用。现代农业信息资源体系建设将会是主客体双赢的思路。因此，数据库建设至关重要。下面主要从农业政策法律法规标准规范数据库、农业专家及农业人才数据库、农业技术数据库、涉农企业数据库、农用生产资料数据库等五大数据库的建设分别进行阐述。

（1）农业政策法律法规标准规范数据库。主要受众群体为涉农企业、相关涉农事业单位及部分农业经纪人。该数据库的建设主要从收录国家和地方农业方面的政策、法规，以及从事农业相关活动的相关法律，相关农业行业标准和行业规范等。

（2）农业专家及农业人才数据库。该数据库主要面向农技推广人员、农业信息员、农民等，有利于他们掌握现代农业的各个行业的知名专家名单和相关领域的发展趋势，为他们的科研、农技推广等活动提供必要的信息资源，有利于他们熟知相关领域的技术人才，为解决实际问题提供人才保障。该资源库应该主要收录大农业范围内的各级专家的主要简介、科研成果、专利技术、研究方向、工作单位、相关实践活动以及联系方式等。同时作为农业信息化的主要力量，农业技术人员的分布情况复杂多样，掌握这些科技人才信息至关重要，该数据库应主要收录这些科技人才的基本情况、专业特长等，以便受众客体通过网络自由查询。

（3）农业技术数据库。该数据库主要面向信息受众客体农民和工作在基层的农技人员。可以通过视频、文字、图片等方式，利用网络优势，向客体免费提供查询和技术指导。该数据库应该主要以收录种植业、养殖业、畜牧业等方面的技术性文章为主，如主要农作物、经济作物、蔬菜作物等的病虫害防治技术，主要饲养动物的饲料配方、培育繁殖、疾病防治技术，主要水产品的环境指标等。

（4）涉农企业数据库。该数据库的受众客体主要是农民、农业经纪人、政府等。农民可以通过该数据库查找相关产品企业的需求信息，为当年的农产品销售、来年的农业生产等搜寻有利信息；农业经纪人可以通过该数据库牵针引线，在农户与市场之间架起一道桥梁，使信息与农业资源得到有效利用；对于政府而言，有利于招商引资、农产品的销售、农副产品的加工等方面以促进当地农业经济振兴。因此，该数据库应该主要收录国内外、省内外等涉农企业的名称、业务范围、需求产品价位、联系方法、企业规模等信息。

（5）农用生产资料数据库。该数据库主要以向受众客体农民提供相关的农用生产资料。该数据库的建设也将是利国利民的工程。因为该数据库具有受众客体人数众多，信息传递具有最直接价值、农民最关心等特点。数据库的建设应该主要以生产资料的使用信息为主，内容包括农药、化肥、农机具等日常农用生产资料的基本信息、价格、使用方法和推广效果等方面。

7.4.2　农村综合信息服务体系的基础设施建设

第一，数字电视网建设。对于远离城市的农村、山区以及经济落后、条件差的基层地区，数字电视网具有很强的优势。因为它是通过卫星传输信号，只需要购置卫星接收器进行简单安装就可以，具有低成本、便于操作等优势。数字电视网的建设对于农村综合信息服务的传播具有很强的技术支撑，因此，应该通过政府的行政力量，引导各地区尤其是各基层纳入数字电视网的范畴，为农村综合信息服务体系建设的落实提供前期保障。

第二，电信网建设。电信网的主要业务是电话业务，以点对点的方式为用户提供服务，具有覆盖范围广泛、安装快速、成本低廉以及无限制性地理应用环境等优点。目前随着经济的提高，一线农村基本上人人配备手机，甚至达到一部以上。这也为农业综合服务信息的传播提供了很好的单向渠道。因此，建议各地方联合中国电信、中国移动、中国联通等通信单位开设农业专项信息传递通道。

第三，计算机网络建设。计算机网络是现代传播媒体的主流，它具有很多优点，如交互性好、多点互联、传输速度快、无时空限制、信息容量大等，但是也有一些缺陷，主要是在目前经济水平下要求每家每户拥有计算机及每年支付网络费用不太现实，毕竟成本相对高昂，但是一些发达地区已经基本实现了这一点。也就是说，计算机网络将是获取信息的主要渠道，也是农村综合信息资源获取的最便捷、直接的渠道，是信息基础设施建设的主要趋势。

7.5 农村综合信息服务体系的投资与利益分配机制

7.5.1 投资机制

资金投入是各种要素投入的先导力量，没有资金投入，项目或系统处于休眠期，不能正常运转。因此，投资机制是否灵活，直接关系到系统是否能够运转。资金作为纽带，和其他各类生产要素、人才建设、组织建设、利益分配挂钩，资金水平直接决定农村综合信息化服务的水平。

目前来看，我国在农业信息化过程还处于政府财政支农阶段，缺少社会资本的引入机制和发展政策。因此，必须尽快建立以政府投入为引导，社会投资为主体的多元化投融资机制，让市场来调节，缓解政府压力。

1. 政府财政支农资金

财政支农资金主要是指国家财政用于支持农业和农村发展的建设性资金投入。主要包括固定资产投资（含国债投资、农业基础设施建设基金、水利建设基金等）、农业综合开发资金、财政扶贫资金、支援农村生产支出、农业科技投入等。

把农村综合信息服务体系建设列入固定资产投资下面的农业和农村基础设施建设，以增设农村综合信息化服务专项基金的形式申请立项，从而加大财政资金的投入力度。从政府的角度出发，为了实现"三农"事业现代化和信息化融合下的大发展，国家应该根据现代农村综合信息服务体系的要求，不遗余力地建立健全有利于其良性、可持续发展的资金保障机制，具体可以从以下几方面入手。

（1）逐年提高政府财政资金的支持力度。2003～2012 年中央财政安排用于财政支农的资金年均增幅超过了 20%。据国家统计局数据显示：2011 年中央用于财政支农的资金支出高达 5955.5 亿元，同比增长 37.9%，其中对粮食直补、农资综合补贴、良种补贴和农机具购置的补贴增长了 107.7%。财政支农资金给广阔的农村和广大的农民带来了极大的发展机会。为了使"三农"事业更快的发展，信息服务必须是先头兵，因为整个社会的信息时代已经到来，信息也逐渐成为生产力。因此，必须保障财政支农资金年年增长的同时，确保预算内农村综合信息服务建设专项资金按一定比例年年递增，使资金杠杆逐渐地向信息服务专项基金倾斜。

（2）拓宽预算外资金筹措渠道。预算外资金是相对于财政预算资金而言的，它是根据国家有关财政法规、财务制度、规定等有关说明，由地方政府、各企事业单位自收自支的资金，该资金不纳入国家预算范围。

因此，从预算外资金角度出发，农村综合信息服务的有关领导部门，从中央到地方可以依法加大预算外资金的筹措力度，通过土地出让提留、转让金、信息化发展基金、企业赞助、公益事业基金等形式多方面筹措资金。

（3）加强资金管理，防范挪用资金现象。专款专用，不能擅自挪用，杜绝贪污浪费现象。因此，对于农村综合信息服务体系筹措的所有资金，都要明确具体的使用范围和使用对象，建立资金管理权限，职责明确，责任到人，使财权与事权有效分离。为了杜绝资金的不良使用，建议该专款设置绩效考核机制，每年定期考核，纳入相关责任人职务晋升体系。

2. 社会投资

在财政支持资金有限，难以满足农村综合信息服务体系建设的情况下，国家应该积极利用好外部良好的市场环境，有效发挥市场机制，形成"以政府为引导、社会投入为重要来源"的多元化、多层次、多主体的投融资体系。

信息化建设必须在市场的调节下充分调动社会第三方参与进来，利用政府的导向作用和行政作用，大力鼓励社会企业、协会、经纪人、金融机构、中国电信等通信平台、个人农业网站等参与信息化建设，形成立体多维投资渠道。

当引入社会投资渠道时，必须根据信息产品的不同类型和特性进行针对性的投资分析，下面主要根据信息产品的经济学特性，把农村综合信息产品分为以下四类，并分别阐述每一类的具体社会投资渠道。

（1）纯农村信息产品。这类信息具有公共品特性，广大农民具有无限免费享受的可能。它应该交由政府直接负责投资与发展，同时根据政府的行政力量鼓励企业等社会第三方力量的无偿赞助并向公众无偿提供。

以政府为主体的财政支农资金筹措方式最大的优点是能够及时、快速地筹集大额资金并在整体运作和大规模农村信息综合服务方面突出优势，同时，在整个运行阶段，政府可以通过自身的行政力量进行合理协调。仅靠政府提供资金存在一定的局限性，例如，在缺失有效控制的情况下，农村综合信息服务专项建设资金可能会被挪用。

（2）准农村信息产品。准农村信息产品在消费时存在竞争性（一个人对某物品的消费可能会减少其他人对该物品消费的质量和数量）和排他性（只有那些按价付款的人才能享受该物品）。

对于准农村信息产品，可以在政府引导和严格把关下，与龙头企业、金融机构、通信公司或个人签订双向投资协议，利用市场导向，吸引那些有前瞻性的组织或个人在政府限定条件下进行有偿投资。例如，山东省根据省情联合海尔、英特尔、网通以及农村信用社、招商银行等多家企业制定了农村信息化建设发展方案，筹集农村信息化建设资金，促进农村信息服务。

（3）俱乐部信息产品。由于这类产品外部效应波及范围较小而且相对固定，可采取俱乐部的方式把受益对象组成利益共同体。这就要发挥农民协会、专业合作社的力量，自发组织起共同投资、责任共担、利益分享的农村综合信息服务投资体系。

农民协会、专业合作社等农民社团实质上从事的是营利性经营活动。这种性质就决定了社团的投资主体只能是协会或社团自身筹集。一般情况下主要采取收取年度会费的方式共同参与某项农业活动，并获取共同分配利益。

（4）私人产品特性的信息。这类产品，国家要鼓励放开，政策配套，从体制、机制等角度将其推向市场，鼓励其多层次、全方位、立体交叉发展。这类产品具有收费基础，但还需要国家制定合理的收费标准，不然会挫伤农村综合信息服务客体的积极性。

7.5.2　利益分配机制

1. 政府主导型利益分配机制

1）主要优劣势分析

第一，优势分析。政府主导型利益分配机制在体系结构上依然沿用现有的农业技术推广体系，主要是国家农业部、农业厅、农业局、农技推广中心再到农技推广站和村推广点等多级农业综合信息服务体系。其主要优点在于能够利用行政力量把产、供、销等部门统一起来，作统一的宏观调配；在具体执行过程中便于集中大量的人、财、物来开展规模性的农村综合信息服务普及活动；对于农业综合信息服务的风险、资金内容等采取行政、法律等非经济手段去调控，这样就凸显了迅速、及时、可控等优势。

第二，劣势分析。政府主导型机制在运行过程中存在行政管理氛围较重、服务意识淡薄、服务态度较差、激励和约束机制不完善、人员利益分配不对称、工作积极性不高等问题。政府部门一旦缺乏实践，缺乏走群众路线的动力，就容易造成农业综合信息产品的供求脱节，并最终影响信息服务的效果；由于缺乏市场机制，就难以根据信息需求准确地把握投资方向，就不能实现很好的调控。

2）利益形成与分配机制

以政府为主导的利益分配机制一般根据政府提供信息是否具有担保性而不同。对于一般常识性信息，例如，农业发展政策、对农产品未来价格预测等信息具有非担保性，也就是政府无偿提供该信息，以供客体免费使用，而对于使用的效果和效率政府不参与，完全由客体对综合信息进行主观评价并获取相关利益。对于这种方式而言，利益分配很简单，或者说不存在利益分配问题，因为整个活动中除了政府公益性投资，无第三方进行有偿投资。如果从非金钱的角度来看，该利益分配机制的主要形式就是：政府以无偿投资的形式获取了公仆形象和客体赞许；客体无偿获取有利信息，对未来收益产生帮助。这种方式也是一种双赢的结果。

对于一些特殊项目，例如，新产品、新技术或国家导向的农产品生产信息等通常实施政府担保，政府为其信息服务的预期效益提供担保，引导客体进行生产经营与投资。如果这类信息服务产生效益，有利于新产品、新技术、新项目的推广与普及；一旦结果不尽如人意，客体受损，政府会提供补偿。具体如图7-3所示。

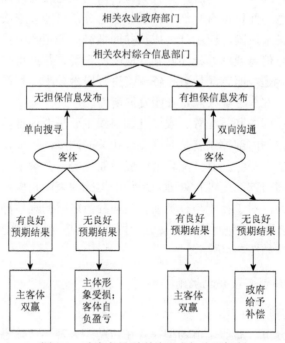

图7-3　政府主导型利益形成与分配机制

2. 社团自助型利益分配机制

1）主要优劣势分析

第一，优势分析。社团自助型农村综合信息开发不仅对于促进信息服务与信息利用的结合具有很好的效果，而且对于信息技术的应用与研发具有实际需求效果。也就是说制定需求导向的针对性服务以及主客体之间建立协调机制等方面优势显著；这种机制具有目标性强、激励明显、信息可靠等优势；"投资分担、利益共享"的投资模式保证了系统的自愿性和公平性。

第二，劣势分析。该组织体系仅从自身需求出发，容易忽视市场的导向作用，过分关注眼前利益而偏离市场总体需求。该体系信息服务缺乏行政推动力，在信息需求不足，个别会员要求下，影响协会的整体服务动力。此外，投资渠道单一，会员筹集资金能力有限，会严重影响扩大再生产。

2）利益形成与分配机制

农民合作社、专业合作组织等农民社团都是由农民这一主要客体自发组织的，代表了广大人民群众的利益。农民社团组织与社内各个会员之间、会员与会员之间就结成了利益共同体。这种利益共同体主要的利益分配机制遵循"入会自由、风险共担、利益均享、按劳分配、科学提留"的原则。入会自由就是指各个服务客体依据自身偏好选择加入与否，并且具有自由出入的权力；风险共担是指由于社内共同获取信息，而信息有真伪、科学与否之分，可能会造成经营结果产生方向的偏离，由此带来风险，应由社内成员共同抵御，分担风险；利益均享就是社内由提供农村综合信息或举办社团网站获取的广告费、赞助费等利益由成员共同享有；按劳分配就是按照劳动量或投资额度进行股份分配；科学提留是指有营利的条件下，提取一部分资金来满足社团发展所需。

在信息服务过程中利益配置、农民社团组织主要采取内部控制和道德约束等方式来实现。所谓的内部控制就是对内制定相关的制度，例如，信息服务投资环节的会费制度、信息服务利益分配环节的股份制度等，并规范会员义务，对于不履行义务的，按照内部制度进行处理。所谓的道德约束就是以社会规范、道德标准去约束会员行为。对于社团与社员或社员与社员之间的利益冲突，一般需要通过社内"社员大会"讨论进行调解，保证社团运作的透明性和利益分配的公平性。具体利益分配机制如图 7-4 所示。

3. 商业化市场型利益分配机制

1）主要优劣势分析

第一，优势分析。商业化市场型模式在帮助广大客体（信息用户）获得预期收益的同时，还能够使投资者从中获利。从某种意义上说，这种模式达到了双赢的目的，既实现了效率，又兼顾了公平，这也是市场机制所带来的最大优势。通过市场能够很好地解决农业信息与农业生产的脱节问题，从而带来更多经济效益。该模式使资金来源得到拓展，保障了投资者利益，极大地提升了投资积极性和投资效率，农村综合信息服务市场也逐渐壮大。

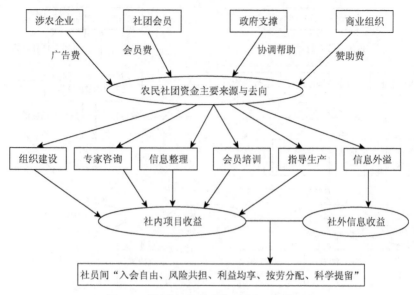

图 7-4　社团自助型利益形成与分配机制

第二，劣势分析。站在客体的角度或政府管理部门的角度来看，公司化运作最大的劣势就是一旦在信息服务过程中发生矛盾，一般客体，尤其是农户处于相对弱势地位；企业以利益最大化为目标，将把风险转嫁给农户。

2）利益形成与分配机制

商业化市场型农村综合信息服务形式下的利益形成与分配机制（图 7-5）基本上可以从两方面考虑。

第一，大型集团企业开发式。大型集团企业借助自身资源和市场前景对农村综合信息服务进行投资开发，本着"谁投资，谁受益"利益分配原则和利益最大化为目标，设立信息咨询公司或农牧网站。信息咨询公司一般根据客体的需求，采取量身定做式、打包式向客体提供所需求的信息，收费形式也多种多样，例如，有的按照会员制收费、有的按照参与项目年度分红方式等；农牧网站一般是提供公共物品与私人物品属性相结合的农村综合信息，盈利模式通常靠点击率赚取广告费用和在线会员俱乐部式会费。这一方式的利益分配基本遵循市场机制完成各类信息服务产品定价，用户则按照购买意愿和能力选择信息服务产品，主、客体利益由市场供求机制决定。

第二，农牧龙头企业订单式。农牧龙头企业与客体尤其是广大农户的利益是连接在一起的。他们首先通过自身资源配置找到市场的切入点并签订好合同，之后把技术和标准等信息带回来，与有兴趣的客体（一般是广大农户）进行沟通，按照既定技术和标准生产农产品，并签订合同，实现订单农业的发展。在此过程中，这些中间商获取了部分利益，我们称为差价或佣金，农户赚取了利益，而且

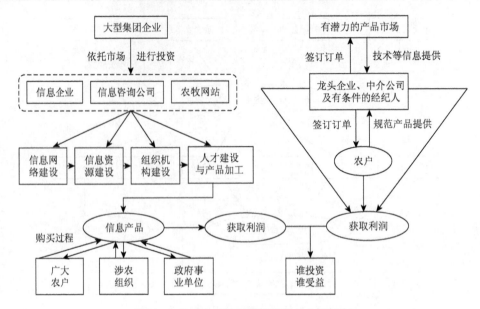

图 7-5   商业化市场型利益形成与分配机制

相对有保障。此过程中的利益分配主要是依靠合同，也就是事前制定的标准进行分配。

7.6   农村综合信息服务体系的组织机制建设与管理协调机制

7.6.1   组织机制建设

1. 组织机构建设

组织机构建设对于一个系统而言，相当于各个节点间的润滑剂。只有组织机构健全，才能保障系统的正常有序运转。

从目前来看，国家对农业高度重视，农村综合信息化的机构已经得到了初步的完善。据国家统计局数据统计，截止到 2012 年，全国 98.2% 的地级市已经通过各地级市的农业局设立了信息化服务机构，大约有 85% 的县一级政府也设有类似机构，能够统计到的农业信息员人数将近 20 万人，基本形成了从中央到省、地级市、县并最终辐射乡镇村落的信息化组织建制。

有效的组织机构建设必须满足两点：一是权利的界定和隶属关系；二是责任和义务的梳理。只有权责明确，才能高效运转。因此，本书在前人研究的基础上建议农村综合信息服务的组织机构建设按照如下思路操作，具体如图 7-6 所示。

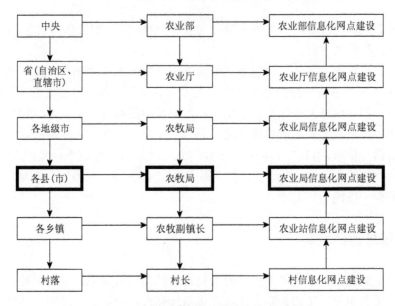

图 7-6　农村综合信息服务组织机构建设

从图 7-6 不难看出：从中央到地方，农村综合信息服务组织机构建设必须明确到位，划定上级，直线负责。中央层面通过农业部下辖的农村信息化机构以国家农业电子政务网络为支撑，以各级农业网站为窗口，做好逐步的网络延伸系统建设。在信息化建设过程中，县级政府应该发挥枢纽作用，因为它们更加直观地接触底层，使其上联省市中央有关部门，下联农牧龙头企业、种养大户、农产品集散地、经纪人及广大农民。

2. 人才队伍建设

系统建设需要人来维持，没有高素质人才的系统，即使拥有更多的资源，也很难运转起来。人力资本是整个组织有效运转的载体，缺少载体的组织，犹如人类缺少了灵魂。人才队伍建设是否合理是一个组织高效运转的前提条件。

在我国，农村综合信息工作人员基本上有以下四类：①农业科技员。农业科技员在四类人员中大约占40%，他们主要来自于高校（相关农业院校或高校的农业研究机构或农业研究团队）、农业科研机构（主要是各级农业研究院等事业单位）、农业信息咨询公司（中介机构）等。②行政工作员。行政工作员在四类人员中大约占20%，他们主要来自各级政府，主要是县、乡村级政府的农业相关部门（农业局、统计局、林业局、水产局等）。③信息管理员。信息管理员在四类人员中大约占15%，他们主要来自县、乡、村基层农业信息中心、农技推广中心等单位，信息管理人员是信息搜集整理人才。④农村信息员。农村信息员在四类人员中大约占 25%，农村信息员直接接触广大农村和农民，主要来自村委会、经纪人、龙头企业、种养大户等。

农村信息服务人才队伍的建设就是要通过各种政策培养出一批优秀的、面向 21 世纪的人才；创造良好的环境让这些人才充分发挥能量；通过政策吸引和留住人才。农村综合信息服务体系由于工作相对艰苦一般很难吸引人才，这就要求各级政府从实际出发，从物质和精神两方面入手，尽力把相关人才吸引过来；人才吸引仅是第一步，没有良好的培养环境和前景以及没有良好的平台发挥人才优势，人才是留不住的。因此，应改变过去"拼资格""熬资格"的限制人才发挥作用的机制，不拘一格地用好人才。

7.6.2　管理协调机制

管理协调机制是管理者根据区域农村综合信息服务体系的总体目标，按照某些原则，采取相关政策和系列方法处理体系运转过程中的各种障碍，达到疏通各个环节，使机制畅通无阻的目的。通常从管理协调的范围、内容和措施三方面入手分析管理协调机制的建设。

1. 管理协调的范围

在农村综合信息服务体系构建过程中，会出现各种各样的矛盾，包括人、财、物等方面。这些矛盾的出现都属于可管理和协调的范畴。从系统学的角度来看，任何系统的矛盾基本来自于两方面：内部矛盾和外部矛盾。对内部矛盾的管理与协调是内部协调；对外部矛盾的管理与协调为外部协调。对农村综合信息服务体系内部与外部协调的基本着眼点主要归于人与人之间、组织与组织之间、人与组织之间、人与物质基础之间四大类。

首先，管理和协调人与人的关系。其主要包括四个方面：①体系内上级和下属之间的关系，一般情况下主要包括系统战略目标的传递与执行之间的协调、利益关系协调、制度与人文关怀的协调等方面；②体系内同级之间的协调，一般情况下主要是同级之间工作目标一致性协调、工作障碍与矛盾协调、利益归属协调等方面；③体系内、外人员之间的协调，一般情况下主要包含农村综合信息服务体系内的工作人员或者称为信息发布主体与信息接收客体之间因为信息的传递而需要的管理与协调；④体系外部相关人员的协调，例如，统计人员、其他信息公司的竞争合作人员等之间发生业务关系时所做的必要协调。

其次，管理和协调组织间的关系。其主要包含三个方面：①体系内上、下级单位间的管理与协调，一般是组织目标、工作目的、任务分配与完成、绩效等方面的管理协调；②体系内同级单位间的管理与协调，体现在资源在各同级单位间的配置问题；③体系内、外相关单位间的沟通和协调，一般是为了配合组织总体目标的完成，需要内外系统相互协调与配合。

然后，管理和协调人与组织间的关系。人与组织之间的管理与协调的主要内容是工作环境、利益关系、人才流动、职位调动等方面的事情。

最后，管理和协调人与物质基础间的关系。这主要包括两个方面：①农村综合信息服务过程中人类信息利用与作用对象自身发展规律的关系协调；②信息处理过程中，人与信息技术、设施和设备的关系协调。

2. 管理协调的内容

在农村综合信息服务体系建设中，需要管理与协调的内容主要包括思想与认识协调、计划与实施协调、各类资源协调、相关利益协调等。

第一，思想认识协调。从信息服务的主要主体政府来看：对于建立农村信息化服务体系的认识是不一致的，有的地方认为把硬件搞上去了就结束了，有的地方认为信息化就是网络化，只需要各村配备计算机及上网设施就可以了，甚至有些地方认为农村综合信息化没有前景；从信息服务的主要客体农户来看：农民由于历史原因造成对于信息化的认识比较淡薄，缺乏主动性，一旦信息产品或服务产生费用，很可能挫伤农民的积极性等。不管从主体还是客体来看，上述思想认识都偏离了社会发展的主流。因此，思想认识协调工作是非常巨大的，需要国家通过各种方式进行宣传，让主客体的思想意识统一到一起，为农村现代化、市场化大发展搞好农村信息化建设。

第二，计划与实施协调。农村综合信息化工作，在各个地方政府都事先做好计划，各主、客体按照计划方向逐步推进。但是在具体的实施过程中，由于经济环境、社会环境、自然环境等的变化使计划与实际不符，这样就必须时刻进行微调，以保障政策体系建设的大方向。

第三，各类资源协调。资源协调是农村综合信息服务体系建设的重要协调方向。农村基础设施薄弱，农业信息主要呈现分散不规律现象，农户的信息需求无法得到及时、准确的满足。城镇和农村之间的信息传递由于数字时代的到来进一步拉大了距离。由于战略转型期，没有协调好主客体之间的关系、主体与主体之间的关系等，尤其是利益的界定，所以造成了资源整合难的现象。

第四，相关利益协调。利益协调是农村综合信息服务体系建设中协调机制的关键所在。推送农村综合信息服务过程中将会出现多种利益相关方：①政府的利益体现在最大限度地提高投入产出率和最大限度地产生社会效益、经济效益、生态效益；同时，政府作为农村信息服务客体之一，获得全面、准确、及时的信息服务成为其收益的最终体现；②从营利性信息产品服务企业来看。根据经济学企业利润最大化原则，他们的利益就是从中获取利润；③从农户等信息服务客体角度看，他们希望不花钱就能获得准确有用的信息。

3. 管理协调的措施

建立完善、高效的管理协调机制是解决农村综合信息"孤岛鸿沟"以及实现信息资源共享的重要保证。各级政府要从长远角度出发，建立起农村综合信息服务的组织机构和政策措施，协调各方面工作，构建配套完善、高效运转的管理体系。具体从以下几方面入手。

（1）充分发挥政府主导作用，统一各方思想认识。政府部门利用其影响力，充分调动广播电视、互联网、通信平台、报纸杂志等实体的作用，向各类主客体之间传递农村综合信息服务体系建设的重大意义。通过广泛的宣传，达到思想统一、步调一致的作用，营造良好的社会氛围。在取得初步成绩时，应该以政府为引导，积极开展各类工作交流、学习报告、经验传递等会议，积极推进农村综合信息服务体系建设。

（2）努力制定相关政策法规，协调各方资源与利益。为了调动社会各方面的资源，充分发挥综合力量，协调推进信息服务工作的顺利开展，国家需要制定一系列的政策、法规。具体包括如下两方面。

第一，信息服务政策。主要包含投资政策、人才政策、激励政策、信息服务费政策等。对于有意向投资农村综合信息服务体系建设的个人或组织，政府给予政策担保或优先考虑放贷问题；制定相关政策，吸引本地人才和外来人才从事农业信息化工作，鼓励高校、科研院所培养农村综合信息服务体系所需的相关人才，并对农村综合信息服务的相关课题进行深入研究，不断为体系的健康发展提供政策支持；制定相应的表彰机制，激励工作人员及组织长效运转；以行政化手段对于公共信息产品实施免费政策，对于非公共信息产品尽量降低农民的信息费用，待整个农村综合信息服务体系成熟后，逐渐的提高费用，同时政府要对那些提供私人信息产品的组织给予补贴。

第二，农村综合信息服务的标准和制度。依据农村综合信息服务特征，研究服务平台、农村综合信息数据库及其应用系统建设的技术标准，以及农村综合信息采集、处理、传输和发布等环节的操作标准和规章制度，以此提升农村综合信息服务的全面性、准确性、针对性和有效性。

第8章 研究结论和政策建议

8.1 研 究 结 论

本书以农村综合信息服务为研究对象，结合前人的相关研究，重点回答了如何设计一套合理的农村综合信息服务模式以便有效地利用现有的基础设施和现代信息技术为广大农户提供高效便捷、简明直观、双向互动的服务这样一个现实问题，全书共分8章，主要研究结论如下。

第一，农村综合信息服务是以满足"三农"发展中的信息需求为目标，其理论基础是"三农"理论中的现代农业、新型农村和现代农民理念，信息传播学中的基本原理、主要模式、传播控制和效果评价理论，信息管理学中的信息资源和信息活动理论，及信息经济学中的不完全信息经济与非合作博弈、信息转换经济与信息市场、信息商品供需理论；其模式设计主要源自信息服务设计和管理的思想与实践；其体系构建则依据系统主要组成要素和所应遵循的有效性规则。

第二，客体职业、年龄、受教育程度和收入等个体特征共同作用决定的农户信息素养，成为潜在农村综合信息服务需求的培养基；而自然资源禀赋和社会经济发展是其生长的环境条件，信息服务的可及性是其成熟的催化剂。本书的调研结果表明，实际情况并不理想，培养基的"营养"不足。一旦隐性的信息服务需求瓜熟蒂落，显性化为现实的信息服务需求，客体便为获取后续行动中的效用或效益，寻求需求的满足；这一看似客体主动行为的过程，却时时考验着客体的信息素养。任何可由市场满足的产品或服务需求由市场供给通常效率是较高的；对我国农村综合信息服务宏观变迁的回顾，令人倾向于把市场供给农村综合信息服务纳入思考范畴，而伴随而来的市场失灵，又让供给陷入困境。总之，农村综合信息服务客体的潜在需求转化为有效需求存在诸多困难，因此，其激发供给的作用亦较有限。

第三，测评结果显示，客体对农村综合信息服务的各项评价并不高，总体满意度不甚理想。而农村综合信息的资源性地位，使其成为农业生产、农村生活和农民发展的必需品；因此，缩小对服务感知与预期的差距，增加信任、减少抱怨是客体对主体的殷切期待，也是创造有效需求的源动力。进一步对主体效率的粗略估计揭示，当前农村综合信息服务的供给效率和对"三农"的贡献率普遍偏低。

第四，通过对国外及我国一些典型的农村信息服务模式的分析可知，农村信息服务首先要解决好各个要素之间的协作问题，只有各个要素密切配合好，才能形成一个具有高效率的信息服务模式，还要了解各个要素的特点及该地区的优势及劣势。在构建整个信息服务模式时，政府部门要发挥主导作用，充分引导大型企业参与进来是政府的主要责任，从思想高度上高度重视合作共赢的理念不断开发出适合一个地区的信息服务模式。整合各方资源是整个农村信息服务模式的重点也是难题。只有充分发挥政府的主导作用，充分吸引企业的积极性、有关部门的高度重视，我国的农村信息服务建设一定会取得很大的进步。

第五，当分析信息客体与需求时，需要分析我国农村信息需求客体的特点，信息需求的方向。当分析信息主体与供给时，需要把握政府的主导作用，也认识到经营性信息服务主体的重要作用。当分析该模式的服务手段时，需要结合我国实际国情，考虑农户最常用、最容易接触的服务手段，为客体获取信息开拓渠道。在制度安排上，主要考虑到该模式在实行过程中遇到的主要困难如信息不对称、风险较大、人才匮乏等不利因素，需要更好的法律制度、人才机制、风险管理机制、监管机制等保障性制度安排。考虑到我国多样且不平衡的农村经济发展态势，提出了符合有效性规则的两级信息集散、三级信息服务的农村综合信息服务模式及其制度安排。

第六，通过博弈分析，给出了关于"政府应该进一步拓展信息供给渠道、明确投资与利益分配机制、加强主客体之间的沟通以及建立相应的保障和监督管理机制"等的建议并提出农村信息服务体系的基本构建思路：以原则为导向，运行框架为主体，各种机制建设为血液的一体化体系。体系的制定需要良好的执行环境。农村综合信息服务体系建设是于国于民的好事，对信息主客体而言也就有深远的发展意义，因此，国家应该就体系的落实，创造和配套相应的发展环境，并积极努力地研究体系运行过程中出现的新问题、新情况，不断完善体系，不断加强进步。

8.2 政策建议

（1）大力发展农业规模经营，在刺激农业生产信息服务需求的基础上，带动农村综合信息服务需求的有效扩张。

本书将农村综合信息分为农村基础信息、农业生产信息、农村生活信息和农民发展信息，其中农业生产信息为整个农村综合信息服务的基础和核心内容，其有效需求的形成和提升，对其他信息服务内容具有激励效应。具体表现为，农业生产信息服务通常作为依附性信息服务，直接作用于农业生产经营过程，其贡献融入农村综合信息服务客体的经济收益，成为农业增效、农民增收的有力支撑，最终驱动农村综合信息服务需求的增长。

农业规模经营不仅是现代农业的基本特征和发展趋势，也是农业信息化得以实践的必要条件，其理性逐利动机会对农业生产信息产生内生的刚性需求。因此，土地的流转与集中、投资机制的完善、劳动力素质的提升、经营管理的创新等成为推进农业规模经营的政策考量重点，而这些本身也是农村综合信息需求的内容之一。

（2）统筹规划农村综合信息服务主体结构与功能，科学协调政府调控和市场机制，提高农村综合信息服务的有效供给。

尽管当前各类农村综合信息服务供给主体各具优劣势，但没能从宏观层面得到有效的资源配置和功能协调，导致信息服务的非专业性、非标准化、无序性和间断性问题突出。国内外农村综合信息服务模式的经验和借鉴表明，政府政策对农村综合信息服务资源配置的统筹规划和合理引导是充分发挥市场机制的前提。因此，政府对主要的农村综合信息服务主体（政府部门、教育科研机构、农村合作组织和涉农企业）在信息服务中的地位、功能和作用应予以清晰认知，对农村纯信息服务和依附性信息服务供给进行有效协调，形成主体结构合理、功能互补、信息完善的农村综合信息服务供给。具体做到：政府部门在农村综合信息资源开发和利用中的主导作用，政府及其支持部门在农村纯信息服务中主力地位和在农村依附性信息服务中的辅助功能，其他主体在农村依附性信息服务中的支配地位和在农村纯信息服务中的补充作用。

（3）组建县/市和乡镇两级农村综合信息（服务）中心，鼓励经营性农村综合信息服务主体，形成两级信息集散、三级信息服务为核心模式的农村综合信息服务体系。

合理分析当前提供"三农"信息服务的相关政府部门的职能，通过抽取或剥离，在县/市组建农村综合信息中心，主要承担农村综合信息资源建设和发布，提供补充性的农村纯信息服务；在乡镇组建农村综合信息服务中心，主要负责因地制宜地接收和发布本地农村综合信息，提供农村纯信息服务，并反馈客体农村信息需求；经营性农村综合信息服务主体主要负责农村依附性信息服务的供给和对客体农村信息需求的反馈。

在两级中心的组建中，首先强调以组织结构、人员配置、职能划分、资金来源与收入分配等为核心的组织机制和投资机制的设计；其次关注农村综合信息服务各类主体之间、主体与客体之间的利益分配机制与管理协调机制的设计，力求建立高效稳定、可持续发展的农村综合信息服务体系。

参 考 文 献

白丽，马成林，于冷. 2006. 欧盟农业信息化服务模式及其启示[J]. 世界农业，（1）：33-35.

包世泰，李如新，刘利，等. 2010. 可持续运营的农村信息服务模式探讨[J]. 广东农业科学，（11）：289-294.

鲍蕊. 2007. 农业信息网络服务的发展与评价[硕士学位论文]. 北京：中国农业科学院.

北京市农林科学院农业科技信息研究所. 2010. 农村信息化理论与实践[M]. 北京：中国农业科学技术出版社.

布阳. 2008. 社会转型时期乡村信息传播的路径选择研究[硕士学位论文]. 武汉：华中农业大学.

蔡璐，伍艺. 2009. 农村公共文化信息服务网络平台的构建[J]. 农业现代化研究，（2）：203-206.

曹攀峰. 2007. 农业信息供给：市场与政府的双重低效与社会力量的引入[J]. 调研世界，（10）：37-40.

常金玲. 2007. 基于用户满意度的信息服务质量管理研究[J]. 情报理论与实践，（4）：483-485.

常青. 2007. 农业网络信息服务的研究与探讨[J]. 图书馆，（1）：95-96.

陈波. 2009. 泰国农业推广体系和农民培训情况介绍[J]. 农业科技管理，（4）：89-91.

陈诚，廖桂平，史晓慧，等. 2011. 农业农村信息服务个性化推送技术[J]. 中国农学通报，（29）：151-156.

陈东，程建英. 2011. 我国农村医疗卫生的政府供给效率——基于随机生产边界模型的分析[J]. 山东大学学报（哲学社会科学版），（1）：64-71.

陈红奎，吴永常. 2009. 农户信息服务需求的调查分析[J]. 中国人口·资源与环境，（1）：169-172.

陈红卫，吴大付，王小龙. 2011. 英国农业发展现状、经验及启示[J]. 河南科技学院学报，（5）：17-20.

陈立平. 2006. 农村信息服务途径和模式研究[博士后学位论文]. 北京：中国农业科学院.

陈枚香. 2008. 信息普遍存取与构建和谐农村[J]. 图书馆理论与实践，（4）：48-50.

陈生萍. 2008. 湘西自治州农业信息服务体系建设研究[硕士学位论文]. 长沙：湖南农业大学.

陈洋涛. 2008. 内蒙古农业信息供给体系分析[硕士学位论文]. 呼和浩特：内蒙古农业大学.

成兰. 2009. 信息管理理论视角下我国农村信息服务组织建构研究[硕士学位论文]. 上海：上海师范大学.

程少锋，郑初悦. 2007. 信息服务业发展水平评估研究——以宁波市为例[J]. 科技进步与对策，（6）：155-159.

程霞. 2011. 农村信息服务供给中市场企业间合作关系研究[J]. 安徽农业科学，（6）：3752-3754.

代会娟. 2011. 现代农业信息服务社会化体系研究[硕士学位论文]. 洛阳：河南科技大学.

党红敏. 2009. 陕西农业信息服务模式研究[硕士学位论文]. 咸阳：西北农林科技大学.

邓胜利. 2009. 公共信息服务的体制转型与组织研究[J]. 情报理论与实践，（10）：17-20.

刁节文，贾德奎. 2006. 经济学视角下的信息服务模式研究[J]. 图书情报知识，（3）：76-78.

丁疆辉，刘卫东，吴建民. 2010. 中国农村信息化发展态势及其区域差异[J]. 经济地理，（10）：1693-1699.

董景奎，罗文敏. 2008. 中国农村合作经济组织发展研究述评[J]. 贵州农业科学，（6）：165-167.

杜宇能. 2012. 加拿大农业土壤信息服务平台评述及其对中国的启示[J]. 世界农业，（1）：20-23.

鄂越，诸叶平，杨福运，等. 2008. 农业经济空间信息服务系统的研究与实现[J]. 计算机工程与科学，（5）：68-71.

方东权，吴天吉，李翠霞. 2009. "三农"信息资源整合与服务平台的设计与实现[J]. 中国农学通报，（4）：277-282.

冯海英. 2008. 试析贫困农村农户的信息需要[J]. 攀登，（6）：119-122.

符刚，林晓艳. 2010. 信息、信息成本和农户行为——基于四川省青白江区农户的实证研究[C]. 2010 年全国中青年农业经济学者年会.

傅雷扬，朱军，陈卫，等. 2011. 基于 SOA 的农村数字化综合信息服务平台研究[J]. 安徽农业科学，（34）：21504-21507.

甘国辉，徐勇. 2012. 农业信息协同服务——理论、方法与系统[M]. 北京：商务印书馆.

高梦滔，和云，师慧丽. 2008. 信息服务与农户收入：中国的经验证据[J]. 世界经济，（6）：50-58.

高强，孔祥智. 2012. 农业科技创新与技术推广体系研究：日本经验及对中国的启示[J]. 世界农业，（8）：9-16.

顾瑞兰，杜辉. 2012. 美国、日本农业社会化服务体系的经验与启示[J]. 世界农业，（7）：7-10.

顾云飞. 2011. 赴南非、以色列农业考察报告[J]. 中国牧业通讯，（14）：56-58.

郭强，罗长寿，张峻峰，等. 2011. 以农业热线为基础的现代农村信息服务体系建设分析[J]. 湖北农业科学，（12）：2585-2588.

郭小喃. 2010. 河南省农村公共品供给效率研究[硕士学位论文]. 苏州：苏州大学.

郭作玉. 2007. 中国信息化趋势报告（六十三）——农业农村信息服务：多元化、社会化、网络化[J]. 中国信息界，（8）：15-22.

国务院综改办河北省综改办河北经贸大学联合课题组，赵杰，黄维健，等. 2007. 农村税费改革与农村公共财政体系建设的探讨[J]. 财政研究，（1）：6-8.

哈尔·R. 范里安. 2009. 微观经济学：现代观点[M]. 上海：格致出版社.

韩军辉，李艳军. 2005. 农户获知种子信息主渠道以及采用行为分析——以湖北省谷城县为例[J]. 农业技术经济，（1）：31-35.

韩巍. 2007. 农户信息需求行为与传播模式研究[硕士学位论文]. 北京：中国农业科学院.

韩兴顺，潘海峰，文静华，等. 2007. 农业信息服务发展水平评价研究[J]. 农机化研究，（10）：20-24.

韩正彪，葛敬民. 2010. 基于 SEM 的信息资源网站用户满意度测评研究[J]. 情报科学，（8）：1194-1198.

何兵存. 2007. 澳大利亚、新西兰农业技能人才开发对中国的启示[J]. 世界农业，（11）：64-67.

何德华，鲁耀斌. 2009. 农村居民接受移动信息服务行为的实证分析[J]. 中国农村经济，（1）：70-81.

何绮云，郑业鲁，韩威威. 2011. 特色农业产供销信息服务体系构建与应用[J]. 广东农业科学，（8）：194-196.

贺文慧. 2008. 农户信息服务支付能力分析及实证研究[J]. 消费经济，（2）：45-48.

侯育红. 2007. 农村信息化市场价值链分析与研究[硕士学位论文]. 厦门：厦门大学.

胡昌平, 陈果. 2009. 网络环境下区域农业信息集成设计及其服务推进[J]. 情报杂志, （5）：147-150.

胡昌平. 2008. 信息服务与用户[M]. 武汉：武汉大学出版社.

胡朝兴. 2008. 浅谈农村信息员队伍建设[J]. 北京农业, （25）：46-47.

黄体杨, 杨勇. 2011. 近三十年来我国农村信息需求与服务研究综述[J]. 图书馆理论与实践, （9）：33-37.

黄英惠. 2007. 农业专家信息咨询服务系统设计[J]. 情报科学, （4）：583-587.

黄有光. 2011. 黄有光自选集[M]. 太原：山西经济出版社.

黄友兰, 何艳群. 2009. 林达尔均衡在农村信息服务中的改进及应用[J]. 安徽农业科学, （21）：10188-10189.

黄友兰. 2009. 对"政府+市场"农村信息服务供给模式的思考[J]. 农业经济, （2）：56-58.

黄友兰. 2010. 在合作博弈中实现高效供给农村信息服务[J]. 财经问题研究, （8）：105-108.

黄正多, 李燕. 2009. 印度农业合作化及对其农业发展的作用[J]. 南亚研究季刊, （3）：54-59.

黄祖辉, 徐旭初, 蒋文华. 2009. 中国"三农"问题：分析框架、现实研判和解决思路[J]. 中国农村经济, （7）：4-11.

纪淼, 高翠玲, 左停. 2009. 我国贫困地区农民专业协会的信息传播模式、特点及政策建议——广西农民专业协会案例研究[J]. 安徽农业科学, （6）：2747-2749.

姜朋. 2008. 农民专业协会的治理问题——基于能人依托型专业协会的观察与思考[J]. 中国农村观察, （5）：30-36.

姜奇平. 2008-4-28. 印度软件与信息服务业发展经验及启示[N]. 中国经济时报 （3）.

蒋勇, 罗平礼, 祁春节. 2010. 现代农村综合信息服务模式设计及制度安排——基于湖北省的实证分析[J]. 情报杂志, （3）：173-178.

蒋勇, 盛茂, 韩添, 等. 2009. 基层农业信息服务的实践与探索——以四川省阆中市农业信息服务建设为视角[J]. 湖北农业科学, （11）：2903-2907.

金荣德, 高星爱, 吴海燕, 等. 2010. 韩国农业科技经济一体化管理机制——韩国农村振兴厅访问后记[J]. 安徽农学通报 （上半月刊）, （23）：172-173.

康雪伟. 2011. 基于用户需求的内蒙古农牧业信息服务模式研究[硕士学位论文]. 呼和浩特：内蒙古农业大学.

孔祥智, 史冰清. 2009. 当前农民专业合作组织的运行机制、基本作用及影响因素分析[J]. 农村经济, （1）：3-9.

赖炳根, 周谊. 2008. 德国农业教育现状及其启示[J]. 现代农业科学, （3）：102-103.

雷海章. 2003. 现代农业经济学[M]. 北京：中国农业出版社.

雷娜, 赵邦宏, 杨金深, 等. 2007. 农户对农业信息的支付意愿及影响因素分析——以河北省为例[J]. 农业技术经济, （3）：108-112.

雷娜, 赵邦宏. 2007. 农户信息需求与农业信息供需失衡的实证研究——基于河北省农户信息需求的调查[J]. 农业经济, （3）：37-39.

雷娜. 2008. 农业信息服务需求与供给研究[硕士学位论文]. 保定：河北农业大学.

李傲霜, 张冬青. 2009. 基于信息对称的农产品信息服务模式研究[J]. 生产力研究, （18）：35-36.

李昌来. 2008. "三农"科学发展论[M]. 北京：中国农业出版社.

李长江, 陶诚华. 2011. 中国农村信息化境况与公共信息服务网络平台建构——以浙江省金华市为例[J]. 华东经济管理, (11): 35-42.

李道亮. 2007. 零公里的探索——基层农业信息服务体系建设研究[M]. 北京: 中国农业出版社.

李道亮. 2009. 中国农村信息化发展报告 (2009) [M]. 北京: 电子工业出版社.

李道亮. 2010. 农村信息化与数字农业[M]. 北京: 中国建筑工业出版社.

李道亮. 2011. 中国农村信息化发展报告 (2010) [M]. 北京: 北京理工大学出版社.

李道亮. 2012. 中国农村信息化发展报告 (2011) [M]. 北京: 电子工业出版社.

李冬梅, 严立冬, 刘智, 等. 2008. 日本农业技术推广体系制度结构的分析及其启示?[J]. 四川农业大学学报, (3): 266-269.

李光达, 郑怀国, 谭翠萍, 等. 2011. 基于云计算的农业信息服务研究[J]. 安徽农业科学, (27): 16959-16961.

李桂华. 2009. 信息服务设计与管理[M]. 北京: 清华大学出版社、北京交通大学出版社.

李瑾, 赵春江, 秦向阳, 等. 2011. 农村信息服务综合评价及影响因素研究——基于宁夏回族自治区村级视角的调研分析[J]. 中国农业科学, (19): 4110-4120.

李景峰, 陈雪. 2008. 信息服务机构的诚信机制研究[J]. 图书情报工作, (6): 94-97.

李丽伟. 2009. 农业信息化与农业经济增长[M]. 沈阳: 东北大学出版社.

李琳, 毛刚. 2007. 基于模块化思想的农村信息系统建设[J]. 现代情报, (5): 78-80.

李柳柏. 2011. 涪陵农技信息服务系统中专家调度算法的设计和实现[J]. 西南师范大学学报 (自然科学版), (4): 178-182.

李俏. 2012. 农业社会化服务体系研究[博士学位论文]. 咸阳: 西北农林科技大学.

李曙光. 2009. 我国信息服务体系构建现状与对策[J]. 国家图书馆学刊, (2): 67-70.

李伟克, 李崇信, 娄晓岚, 等. 2010. 韩国农业信息化经验及启示[J]. 农业网络信息, (2): 41-44.

李习文, 梁春阳, 张玉梅. 2011. 加强农村信息员队伍建设刻不容缓——我区引黄灌区农村信息员队伍现状调研与分析[J]. 图书馆理论与实践, (5): 40-43.

李想. 2011. 安徽省农业信息服务体系建设研究[J]. 安徽农业科学, (3): 1852-1853.

李晓俐. 2012. 新西兰和澳大利亚农业发展的特点及做法[J]. 世界农业, (10): 109-111.

李晓明, 齐艳杰. 2007. 发挥信息技术作用 建设社会主义新农村[J]. 现代情报, (6): 65-67.

李兴华, 郑业鲁, 刘庆茂, 等. 2008. 广东农村信息直通车工程建设总体架构探索[J]. 科技管理研究, (4): 207-210.

李雪奇. 2008. 澳大利亚农业推广政策的变化及启示[J]. 世界农业, (12): 27-29.

李燕凌. 2008. 农村公共品供给效率实证研究[J]. 公共管理学报, 5 (2): 14-23.

李勇. 2008. 顾客满意度指数模型及其测评方法研究[博士学位论文]. 北京: 中国矿业大学.

李志刚. 2010. 农村信息化发展的动力机制及知识服务体系构建研究[M]. 成都: 四川出版集团、巴蜀书社.

梁峰, 孙华. 2009. 公共信息服务的市场化机制思考[J]. 情报理论与实践, (2): 40-42.

梁媛, 罗能生. 2008. 涉农信息产品供给的问题成因与策略——基于公共财政视角的分析[J]. 求索, (4): 51-52.

廖桂平, 李建辉, 李锦卫, 等. 2012. "两端两网"扁平化农业农村信息服务模式探索[J]. 情报杂志, (3): 180-184.

廖森泰, 刘家平. 2007. 巴西、阿根廷农业和农业科技发展对广东的启示[J]. 广东科技, (12):

40-42.

廖文明. 2011. 农业信息服务协同研究[硕士学位论文]. 武汉：华中师范大学.

刘爱英. 2010. 农业信息分类及河北省供给模式的探究[J]. 河北经贸大学学报，（4）：93-96.

刘安敏. 2009. 中国农村信息服务站市场化运营研究[硕士学位论文]. 南昌：南昌大学.

刘冬青，孙耀明. 2008. 以信息需求为导向的农村信息服务[J]. 情报科学，（7）：1003-1006.

刘健宏，刘善文. 2010. 数字图书馆在农业信息服务体系中的创新功能研究[J]. 安徽农业科学，（34）：19825-19826.

刘婧. 2008. 农村信息服务体系建设亟待解决的问题——来自革命老区农民信息需求调查报告[J]. 图书情报知识，（4）：70-75.

刘美红，王善龙. 2010. 谈农村经济人队伍的现状[J]. 农民致富之友，（3）：41.

刘天军，唐娟莉，霍学喜，等. 2012. 农村公共物品供给效率测度及影响因素研究——基于陕西省的面板数据[J]. 农业技术经济，（2）：63-73.

刘文勇，吴显亮，乔春阳. 2008. 我国农村公共产品供给效率的实证分析[J]. 贵州财经学院学报，（5）：75-78.

刘武. 2009. 公共服务接受者满意度指数模型研究[博士学位论文]. 沈阳：东北大学.

刘小平，黄河，龙海. 2011. 欠发达地区农村信息服务模式构想[J]. 湖北农业科学，（23）：5000-5003.

刘莹莹. 2011. 社区信息服务顾客满意度测评研究[硕士学位论文]. 湘潭：湘潭大学.

刘志荣. 2011. 农村中小企业信息服务的现状、评价与需求——基于山东、四川、安徽和广东省四县（区）中小企业的问卷分析[J]. 中国科技论坛，（1）：142-147.

柳劲松. 2009. 湖北乡镇公益型事业单位改革追踪研究[J]. 湖北社会科学，（9）：70-73.

龙海，彭志良，赵泽英，等. 2011. 黔西县农村信息化服务网络平台的构建[J]. 贵州农业科学，（2）：235-239.

卢俞，孙惠合，苗开超，等. 2011. 新农村农业信息化服务平台总体设计[J]. 安徽农业科学，（19）：11914-11917.

陆利明，孙欣. 2011. 基于多传播途径的浦东地区农业信息服务体系构建研究[J]. 上海农业学报，（2）：132-135.

吕敏. 2009. 农村经纪人和经纪业的培育与发展[硕士学位论文]. 金华：浙江师范大学.

罗纳德·L. 汤普森，威廉·L. 凯茨巴里尔. 2006. 信息技术与管理[M]. 陈丽华，等译. 北京：北京大学出版社.

罗亚娜. 2010. 农村经纪人的发展现状和对策[J]. 经营管理者，（16）：75-76.

马费成，靖继鹏. 2005. 信息经济分析[M]. 北京：科学技术文献出版社.

马凌，侯正伟. 2009. 推进我国农村综合信息服务平台建设的研究[J]. 改革与战略，（6）：104-107.

马申玉. 2007. 吉林省农业科技信息服务系统的设计与实现[硕士学位论文]. 长春：吉林大学.

么炜. 2007. 基于 Web 服务的集中型广域农业信息服务系统的研究[硕士学位论文]. 保定：河北农业大学.

孟凡博，闫元元. 2010. 农业信息服务平台构建、应用与发展——基于辽宁星火 110 科技信息共享与服务平台的分析[J]. 农业经济，（7）：31-33.

苗润莲，江月朋，刘娟. 2010. 北京农村信息服务实践及对策建议[J]. 广东农业科学，（7）：329-331.

聂敏，文静华，蒋合领. 2010. 基于软交换的农业信息服务呼叫中心系统[J]. 农机化研究，（5）：
  125-127.

宁悦. 2007. 吉林省农业信息共享机制与服务体系研究[硕士学位论文]. 长春：吉林大学.

欧继中，张晓红. 2009. 荷兰和日本农业合作组织模式比较与启示[J]. 中州学刊，（5）：76-78.

欧三任. 2007. 信息化背景下农村信息风险与农村政治稳定[硕士学位论文]. 长沙：湖南师范大学.

欧钊. 2009. 中国农业信息服务水平研究[硕士学位论文]. 咸阳：西北农林科技大学.

齐力，邓保国. 2011. 农业信息化服务体系研究——基于广东农户需求的分析[J]. 广东农业科
  学，（1）：229-231.

秦立杰. 2010. 移动通讯在农业信息服务中的应用[J]. 中国生态农业学报，（4）：774.

任春振. 2011. 农业信息服务需求与供给分析[硕士学位论文]. 临安：浙江农林大学.

任光欣. 2010. 我国农业信息服务体系的发展问题研究[硕士学位论文]. 保定：河北大学.

任明艳. 2006. 农业信息服务系统的研究与设计[硕士学位论文]. 哈尔滨：哈尔滨工业大学.

阮建庆，徐洋，黄晓英. 2012. 浙江农村信息服务现状调查与对策研究——基于杭州市郊临安农
  村的调查[J]. 安徽农业科学，（10）：6269-6271.

山红梅，郭琪. 2009. 我国农村信息服务体系运行环境分析与优化对策研究[J]. 农业经济，（8）：
  53-55.

山红梅，张鸿. 2009. 构建科学规范的农村信息服务体系运行机制[J]. 农业经济，（1）：79-81.

邵祥东. 2010. 规范农村经纪人队伍 活跃农产品流通市场[J]. 中国商贸，（4）：138-139.

史新峰. 2009. 基于信息服务效果的农业信息服务体系建设策略[J]. 贵州农业科学，（7）：
  248-251.

舒桂珍. 2007. 农村信息化服务的创新与保障机制[J]. 求索，（11）：73-74.

司有和. 2007. 信息传播学[M]. 重庆：重庆大学出版社.

宋莉，靖飞. 2012. 美国农业社会化服务现状及其对我国的启示[J]. 江苏农业科学，（6）：10-11.

宋颖. 2007. 哈尔滨市农业信息服务体系建设对策研究[硕士学位论文]. 哈尔滨：哈尔滨工业大学.

孙贵珍. 2010. 河北省农村信息贫困问题研究[博士学位论文]. 保定：河北农业大学.

孙贵珍，王栓军，李亚青. 2010. 基于农村信息贫困的农民信息购买力研究[J]. 中国农学通报，
  （6）：364-366.

孙庆辉，王家耀，钟大伟，等. 2009. 空间信息服务模式研究[J]. 武汉大学学报（信息科学版），
  （3）：344-347.

孙素芬，罗长寿. 2007. 中国农村信息服务体系建设问题分析[J]. 世界农业，（3）：13-15.

谭英. 2004. 欠发达地区不同类型农户科技信息需求与服务策略研究[硕士学位论文]. 北京：中
  国农业大学.

汤景泰. 2009. 新农村建设与中部农村信息传播——安徽省六安市农村媒体接触和评价状况调
  查[J]. 西南民族大学学报（人文社科版），（8）：102-105.

唐娟莉，刘春梅，朱玉春. 2011. 农村公共服务满意度与优先序的实证分析——基于陕西省农户
  层面的实地调研[J]. 华东经济管理，（11）：99-102.

唐锟. 2008. 农村市场信息服务模式构建的相关因素研究[J]. 图书与情报，（4）：117-120.

唐仁华，杨威. 2009. 俄罗斯农业高层次人才培养模式及启示[J]. 科技管理研究，（4）：248-249.

田利. 2011. 英国政府信息服务用户付费制度的评价与思考[J]. 情报科学，（12）：1803-1805.

万宝瑞. 2007. 印度农业科技体制的组织框架、运行机制及其启示——印度农业科技体制考察报

告[J]. 中国农村经济，（9）：77-80.

万学道，邹积红，杨红军，等. 2006. 市、县、乡、村四级网络联动探索农村信息服务模式[J]. 农业网络信息，（3）：34-37.

万学道. 2008. 区域农村信息化网络共享服务平台建设研究[博士学位论文]. 北京：北京林业大学.

汪雷，汪卫霞. 2010. 基于信息不对称的现代农业信息传播体系构建[J]. 情报理论与实践，（7）：97-100.

王崇桃，李少昆，韩伯棠. 2005. 关于农民对农业技术服务需求的调查与分析[J]. 农业技术经济，（4）：55-59.

王盾. 2009. 试析城乡一体化进程中我国农户信息需求的发展趋势[J]. 图书馆理论与实践，（7）：50-52.

王方红. 2007. 产业链视角下现代农业服务模式研究[博士学位论文]. 长沙：中南大学.

王海龙，刘艳英. 2007. 信息资源成本的核算与补偿[J]. 中国乡镇企业会计，（11）：79-80.

王建. 2010. 农民信息获取能力现状与提升——以西部地区农村为例[J]. 图书馆学研究，（2）：93-95.

王静. 2010. 农业综合供应链信息共享的博弈分析[J]. 社会科学家，（3）：56-58.

王蕾，朱玉春. 2011. 农民对农村公共产品满意度及影响因素分析——来自西部地区 735 户农户的调查[J]. 农业经济与管理，（5）：27-36.

王栓军，孙贵珍. 2010. 基于农民视角的河北省农村信息供给调查分析[J]. 中国农学通报，（22）：393-398.

王文生. 2007. 中国农村信息化服务模式与机制[M]. 北京：经济科学出版社.

王文珍，张成利. 2008. 农村综合信息服务应用平台的设计[J]. 农机化研究，（7）：137-139.

王艳霞. 2007. 网络环境下中国农业信息服务系统研究[博士学位论文]. 保定：河北农业大学.

韦东方，游专. 2008. 我国农村信息服务点建设中的问题与对策[J]. 农业网络信息，（11）：4-6.

魏笑笑. 2009. 西安市农村信息服务体系建设问题探讨[J]. 贵州农业科学，（7）：244-247.

温继文，李道亮，朱翔，等. 2006. 我国与美国农业信息服务体系建设的比较研究[J]. 南方农村，（1）：49-53.

温思美，郑晶. 2008. 要素流动、结构转型与中国"三农"问题困境[J]. 农业经济问题，（11）：4-11.

翁和永，郁笑春. 2011. 从现状看我国信息资源整合、信息服务整合战略和发展方向[J]. 图书情报工作，（19）：63-67.

吴强. 2009. 农业信息服务网格系统设计[J]. 湖北农业科学，（8）：1998-2000.

吴先锋，陈强，高锡荣，等. 2011. 农村移动信息服务供给特征聚类分析[J]. 情报杂志，（10）：95-99.

吴有文. 2009. 农户的公共信息服务供给模式研究[硕士学位论文]. 广州：暨南大学.

吴志红，翟运开，朱榕. 2011. 集群式信息服务体系矩阵模型与服务链式运行机制研究[J]. 图书情报工作，（23）：54-58.

伍艺. 2011. 湖南农村文化信息服务创新与保障机制研究[J]. 图书馆，（6）：111-113.

武亚云. 2008. 论农业产业化信息服务体系建设[J]. 云南农业，（4）：38-39.

夏振荣，俞立平. 2010. 农村信息资源对农民收入贡献的实证研究[J]. 情报杂志，（7）：127-128.

向朝阳. 2012. 日本农业公共管理与社会服务之浅见[J]. 世界农业，（4）：54-55.

向南. 2012. 韩国农业信息化服务体系建设经验及启示[J]. 天津农业科学，（5）：84-88.

肖朝阳，赵定涛，王爱学. 2008. 基于结构方程模型的公共产品供给配置效率研究——以科技类
　　公共产品为例[J]. 软科学，（11）：51-55.

肖建英. 2009. 美国农业信息共享及对中国的启示[J]. 世界农业，（11）：23-25.

肖倞. 2009. 农村信息服务需求影响因素研究[硕士学位论文]. 上海：复旦大学.

肖明. 2008. 信息资源管理（第 2 版）[M]. 北京：电子工业出版社.

熊励. 2009. 基于融合创新的现代信息服务业比较研究[J]. 图书情报工作，（2）：51-54.

熊鹰. 2010. 基于农户支付能力与支付意愿的农业科技服务需求分析——以成都市为例[J]. 科
　　技管理研究，（10）：97-100.

徐丽梅. 2008. 我国信息服务业的发展趋势与对策研究[J]. 情报理论与实践，（5）：728-731.

徐文朴. 2011. 福州市农村公共品供给效率研究[硕士学位论文]. 福州：福建农林大学.

徐先文. 2008. 贵阳市农村信息化综合信息服务平台研究与设计[硕士学位论文]. 贵州：贵州大学.

徐雪高，季牧青，沈杰. 2010. 对农信息服务有效供给不足及其成因分析[J]. 经济与管理研究，
　　（1）：56-60.

徐盈之，赵玥. 2009. 中国信息服务业全要素生产率变动的区域差异与趋同分析[J]. 数量经济技
　　术经济研究，（10）：49-60.

徐元浩. 2012. 基于本体的综合农业信息服务系统研究[J]. 安徽农业科学，（3）：1887-1888.

许鹿，邱珍. 2009. 贵州农村农业科技信息服务供给研究——以六枝特区某乡为例[J]. 湖北农业
　　科学，（10）：2617-2619.

许世卫，李哲敏，李干琼. 2008. 美国农业信息体系研究[J]. 世界农业，（1）：44-46.

许益成，陈丽婷. 2010. 新农村信息服务体系研究[J]. 安徽农业科学，（22）：12283-12285.

许竹青，郑风田，陈洁. 2012. 农信通手机信息服务的实施效果调查——以海南省为例[J]. 调研
　　世界，（3）：54-57.

严霞，张禄祥. 2008. 农业信息服务与农业知识服务比较研究[J]. 广东农业科学，（11）：135-138.

杨宝祝，吴建伟. 2009. 面向农业产业链的信息服务业务分析[J]. 农业网络信息，（5）：7-9.

杨兵，阴良魁，马东山. 2008. 成都市城乡一体化信息服务体系发展水平差异分析[J]. 农业工程
　　学报，（S2）：211-213.

杨诚. 2010. 我国农民信息消费力现状与提升对策[J]. 安徽农业科学，（8）：4266-4269.

杨福运，诸叶平，鄂越. 2008. 基于 GIS 的农业经济信息服务系统的设计与实现[J]. 中国农学通
　　报，（5）：429-433.

杨高翔. 2009. 湖北农村信息化战略及模式研究[硕士学位论文]. 武汉：武汉理工大学.

杨含斐，刘昆雄. 2008. 日本信息服务业发展现状及建设经验评价[J]. 情报杂志，（10）：135-137.

杨美英. 2011. 我国农村建设中农村信息服务存在的问题及对策[J]. 情报科学，（10）：1514-1517.

杨木容. 2011. "三农"政策信息服务建设的研究——基于 31 个省级农业政务信息网的调查[J].
　　图书情报工作，（7）：19-23.

杨永坤. 2011. 德国、波兰农业与农业科研管理体制特点及对中国的启示[J]. 情报杂志，（S2）：
　　289-291.

杨紫微. 2010. 农业信息服务应用系统的研究与实现[硕士学位论文]. 合肥：中国科学技术大学.

姚莉莉，陈玉成，王沛，等. 2011. 辽宁现代农业信息资源建设及其服务对策[J]. 农业经济，（6）：
　　72-73.

于良芝，罗润东，郎永清，等. 2007. 建立面向新农民的农村信息服务体系：天津农村信息服务现状及对策研究[J]. 中国图书馆学报，(6)：30-35.

于良芝，俞传正，樊振佳，等. 2007. 农村信息服务效果及其制约因素研究：农民视角[J]. 图书馆杂志，(9)：14-21.

约瑟夫·斯蒂格利茨. 2008. 信息经济学：基本原理（上）、（下）[M]. 北京：中国金融出版社.

乐波. 2007. 农业生产领域公共服务供给的美、日、印三国经验研究[博士学位论文]. 武汉：华中师范大学.

乐冬，李晓. 2012. 科研人员参与"三农"信息服务意愿的影响因素分析——以四川省统筹城乡信息化建设为例[J]. 湖北农业科学，(2)：415-418.

岳德荣，王曙明，郭中校，等. 2008. 巴西农业生产与科研推广体系[J]. 农业科技管理，27（5）：5-7.

岳书铭. 2007. 农村公共品供求均衡机制研究[博士学位论文]. 泰安：山东农业大学.

臧运平，郑满生，贾文科. 2012. 1979～2010 年我国农业院校及图书馆为农村提供信息服务研究综述[J]. 安徽农业科学，(5)：2973-2976.

曾福生，匡远配，周亮. 2007. 农村公共产品供给质量的指标体系构建及实证研究[J]. 农业经济问题，(9)：12-19.

曾天屹. 2009. 农村专业经济协会与农民专业合作社比较研究[J]. 社团管理研究，(9)：23-25.

曾文武. 2010. 新农村建设中的信息服务及其特征[J]. 情报科学，(5)：662-665.

张波. 2008. 我国农业信息服务的现状、问题及对策研究[硕士学位论文]. 长沙：湖南农业大学.

张博. 2007. 面向农民的农业科技成果信息服务模式研究[硕士学位论文]. 北京：中国农业科学院.

张兰英. 2006. 中国农业信息产业化发展研究[博士学位论文]. 哈尔滨：东北林业大学.

张莉. 2007. 中国与 CABI 农业信息服务合作展望[J]. 世界农业，(10)：12-15.

张梅. 2008. 我国农村专业合作经济组织的效率研究[博士学位论文]. 哈尔滨：东北农业大学.

张绍晨，李昀，郭蔚婷. 2009. 林农信息需求研究及面向林农的信息服务体系构建[J]. 北京林业大学学报，(S2)：91-94.

张松，刘志民. 2005. 俄罗斯高等农业教育发展道路及模式探索[J]. 中国农业教育，(3)：19-22.

张维迎. 2004. 博弈论与信息经济学[M]. 上海：上海人民出版社.

张文红. 2007. 新农村信息化综合信息服务机制问题探讨[J]. 安徽农业科学，(20)：6337-6338.

张熹，周永录，李佛琳，等. 2010. 基于智能手机的农业信息服务平台设计[J]. 云南大学学报（自然科学版），(S2)：81-85.

张向先. 2007. 农业信息资源配置的理论与方法研究[博士学位论文]. 长春：吉林大学.

张小芳，周良华. 2011. 基于 3G 技术的农业信息服务研究[J]. 安徽农业科学，(16)：9999-10000.

张馨遥. 2011. 健康网站信息服务满意度评价指标体系研究[博士学位论文]. 长春：吉林大学.

张艳婷. 2010. 农民对信息资本占有的马太效应分析[J]. 情报科学，(4)：575-578.

张阳. 2009. 农村信息服务中信息不对称及治理[J]. 贵州农业科学，(9)：258-260.

张颖. 2008. 农业信息服务体系中的委托-代理机制研究[硕士学位论文]. 沈阳：东北大学.

张颖丽，成荣敏，刘彦圻. 2009. 农业信息服务体系运行模式研究[J]. 经济纵横，(8)：89-92.

张永金. 2008. 农业信息资源的利用与整合研究[硕士学位论文]. 昆明：昆明理工大学.

张玉梅. 2010. 宁夏农村信息服务现状评价分析[J]. 图书馆理论与实践，(12)：43-45.

张云玲. 2007. 中国居民消费计量模型研究与实证分析[硕士学位论文]. 北京：首都经济贸易大学.

章剑林，周伟. 2008. 农村综合信息服务应用平台的设计与实施[J]. 浙江工业大学学报，（4）：
　　370-373.

赵丹丹，钱金良，杨娜，等. 2011. 云南农业信息化服务"三农"新模式[J]. 中国农学通报，（29）：
　　162-166.

赵建. 2008. 泰国农业合作社的新发展及启示[J]. 上海农村经济，（3）：42-43.

赵静娟，郑怀国，崔运鹏. 2009. 面向农村的统一信息服务研究[J]. 安徽农业科学，（28）：
　　3946-3947.

赵军，刘凌锋，赵亮，等. 2010. 宁夏农业信息需求-服务差距模型及评价研究[J]. 安徽农业科
　　学，（26）：14769-14772.

赵鸣骥，王正谱，李嘉莉，等. 2005. 南非、坦桑尼亚农业支持和服务体系[J]. 世界农业，（2）：
　　26-28.

赵爽. 2011. 现代化农业信息化服务平台开发与应用[硕士学位论文]. 长春：吉林大学.

赵卫东，李志军，李守勇，等. 2007. 赴韩国农业推广服务体系考察报告[J]. 北京农业职业学院
　　学报，（2）：28-32.

赵星，廖桂平，史晓慧，等. 2012. 物联网与云计算环境下的农业信息服务模式构建[J]. 农机化
　　研究，（4）：142-147.

郑红维，李颙. 2010. 中国农村信息服务体系综合评价与发展研究[M]. 北京：中国农业科学技
　　术出版社.

郑怀国，谭翠萍，李光达，等. 2011. 基于农民视角的农业信息服务[J]. 安徽农业科学，（27）：
　　16978-16979.

郑妍妍. 2010. 我国农村信息化服务的长效机制的建立与发展[J]. 北方园艺，（16）：237-238.

钟莘思，刘景旭，李弘伟. 2007. 基于信息效用和信息用户满意度的信息价值测度研究[J]. 情报
　　杂志，（1）：92-93.

周爱军. 2006. 农村科技信息需求现状分析及服务策略研究[硕士学位论文]. 北京：中国农业科
　　学院.

周海英，刘建兰. 2008. 民族地区农业网络信息服务接入模式探讨——以湘西自治州为例[J]. 当
　　代传播，（3）：110-111.

周华斌，李兴国. 2007. 大戏剧论坛（第3辑）[M]. 北京：中国传媒大学出版社.

周洁，刘建. 2011. 基于规划的农业信息服务组合研究[J]. 安徽农业科学，（20）：12598-12600.

周淑云. 2009. 信息服务成本分析[J]. 兰台世界，（6）：23-24.

周思勤，陈礼芳. 2010. 农村公共品供给效率与农民的主体地位[J]. 生产力研究，（11）：40-41.

周伟，叶常林，韩家勤. 2009. 政府信息服务绩效评估指标体系的科学构建[J]. 图书情报工作，
　　9（13）：139-142.

周衍平，陈会英，赵瑞莹. 2007. 对德国农业协会的系统考察[J]. 中国农村经济，（8）：71-80.

周志祥. 2010. 农村公共产品供给效率及其供给机制研究[硕士学位论文]. 杭州：浙江大学.

朱·弗登博格，让·梯若尔著. 2002. 博弈论[M]. 黄涛，等译. 北京：中国人民大学出版社.

朱丹. 2011. 农村综合信息服务模式的可持续发展研究[J]. 图书馆理论与实践，（1）：40-42.

朱华吉，吴华瑞，冯臣，等. 2008. GIS在新农村建设信息服务平台中的应用[J]. 农机化研究，（6）：
　　164-167.

朱萍. 2008. 新农村市场信息服务体系建设探讨[J]. 农村经济，（6）：93-95.

朱伟苹. 2007. 德国农业合作社的成功之道[J]. 上海农村经济，（10）：41-42.

朱玉春，唐娟莉，刘春梅. 2010. 基于 DEA 方法的中国农村公共服务效率评价[J]. 软科学，（3）：37-43.

朱增勇. 2008. 网络环境下的农业文献信息服务模式研究[博士学位论文]. 北京：中国农业科学院.

卓文飞. 2007. 我国微观农业信息服务创新模式研究[J]. 河南农业科学，（3）：22-24.

资武成，陆小成，罗新星. 2008. 基于绿色供应链的农村消费信息服务模式研究[J]. 情报杂志，（5）：133-135.

宗璐璐. 2012. 农村公共品供给效率研究——以安徽省为例[J]. 赤峰学院学报（自然科学版），（23）：57-59.

邹进泰. 2010. 构建湖北以信息化为基础的农村综合服务体系[J]. 学习月刊，（10）：32-33.

左停，旷宗仁，徐秀丽. 2009. 从"最后一公里"到"第一公里"——对中国农村技术和信息传播理念的反思[J]. 中国农村经济，（7）：42-47.

Ali J，Kumar S. 2011. Information and communication technologies（ICTs）and farmers' decision-making across the agricultural supply chain[J]. International Journal of Information Management，31（2）：149-159.

Anwar M A，Supaat H I. 1998. Information needs of rural malaysians：an exploratory study of a cluster of three villages with no library service[J]. The International Information & Library Review，30（1）：23-36.

Byamugisha H M，Ikoja-Odongo R，Nasinyama G W，et al. 2008. Information seeking and use among urban farmers in kampala district，uganda[J]. Agricultural Information Worldwide Agricultural Information Worldwide，1（3）：94-101.

Chung K S K，Hossain L. 2010. Towards a social network model for understanding information and communication technology use for general practitioners in rural Australia[J]. Computers in Human Behavior，26（4）：562-571.

Diekmann F，Loibl C A Z，Batte M T. 2009. The economics of agricultural information：factors affecting commercial farmers' information strategies in Ohio[J]. Applied Economic Perspectives and Policy，31（4）：853-872.

Duram L A，Larson K L. 2001. Agricultural research and alternative farmers' information needs[J]. The Professional Geographer，53（1）：84-96.

Ekoja I I. 2003. Farmers' access to agricultural information in nigeria[J]. Bulletin of the American Society for Information Science and Technology，29（6）：21-23.

Evans J F. 1992. Issues in equitable access to agricultural information[J]. Agriculture and Human Values，9（2）：80-85.

Grimes S. 2000. Rural areas in the information society：diminishing distance or increasing learning capacity? [J]. Journal of Rural Studies，16（1）：13-21.

Harris M H，Hannah S A. 1993. Into the Future：the Foundations of Library and Information Services in the Post-industrial Era[M]. Norwood，N.J.：Ablex Pub. Corp.

Hueth B，Marcoul P. 2006. Information sharing and oligopoly in agricultural markets：the role of the cooperative bargaining association[J]. American Journal of Agricultural Economics，88（4）：866-881.

Just D R, Wolf S A, Zilberman D. 2006. Effect of information formats on information services: analysis of four selected agricultural commodities in the USA[J]. Agricultural Economics, 35 (3): 289-301.

Kaniki A M. 1988. Agricultural information services in less developed countries[J]. International Library Review, 20 (3): 321-360.

Kreps D M. 1990. A Course in Microeconomics[M]. Princeton: Princeton University Press.

Lipsey R G, Lancaster K. 1956. The general theory of second best[J]. Review of Economic Studies, 24 (1): 11-32.

Lowe J C. 2003. Evolution of international market information services for the canadian agriculture and agri-food sector[J]. IAALD Quarterly Bulletin, 3 (4): 173-177.

Mitchell P D. 2003. Value of imperfect input information in agricultural production[J]. Agricultural Systems, 75 (2, 3): 277-294.

Mitchell S, Clark D. 1999. Business adoption of information and communications technologies in the two-tier rural economy: some evidence from the South Midlands[J]. Journal of Rural Studies, 15 (4): 447-455.

Mokotjo W, Kalusopa T. 2010. Evaluation of the agricultural information service(AIS)in lesotho [J]. International Journal of Information Management, 30 (4): 350-356.

Mooko N P. 2005. The information behaviors of rural women in Botswana[J]. Library & Information Science Research, 27 (1): 115-127.

Mubangizi N, Mangheni M N, Garforth C J. 2005. Challenges and opportunities of private agricultural extension service providers in accessing and utilising information under the national agricultural advisory services (NAADS) system in Uganda: A case study of arua and tororo districts[J]. LAALD Quarterly Bulletin, 3 (4): 111-118.

Niederhauser N, Oberthür T, Kattnig S, et al. 2008. Information and its management for differentiation of agricultural products: the example of specialty coffee[J]. Computers and Electronics in Agriculture, 61 (2): 241-253.

Parikh T S. 2007. Designing an architecture for delivering mobile information services to the rural developing world[D]. Washington: University of Washington.

Pick D. 2003. Product differentiation and asymmetric information in agricultural and food market: defining the role for government: discussion[J]. American journal of agricultural economics, 85 (3): 742-743.

Premkumar G, Roberts M. 1999. Adoption of new information technologies in rural small businesses [J]. Omega, 27 (4): 467-484.

Rao N H. 2007. A framework for implementing information and communication technologies in agricultural development in India [J]. Technological Forecasting and Social Change, 74 (4): 491-518.

Rasmusen E. 2006. Game and Information: An Introduction to Game Theory (4th ed) [M]. Cambridge: Basil Blackwell Publisher.

Shatberashvili O, Maru A. 2008. Development of agriculture information services in central asia and caucasus[R]. World Library and Information Congress: 74th IFLA General Conference and

Council.

Singh R H，Lauckner B. 2003. Assessing the performance and impact of agricultural information products and services：Development of a methodology[J]. Farm & Business：The Journal of the Caribbean Agro-Economic Society，6（1）：155-164.

Sturges P，Chimseu G. 1996. The chain of information provision in the villages of Malawi：a rapid rural appraisal [J]. The International Information & Library Review，28（2）：135-156.

Sturges P，Wallis S. 1999. Performance measurement and project evaluation for African rural information services [J]. Information development，15（4）：205-211.

Tiepoh M，Reimer B. 2004. Social capital，information flows，and income creation in rural Canada：a cross-community analysis [J]. The Journal of Socio-Economics，33（4）：427-448.

Uhegbu A N. 1997. The impact of rural information on community development programmes in the imo state of Nigeria [J]. The International Information & Library Review，29（1）：85-94.

Underwood N A，Caputo M R. 1996. Environmental and agricultural policy effects on information acquisition and input choice [J]. Journal of Environmental Economics and Management，31（2）：198-218.

Vavrek B. 1995. Rural information needs and the role of the public library[J]. Library Trends，44（1）：21-48.

Wang M，Zhang N. 2002. Information technology alters the roadmap to agricultural modernization [J]. Computers and Electronics in Agriculture，36（2）：91-92.

Zhang L. 2007. Discovering information use in agricultural economics：a citation study[J]. The Journal of Academic Librarianship，33（3）：403-413.

Zhang Y，Yu L. 2009. Information for social and economic participation：a review of related research on the information needs and acquisition of rural Chinese [J]. The International Information & Library Review，41（2）：63-70.

附 录

附录 I 农村综合信息服务客体调查问卷

问卷编号：_____ 调查人员：_____

调查地点：_____县_____乡镇 调查时间：20____年____月____日

尊敬的朋友：

您好！为了了解农村综合信息服务的基本情况，设计科学实效的农村综合信息服务模式和体系，更好地服务"三农"；就下列问题，请您选择最符合实际情况的选项（在方框内打"√"）或表达您的真实看法。本次调查无记名，您所提供的资料仅供内部研究使用。

真诚感谢您的大力支持！祝您工作愉快，生活幸福！

华中农业大学经济管理学院
农村综合信息服务调查组

1. 您的年龄在：

   30 岁及以下□ 31～40 岁□ 41～50 岁□ 51 岁及以上□

2. 您的受教育程度（学历）是：

   小学及以下□ 初中□ 高中或中专□ 高职或大专□ 本科及以上□

3. 您的职业是：

   普通农户□ 种养大户□ 农村经纪人□ 农资农贸公司从业人员□
   农产品加工企业从业人员□ 其他：_____

4. 您的家庭人均年收入大概是_____元。

5. 您的家庭：

   装有固定电话□ 有手机□ 有电视□ 安装了有线电视□ 有计算机□
   连接了互联网□ 可收听广播□ 有 VCD 或 DVD□ 会购买书刊或影音
   资料□ 常订阅报纸、杂志□ 以上都没有□

6. 您所在地农村综合信息服务的基础设施（广播、电视、电话、网络、图书馆、服务站点等）是否完善？

   非常完善□ 较完善□ 一般□ 不完善□ 很不完善□ 没注意□

7. 您所在地农村信息传播畅通吗？

   非常畅通□ 比较畅通□ 一般□ 不太畅通□ 不畅通□ 不了解□

（选择"非常畅通"或"比较畅通"或"不了解"，请做 9 题）

8. 您认为当地农村信息不(太)畅通的主要原因按主次顺序依次是（先打"√"后排序）：＿＿＿＿＿＿＿＿＿＿＿＿＿＿＿＿＿＿＿＿＿

①农村（广播□、电视□、电话□、计算机网络□）覆盖率较低

②农村利用（广播□、电视□、书刊报纸杂志□、电话□、计算机网络□）获取信息的比率较低

③农村信息服务（机构太少□、功能不强□、人员数量少□、业务能力有限□）

④用于农村信息服务的资金（投入不足□、利用效率不高□）

⑤国家（政策支持不足□、法规保障不够□）

⑥农户对农村信息（重要性认识不足□、独立获取能力有限□）

⑦其他：＿＿＿＿＿＿＿＿＿＿＿＿＿＿

9. 您所在地的农村、乡镇是否能方便连通互联网？

　　能□　　比较困难□　　不能□

10. 您认为目前在农村利用互联网来获取农村信息是否可行？

　　是□　　否□

11. 您认为目前让普通农户使用互联网来查阅所需信息存在哪些问题？

　　还没有认识到这一功能□　　不会使用计算机□　　没有连通网络□

　　计算机太贵□　　上网费太高□　　网上信息不可靠□　　不存在问题□

　　不知道□　　其他：＿＿＿＿＿＿＿＿＿＿＿＿

12. 您对农业信息网了解的程度？

　　没听说过□　　听说过，不了解□　　使用过，用得不多□

　　很熟悉，经常使用□

13. 您所关心和需要的农村信息有哪些？

　　A 类：农业政策法规□　　农业新闻□　　农业资源（气候、土壤、水等）

　　　　　信息□

　　B 类：农用物资信息□　　农村投融资信息□　　农村科技信息□

　　　　　农产品市场信息□　　生产经营管理信息□　　农产品储运信息□

　　C 类：农村生活消费□　　医疗卫生□　　交通□　　文化体育□　　休闲娱乐□

　　D 类：农村教育培训□　　致富经验□　　就业信息□

　　　　　其他：＿＿＿＿＿＿＿＿＿＿＿＿＿＿

14. 您能够经常获取的农村信息有哪些？

　　A 类：农业政策法规□　　农业新闻□　　农业资源（气候、土壤、水等）

　　　　　信息□

　　B 类：农用物资信息□　　农村投融资信息□　　农村科技信息□

　　　　农产品市场信息□　生产经营管理信息□　农产品储运信息□

　　C 类：农村生活消费□　医疗卫生□　交通□　文化体育□　休闲娱乐□

　　D 类：农村教育培训□　致富经验□　就业信息□

　　其他：_____

15. 对所获取的农村信息，您能够理解并接受多少？

　　全部□　大部分□　部分□　小部分□　很少□

　　（选择"全部"或"大部分"，请做 17 题）

16. 您只能理解并接受一（小或很少）部分的原因是：

　　自身知识水平影响了对信息的理解和接受□

　　信息的表述不够完善、通俗、易懂和易用□

　　大部分信息没有针对性，用处不大□

　　信息不够及时或已陈旧□

　　其他：_____

17. 您通常采取哪些方式和手段获取农村信息？

　　A 类：互联网络□　电视节目□　电台广播□　电话咨询□　手机短信□

　　　　　书刊报纸杂志□　音影制品□

　　B 类：培训讲座□　现场咨询□　致富经验、科技示范□

　　C 类：村委会广播□　会议通知□　布告、广告宣传单□　亲友告知□

　　其他：_____

18. 您认为哪种方式和手段最好？

　　A 类：互联网络□　电视节目□　电台广播□　电话咨询□　手机短信□

　　　　　书刊报纸杂志□　音影制品□

　　B 类：培训讲座□　现场咨询□　致富经验、科技示范□

　　C 类：村委会广播□　会议通知□　布告、广告宣传单□　亲友告知□

　　其他：_____

　　原因是：_____

19. 您认为，制约您获取农村信息的因素有哪些？

　　不知到哪里找信息□　缺乏自己需要的信息□　信息不及时□

　　担心信息不准确□　　个人经济条件有限□　　个人文化素质不高□

20. 您在农业生产经营、农村生活或个人发展中有了难题通常会找谁求助？

　　政府部门□　企业或协会□　亲朋好友□　自己利用电视、电话、广播、

　　网络或书刊等工具解决□　　没有办法解决□

21. 您对农村综合信息服务的利用频率怎样？

　　很低□　　较低□　　一般□　　较高□　　很高□

22. 您所在地的农村信息服务内容是否全面？

很不全面□　　　不太全面□　　　一般□　　　较全面□　　　很全面□

23. 您认为所在地农村综合信息服务的规模和数量如何？

很小□　　　较小□　　　一般□　　　较大□　　　很大□

24. 您获取的农村信息主要来自哪些组织机构？

A 类：县政府部门□　　　乡政府部门□

B 类：教研组织（如高等院校、研究所等）□

信息机构（如图书馆、广播电视台、报刊杂志社等）□

各类服务中心（站）（如农技、农机服务中心，兽医站等）□

C 类：农资农贸公司□　　农产品加工企业□

农业信息技术（如通信、网站等）企业□　　信息咨询公司□

D 类：专业协会□　　合作组织□

其他：_____

25. 您认为有必要在乡镇一级设立农村信息服务站点吗？

有□　　没有□

26. 您认为有必要在村一级设立农村信息服务站点吗？

有□　　没有□

27. 如果建立农村电话咨询系统，可以通过电话、手机等由专家在线解答您的问题，您会：

经常使用□　　偶尔使用□　　　不使用□

28. 您是否参加过农业科技培训？

是□　　否□

（选择"是"，请做 30 题）

29. 您不参加农业科技培训的原因是：

没有这样的活动□　　没有时间参加□　　认为培训没有用□

培训内容太难□　　培训费用太高□

其他：_____

30. 您在接受农村综合信息服务之前，对服务的整体期望如何？

很低□　　较低□　　　一般□　　　较高□　　　很高□

31. 您在接受农村综合信息服务之前，对其信息质量和服务水平的期望如何？

很低□　　较低□　　　一般□　　　较高□　　　很高□

32. 您对农村综合信息服务满足您个性化需求的期望如何？

很低□　　较低□　　　一般□　　　较高□　　　很高□

33. 您对农村综合信息服务内容准确性的评价如何？

很低□　　较低□　　　一般□　　　较高□　　　很高□

34. 您对农村综合信息服务内容针对性的评价如何？

　　很差□　　　较差□　　　一般□　　　较强□　　　很强□

35. 您对农村综合信息服务内容时效性的评价如何？

　　很差□　　　较差□　　　一般□　　　较好□　　　很好□

36. 您认为农村综合信息服务对当地经济、社会发展的影响程度怎样？

　　很小□　　　较小□　　　一般□　　　较大□　　　很大□

37. 您认为目前普通农户能接受所获取的信息服务并用于实践的能力如何？

　　非常好□　　　好□　　　一般□　　　不好□

38. 您目前获取的农村信息能否满足生产、生活和个人发展需要？

　　能满足□　　　基本满足□　　　不能满足□

39. 农村综合信息服务使您经济、生活的受益程度怎样？

　　很小□　　　较小□　　　一般□　　　较大□　　　很大□

40. 您愿意花钱来获取农村信息服务么？

　　愿意□　　　不愿意□

41. 如果收费，您认为哪些农村信息可实行合理收费服务？

　　A 类：农业政策法规□　　农业新闻□

　　　　　农业资源（气候、土壤、水等）信息□

　　B 类：农用物资信息□　　农村投融资信息□　　农村科技信息□

　　　　　农产品市场信息□　　生产经营管理信息□　　农产品储运信息□

　　C 类：农村生活消费□　　医疗卫生□　　交通□　　文化体育□　　休闲娱乐□

　　D 类：农村教育培训□　　致富经验□　　就业信息□

　　其他：＿＿＿＿＿＿＿＿＿＿＿＿＿＿＿＿＿＿＿＿＿

42. 农村综合信息服务收费的合理性和规范程度如何？

　　很差□　　　较差□　　　一般□　　　较好□　　　很好□

43. 您愿意支付的农村综合信息服务的年费用是：

　　50 元以下□　　　50～100 元□　　　100～150 元□　　　150 元以上□

44. 您觉得农村综合信息服务主体用于信息服务的设施/设备的完善程度和利用率如何？

　　很低□　　　较低□　　　一般□　　　较高□　　　很高□

45. 您认为，农村综合信息服务人员的工作能力和态度如何？

　　很差□　　　较差□　　　一般□　　　较好□　　　很好□

46. 您认为，农村综合信息服务主体的组织、管理制度是否完善？

　　很不完善□　　　不太完善□　　　一般□　　　较完善□　　　很完善□

47. 您认为农村综合信息服务主体在服务策略的多样性和灵活性方面做得怎样？

　　很差□　　　较差□　　　一般□　　　较好□　　　很好□

48. 您认为农村综合信息服务主体采取的服务技术的实用性怎样？
　　很不实用□　　不太实用□　　一般□　　较实用□　　很实用□

49. 您参与农村综合信息服务，与服务人员交流和互动的情况怎样？
　　很差□　　较差□　　一般□　　较好□　　很好□

50. 您对获得农村综合信息服务的便捷性和持续性的评价如何？
　　很差□　　较差□　　一般□　　较好□　　很好□

51. 您对所在地农村综合信息服务的整体满意程度评价：
　　很差□　　较差□　　一般□　　较好□　　很好□

52. 您对农村综合信息服务的信赖程度怎样？
　　很不信赖□　　不太信赖□　　一般□　　较信赖□　　很信赖□

53. 您觉得农村综合信息服务质量与您期望中的质量相比的满意程度如何？
　　很差□　　较差□　　一般□　　较好□　　很好□

54. 您觉得农村综合信息服务质量与您理想中的质量相比的满意程度如何？
　　很差□　　较差□　　一般□　　较好□　　很好□

55. 您对农村综合信息服务主体提的意见或建议得到答复的情况怎样？
　　很不满意□　　不太满意□　　一般□　　较满意□　　很满意□

56. 您在接受信息服务过程中，发生过信息服务纠纷么？
　　经常发生□　　偶尔发生□　　很少发生□　　没有发生□

57. 如果出现信息服务纠纷，您认为主要原因按主次排序依次是（先打"√"后排序）：＿＿＿＿＿＿＿＿＿＿＿＿＿＿＿＿＿＿＿＿

①信息服务质量评价标准不统一□
②信息服务定价标准不统一□
③缺乏信息服务双方认同的风险处理机制□
④没有权威的纠纷仲裁部门□
⑤缺乏明确的制度法规作为约束和处理依据□
⑥其他：＿＿＿＿＿＿＿＿＿＿＿＿＿＿＿＿＿＿

58. 您对农村综合信息服务主体解决服务纠纷的满意程度：
　　很不满意□　　不太满意□　　一般□　　较满意□　　很满意□

59. 如果由于信息服务的失误给您造成损失，您最有可能采取的措施是：
　　自认倒霉□　　要求退还信息费□　　要求赔偿损失□　　用法律手段解决□

60. 您认为国家对惩治蓄意提供假信息、坑农害农现象的法规保障做得如何？
　　非常好□　　好□　　一般□　　不好□　　差□

附录Ⅱ　农村综合信息服务主体调查问卷

问卷编号：_____　　调查人员：_____

调查地点：_____县_____乡镇　调查时间：20___年___月___日

尊敬的朋友：

　　您好！为了了解农村综合信息服务的基本情况，设计科学实效的农村综合信息服务模式和体系，更好地服务"三农"；就下列问题，请您选择最符合实际情况的选项（在方框内打"√"）或表达您的真实看法。本次调查无记名，您所提供的资料仅供内部研究使用。

　　真诚感谢您的大力支持！祝您工作愉快，生活幸福！

华中农业大学经济管理学院
农村综合信息服务调查组

1. 贵单位属于：

　　A 类：县政府部门□　乡政府部门□

　　B 类：教研单位□　信息机构□　广播电视□　服务站/中心□

　　C 类：农资农贸公司□　农产品加工企业□　农业信息技术企业□

　　　　　信息咨询公司□

　　D 类：专业协会□　　合作组织□

　　其他：_____

2. 贵单位从事农村信息服务的工作人员有_____人；其中，专职人员_____人，兼职人员_____人；初中以下学历_____人、高中或中专学历_____人、大专学历_____人，大学本科以上学历_____人；平均年龄_____岁，人均年收入_____元。

3. 农村信息服务是否是您工作的主要内容？

　　是□　　　　　否□

4. 您所在地农村信息服务的基础设施（广播、电视、电话、网络等）是否完善？

　　非常完善□　较完善□　一般□　不完善□　很不完善□　没注意□

5. 贵单位所在地农村信息传播畅通吗？

　　非常畅通□　比较畅通□　不太畅通□　不畅通□

　　（选择"非常畅通"或"比较畅通"，请做 7 题）

6. 您认为当地农村信息不（太）畅通的主要原因按主次顺序依次是（先打"√"后排序）：_____

　　①农村（广播□、电视□、电话□、计算机网络□）覆盖率较低

②农村利用（广播□、电视□、书刊报纸杂志□、电话□、计算机网络□）获取信息的比率较低

③农村（信息服务机构太少□、功能不强□、信息服务人员数量少□、业务能力有限□）

④用于农村信息服务的资金（投入不足□、利用效率不高□）

⑤国家（政策支持不足□、法规保障不够□）

⑥农户对农村信息（重要性认识不足□、独立获取能力有限□）

⑦其他：＿＿＿＿＿＿＿＿＿＿＿＿＿＿＿＿

7. 贵单位所在地的农村、乡镇是否能方便连通互联网？

  能□ 比较困难□ 不能□

8. 您认为目前让当地普通农户利用互联网查询日常生产、生活所需各类信息是否可行？

  是□ 否□ （选择"是"，请做9题）

9. 您认为"否"的主要原因是：

  当地网络基础设施差，连接网络比较困难□

  计算机较贵、上网费太高，而农户收入有限□

  农户不太会用计算机，对这些功能认识不够□

  网络信息不可靠□

  其他：＿＿＿＿＿＿＿＿＿＿＿＿＿＿＿＿

10. 贵单位提供的农村信息服务是否全面？

  非常全面□ 较全面□ 一般□ 不全面□ 很不全面□

11. 贵单位农村信息服务的主要内容：

  A类：农业政策法规□ 农业新闻□ 农业资源信息□ 咨询服务□

  B类：农用物资信息□ 农村投融资信息□ 农村科技信息□

     农产品市场信息□ 生产经营管理信息□ 农产品储运信息□

  C类：农村生活消费□ 医疗卫生□ 交通□ 文化体育□ 休闲娱乐□

  D类：农村教育培训□ 致富经验□ 就业信息□

  其他：＿＿＿＿＿＿＿＿＿＿＿＿＿＿＿＿

12. 您认为当前农民最需要哪些农村信息服务？

  A类：农业政策法规□ 农业新闻□ 农业资源信息□ 咨询服务□

  B类：农用物资信息□ 农村投融资信息□ 农村科技信息□

     农产品市场信息□ 生产经营管理信息□ 农产品储运信息□

  C类：农村生活消费□ 医疗卫生□ 交通□ 文化体育□ 休闲娱乐□

  D类：农村教育培训□ 致富经验□ 就业信息□

  其他：＿＿＿＿＿＿＿＿＿＿＿＿＿＿＿＿

13. 您认为农户信息服务需求强度与哪些因素关系比较大？
家庭收入□　　文化程度□　　生产的专业化程度□　　生产规模□
其他：＿＿＿＿＿＿＿＿＿＿＿＿＿

14. 贵单位用于农村信息服务的基础设备和设施：
非常齐全□　　较齐全□　　一般□　　不齐全□　　很不齐全□

15. 贵单位用于农村信息服务的设备主要有：
电话□　计算机及网络□　打印机□　扫描仪□　传真机□　速印机□
信息服务专用车辆□　照相机、摄像机□
其他：＿＿＿＿＿＿＿＿＿＿＿

16. 贵单位的信息服务人员（全部□、部分□、都不□）会使用计算机，办公室内（每人都□、个别人□、没□）有计算机，计算机（全都□、部分□、都不□）能上网，这些人员（全都□、部分□、全没□）接受过计算机技术培训。

17. 您认为贵单位信息服务人员最需要补充哪方面的知识？
计算机使用技术□　　信息检索、加工、分析和利用技术□
信息传播与服务的知识和技能□　　对农业、农村和农民的认知□
其他：＿＿＿＿＿＿＿＿＿＿＿

18. 贵单位从事信息服务的工作人员的整体知识水平、工作态度，及信息搜集、处理、预测和分析能力如何？
非常好□　　好□　　一般□　　不好□　　差□

19. 农村信息服务主体相关部门应组织结构合理规范、分工明确、权责清晰、员工认真负责。贵单位的情况如何？
非常好□　　好□　　一般□　　不好□　　差□

20. 贵单位所发布信息的主要来源是：
政府通知□　自主调研□　互联网络□　电视节目□　电台广播□
书刊报纸杂志□　音影制品□　教研单位□　咨询机构□
其他：＿＿＿＿＿＿＿＿＿＿＿

21. 贵单位提供信息服务的主要方式和手段是：
A 类：互联网络□　电视节目□　电台广播□　电话传达□　手机短信□
　　　书刊报纸杂志□　音影制品□
B 类：培训讲座□　现场咨询□　致富经验、科技示范□
C 类：村委会广播□　会议通知□　贴布告、发传单□　口头相传□
其他：＿＿＿＿＿＿＿＿＿＿＿

22. 贵单位提供信息服务的目的是：
推销产品或服务以盈利□　完成职责□　实现功能□　义务服务□

23. 贵单位提供信息服务是否收费？

　　是□　　　否□　　　部分收费□

24. 您认为向普通农户提供信息服务是否应收取一定费用？

　　应该□　　不应该□

25. 贵单位实施信息服务的经费主要来自：

　　政府财政拨款□　商家赞助□　广告费□　用户缴费□　自筹□

　　其他：_____

26. 持续充足的资金来源可以推动信息服务持续发展，贵单位在这方面的情况如何？

　　非常好□　　　好□　　　一般□　　　不好□　　　差□

27. 在有效管理和利用资金，实现农村信息服务方面，贵单位做得怎样？

　　非常好□　　　好□　　　一般□　　　不好□　　　差□

28. 贵单位制定的相关规章制度是否可以确保信息服务持续稳定的发展？

　　可以□　　　基本可以□　　　无法确保□　　　没有制定相关规章制度□

29. 贵单位提供信息服务有无政府的政策扶持或优惠措施？

　　有□　　　无□

30. 您认为政府对农村信息服务支持的最好方式是：

　　出台相关政策措施□　　增加财政经费□　信息资源和基础设施建设□

　　人员保证与设备配给□　　其他：_____

31. 您认为农村信息服务多大程度上需要政府提供经济上的支持？

　　全部□　80%左右□　50%左右□　30%左右□　完全不需要□

32. 您对贵单位所提供信息的完善、易懂、实用程度的评价是：

　　非常好□　　　好□　　　一般□　　　不好□　　　差□

33. 您对贵单位提供信息服务的科学性和针对性的评价是：

　　非常好□　　　好□　　　一般□　　　不好□　　　差□

34. 贵单位提供的信息服务是否及时？

　　非常及时□　　　较为及时□　　　一般□　　　不及时□　　　很不及时□

35. 信息服务者与信息用户能够积极沟通，及时了解对方的信息需求和信息服务。目前贵单位和信息用户之间的这种互动性如何？

　　非常好□　　　好□　　　一般□　　　不好□　　　差□

36. 您对贵单位提供农村综合信息服务的整体评价是：

　　非常好□　　　好□　　　一般□　　　不好□　　　差□

37. 您认为目前普通农户能很快接受贵单位提供的信息服务，并用于实践的能力如何？

　　非常好□　　　好□　　　一般□　　　不好□　　　差□

38. 您认为制约农村信息服务开展的主要因素有哪些？
    缺少经费□　信息来源有限□　信息不准确□　信息实用性不足□
    信息服务人员不够□
    信息服务人员无积极性、服务如何与个人收入无关□
    设备条件不足□　服务方式和手段不好□　信息用户素质不高□
    其他：＿＿＿＿＿＿＿＿＿＿＿＿＿＿＿＿＿＿＿＿＿＿

39. 为了进一步提供高效的农村信息服务，您认为贵单位今后应解决的主要
问题按主次排序依次是（先打"√"后排序）：＿＿＿＿＿＿＿＿＿＿＿＿＿
    ①完善信息服务的基础设施和设备□
    ②保障信息服务的资金投入□
    ③优化组织结构、明确工作职责、提高业务水平□
    ④信息服务应更加完善、准确、实用和及时□
    ⑤努力扩大信息用户数量□
    ⑥其他：＿＿＿＿＿＿＿＿＿＿＿＿＿＿＿＿＿＿＿＿＿＿

40. 您认为开展农村信息服务需要建立专门的农村信息服务组织吗？
    需要□　　　不需要□

41. 您认为有必要在乡镇一级设立农村信息服务中心（站）吗？
    有□　没有□

42. 您认为有必要在村一级设立农村信息服务中心（站）吗？
    有□　没有□

43. 如果贵单位由于信息服务的失误给用户造成损失，通常会采取什么措施？
    概不负责□　退还信息服务费□　认真分析原因，并向用户说明□
    赔偿部分损失□　赔偿全部损失□　其他：＿＿＿＿＿＿＿＿＿＿＿

44. 贵单位在信息服务过程中，发生过信息服务纠纷么？
    经常发生□　　偶尔发生□　　很少发生□　　没有发生□

45. 如果出现信息服务纠纷，您认为主要原因按主次排序依次是（先打"√"
后排序）：＿＿＿＿＿＿＿＿＿＿＿＿＿＿＿
    ①信息服务质量评价标准不统一□
    ②信息服务定价标准不统一□
    ③缺乏信息服务双方认同的风险处理机制□
    ④没有权威的纠纷仲裁部门□
    ⑤缺乏明确的制度法规作为约束和处理依据□
    ⑥其他：＿＿＿＿＿＿＿＿＿＿＿＿＿＿＿＿＿＿＿＿＿＿

46. 您认为国家对惩治蓄意提供假信息、坑农害农现象的法规保障做得如何？
    非常好□　　好□　　一般□　　不好□　　差□

附录Ⅲ　2011 年湖北省县（市、区）按农村居民
人均纯收入排序

高收入县（市、区）			中等收入县（市、区）			低收入县（市、区）		
排序	县（市、区）	农村居民人均 纯收入/元	排序	县（市、区）	农村居民人均 纯收入/元	排序	县（市、区）	农村居民人均 纯收入/元
1	江夏区	6361	27	华容区	5121	54	＊麻城市	3460
2	蔡甸区	6318	28	汉川市	5058	55	大悟县	3452
3	＊黄陂区	6026	29	大冶市	4997	56	丹江口市	3374
4	新洲区	6001	30	＊洪湖市	4975	57	孝昌县	3366
5	枝江市	5931	31	石首市	4932	58	英山县	3356
6	宜都市	5846	32	潜江市	4929	59	神农架	3330
7	当阳市	5815	33	公安县	4917	60	红安县	3096
8	赤壁市	5528	34	黄州区	4896	61	保康县	3063
9	襄阳区	5504	35	松滋市	4883	62	团风县	2994
10	应城市	5495	36	监利县	4867	63	长阳县	2969
11	宜城市	5452	37	＊天门市	4761	64	秭归县	2875
12	老河口市	5446	38	广水市	4665	65	＊通山县	2852
13	夷陵区	5427	39	咸安区	4629	66	竹溪县	2801
14	云梦县	5417	40	武穴市	4621	67	郧县	2741
15	＊钟祥市	5400	41	谷城县	4573	68	竹山县	2740
16	东宝区	5367	42	安陆市	4560	69	郧西县	2705
17	京山县	5362	43	南漳县	4499	70	房县	2671
18	荆州区	5350	44	通城县	4454	71	五峰县	2664
19	嘉鱼县	5280	45	江陵县	4378	72	利川市	2555
20	鄂城区	5257	46	梁子湖区	4275	73	鹤峰县	2555
21	＊仙桃市	5248	47	黄梅县	4088	74	来凤县	2543
22	远安县	5220	48	＊浠水县	4083	75	咸丰县	2522
23	枣阳市	5200	49	崇阳县	3913	76	恩施市	2520
24	沙洋县	5192	50	阳新县	3660	77	＊建始县	2490
25	曾都区	5175	51	圻春县	3578	78	宣恩县	2486
26	孝南区	5134	52	罗田县	3524	79	巴东县	2482
—	—	—	53	兴山县	3483	—	—	—

注：数据来自《湖北省统计年鉴 2011》，带"＊"号的县（市、区）为本次调查对象。

附录Ⅳ　2011年湖北省各市（州、区）农民家庭年人均生活消费支出结构

（单位：元）

地区	农村居民家庭收入	农村居民家庭人均纯收入	生活消费支出	食品	衣着	居住	家庭设备用品及服务	交通和通信	文教娱乐用品及服务	医疗保健	其他商品和服务	资料来源
湖北	6251.22	4656.38	3652.57	1711.34	187.07	651.50	234.92	290.44	267.13	210.36	99.80	湖北省统计年鉴2011
武汉	8995.96	6349.00	4755.08	2062.85	289.82	676.66	325.33	441.17	535.36	288.99	134.90	武汉统计年鉴2011
黄石	5871.14	4374.00	3705.00	1611.68	197.83	489.47	216.52	377.76	476.34	272.43	62.97	黄石统计年鉴数据推算
十堰	3613.58	2841.00	2642.29	1359.42	121.62	474.36	112.16	183.30	166.90	184.80	39.73	十堰统计年鉴2011
宜昌	6122.29	4686.00	3821.52	1772.99	202.88	484.52	219.45	363.16	477.58	237.24	63.70	宜昌年鉴2011
襄樊	6496.27	4880.00	3513.05	1750.55	188.92	482.24	192.73	279.43	313.09	246.04	60.05	襄樊统计年鉴数据推算
鄂州	7263.40	5096.00	3323.00	1676.00	211.00	269.00	168.00	517.79	267.60	120.67	92.94	鄂州市统计局
荆门	7680.78	5332.00	4534.00	2024.00	228.00	483.00	583.00	397.00	417.00	286.00	116.00	荆门年鉴2011
孝感	6598.35	4636.00	3598.00	1762.00	187.10	654.84	191.45	266.30	303.14	193.26	39.91	孝感市统计局
荆州	7129.00	4889.00	3656.00	1807.00	209.00	575.00	202.00	329.00	199.00	192.00	143.00	荆州统计年鉴2011
黄冈	4558.86	3744.00	3513.19	1513.35	141.96	826.70	157.81	264.82	341.25	181.82	85.48	黄冈统计年鉴2011
咸宁	6025.13	4411.00	3459.82	1721.41	148.40	598.37	172.34	237.83	258.64	243.37	79.46	武汉城市圈年鉴2011数据推算
随州	7186.05	4967.00	3759.45	1726.84	301.07	489.44	296.72	300.03	359.07	190.29	95.99	随州市统计局数据推算
恩施	3277.81	2519.00	2472.00	1338.00	133.00	355.00	129.00	184.00	115.00	152.00	66.00	恩施土家族苗族自治州统计局
仙桃	7652.38	5248.00	4462.57	1992.11	224.41	575.39	473.85	390.75	410.43	281.49	114.17	仙桃市统计局数据推算
天门	6912.02	4761.00	3560.28	1759.69	186.53	459.94	296.71	320.39	280.79	186.97	69.26	天门市统计局数据推算
潜江	7192.47	4929.00	3208.00	1432.05	218.45	401.82	203.64	316.42	365.25	179.48	90.89	潜江市统计局数据推算
神农架	4162.50	3330.00	3138.00	1414.46	204.44	413.35	193.20	367.69	328.21	169.47	47.18	神农架林区统计局数据推算

附录 V　农村信息服务点认定暂行办法

农市发[2002]11 号

根据《"十五"农村市场信息服务行动计划》精神，为搞好农村信息服务点认定工作，规范认定行为，促进农业信息服务工作的开展，特制定本办法。

一、认定标准

农村信息服务点建设要坚持"加强领导、分级负责、服务为本、因地制宜、注重实效"的原则。

1. 县级农村信息服务点要达到以下标准：

（1）有一支健全的信息服务队伍。县级农业部门要有不少于 2 名专职或兼职信息服务人员；本县各乡镇要有专兼职信息服务人员，并接受过上级农业部门的业务培训；县级农业部门要按照《农村信息员资格认证暂行办法》的条件和要求，每年发展不少于 60 人的农村信息员队伍，并充分发挥这支队伍传递信息、引导生产的作用。

（2）有突出的信息服务实绩。要能够利用各种工作方式和传媒渠道（报刊、广播、电视、简报、电话、计算机网络等）开展信息服务，平均每月信息传播量不少于 200 条，信息服务至少要覆盖 80% 的行政村。通过信息引导和服务，在促进农业和农村经济发展中取得显著成效。

（3）有一套满足信息收集、处理、发布（上报）需要的设备和相应的场所。在因特网上建立主页（有条件的可以建成内部网及独立域名网站），并注册应用农村供求信息全国联播系统（一站通）等信息系统。

（4）有一套完善的信息管理与服务制度。

2. 县以下农村信息服务点要达到"五个一"标准：有 1～2 名专职或兼职信息服务人员，有一套组织（队伍）网络，有一套管理和服务制度，有一套设备（如计算机、打印机等），有一条专用电话线，并注册应用农村供求信息全国联播系统（一站通）等信息系统。乡镇农村信息服务点要能够利用各种有效工作方式（如有线广播、简报、寻呼、明白纸、黑板报等）开展信息服务，信息服务要覆盖辖区内所有行政村；在农业产业化龙头企业、农产品批发市场、中介组织等单位中建立的农村信息服务点，要能利用自身优势，面向所联系的农民积极有效地提供信息服务，并在引导农民进行生产经营活动中取得了显著成效。

二、工作职责

1. 要紧紧围绕当地农业发展、农民增收、农村稳定，做好农业信息的采集、分析、发布（上报）工作。

2. 县级农村信息服务点主要职责：

（1）负责农业信息收集、分析、发布（上报）工作，为上级和当地提供有效的信息服务。

（2）负责全县农业信息服务培训工作。

（3）指导县以下农村信息服务机构开展工作。

（4）负责县级农村信息服务网络的运行与管理。

3. 县以下农村信息服务点主要职责：

（1）做好信息采集和传递工作。

（2）采取各种有效方式，为当地农民提供信息服务。

（3）协助县级农村信息服务机构做好农村信息员培训与网络延伸工作。

（4）指导农村信息员开展信息服务。

三、考核认定

1. 农村信息服务点认定工作实行分级管理。县级农村信息服务点由地（市）农业局推荐，省农业厅（局、委）审核，农业部认定。县以下农村信息服务点由县农业局推荐，地（市）农业局审核，省农业厅（局、委）认定，报农业部备案。

2. 考核认定工作实行网络化注册管理。申请认定的农业信息服务机构，须在中国农业信息网主页（网址：www.agri.gov.cn）"农村信息服务点"专栏中办理认定申报手续，各级农业部门要按照管理分工，及时完成推荐、审核、认定、备案工作。同时，为确保网络注册认定的可靠性，各级农业行政主管部门每月进行一次基本情况的汇总，汇总表格（由各级农业部门直接在中国农业信息网"农村信息服务点"专栏下载）经本级农业行政主管部门领导审定并加盖公章后，报送上一级农业行政主管部门。各级农业行政主管部门依据下一级农业行政主管部门上报的汇总材料和通过网络传递的各个信息服务点的基本情况开展考核认定的相关工作。

3. 所有被认定的农村信息服务点，将在中国农业信息网上公布其名称、联系人、电话，其中县级农村信息服务点由农业部发文通告，并将其主页链接到中国农业信息网。

4. 省农业厅（局、委）负责"县级农村信息服务点"工作的检查、指导和考核。县农业局负责"县以下农村信息服务点"工作的检查、指导和考核。

5. 农村信息服务点认定工作实行动态管理。对工作不认真的农村信息服务点给予通报批评，对不能认真履行职责的撤销对其认定的资格。

四、其他

本办法由农业部市场与经济信息司负责解释。

本办法自发布之日起实施。

附录Ⅵ　农村信息员资格认证暂行办法

农市发[2002]11 号

为贯彻落实农业部《"十五"农村市场信息服务行动计划》，严格管理农村信息员培训、考核、认证工作，规范农村信息员的行为，更好地服务农业、农村经济发展和农民增收，特制定本办法。

本办法所指的农村信息员，是指在农村（经纪人、种养大户、村组干部等）和产业化龙头企业、农产品批发市场、中介组织中从事农业信息服务的人员。

一、资格条件

1. 学习宣传党和政府在农村的方针政策，遵纪守法，恪守社会道德规范，讲求诚信。

2. 愿意为农业生产经营服务，自觉履行农村信息员的责任、义务，积极收集、分析和发布信息。

3. 具有初中以上文化水平，接受过农村信息员资格培训，达到会收集、会分析、会传播信息的"三会"要求，并取得了考核合格证书。

4. 了解计算机、互联网应用的基本知识和一定的农业科技、市场、政策知识。

5. 有一定的市场和社会活动经验，对信息的真伪有一定的分析和判断能力。

二、工作要求

1. 密切联系周围的农民，主动了解生产、加工、经营以及市场需求动态，及时、准确地收集、分析、发布信息。

2. 充分利用网络等各类渠道的信息资源，采取因特网等各种有效手段，积极开展信息服务。

3. 对自己发布的信息的真实性严格把关，防止传播虚假信息。

4. 配合县乡农村信息服务机构的相关工作。

三、资格培训

1. 农村信息员的培训由县级农业部门负责具体组织和实施。

2. 培训可采取农广校现代远程培训、现场教学等方式。

3. 培训内容包括：信息收集、分析、发布方法；农业科技、经营管理知识；计算机、网络应用基础常识；农村经济有关政策以及农村信息员服务规范等。

四、认证及日常管理

1. 县农业局负责农村信息员培训、考核和日常管理工作。

2. 农村信息员考核认证工作实行网络化注册管理。农村信息员经培训考核合格后，由县农业局在中国农业信息网（网址：www.agri.gov.cn）"农村信息员"专栏进行登记，提请地（市）农业局审核、省农业厅（局、委）审定后，提交农业部备案，给予资格认证，发给由农业部统一印制、农业厅（局、委）鉴印的农村信息员资格证书。同时，为确保网络注册认证的可靠性，各级农业行政主管部门每季度进行一次基本情况的汇总，汇总表格（由各级农业部门直接在中国农业信息网"农村信息员"专栏下载）经本级农业行政主管部门领导审定并加盖公章后，报送上一级农业行政主管部门。各级农业行政主管部门依据下一级农业行政主管部门上报的汇总材料和通过网络传递的各个信息员的基本情况开展考核认证的相关工作。

3. 农村信息员资格认证实行动态管理。对不能认真履行职责的撤销其认证资格，收回证书。

4. 对信息服务成绩突出的农村信息员，可由县及县以上农业部门给予表彰。

五、其他

各省（区、市）可依据本办法制定具体实施细则。

本办法由农业部市场与经济信息司负责解释。

本办法自发布之日起实施。

附录Ⅶ　农村综合信息服务站建设和服务基本规范（试行）

工信部信[2009]256号

农村综合信息服务站是统筹城乡均衡发展、缩小数字鸿沟、以城带乡、工业反哺农业的重要手段，是为农民提供综合信息服务的场所，是推进信息进村入户的途径，是农村信息基础设施和信息服务体系建设的组成部分。为进一步规范农村综合信息服务站的建设、管理和使用，制定本规范。

一、建设规范

农村综合信息服务站建设，遵循"政府主导、社会参与、整合资源、共建共享"的原则，应具备以下"五个一"基本条件：一处固定场所、一套信息设备、一名信息员、一套管理制度、一个长效机制。

（一）一处固定场所

农村综合信息服务站应因地制宜，根据现有条件，可设在乡（镇）、村（社区）基层，如乡（镇）、村（社区）基层党政组织、经济和文化活动中心等场所，可与村（社区）办事大厅、电信代办点、全国农村党员干部现代远程教育服务点、文化信息资源共享工程服务点、农业技术推广站等合作共用，或由基层政权组织划定场所。服务站应具备防火防盗等安全防护措施，有统一的标识并配备信息公告栏，实用便民。

（二）一套信息设备

农村综合信息服务站应至少配备一台计算机、一部电话，并接入互联网。有条件的地方可以配置电视机、机顶盒、打印机、投影仪、数码相机、触摸屏等信息设备，也可以利用大喇叭、大屏幕显示等方式扩大信息传播。

（三）一名信息员

农村综合信息服务站至少要有一名信息员。信息员可由掌握信息技术操作技能的村干部、大学生村官、科技特派员、种养殖大户、农民经纪人、农业技术推广员等兼职担任，有条件的地方可设专职信息员。

（四）一套管理制度

农村综合信息服务站应制定安全保卫、服务登记、服务项目公示、定时开放、设备管理、信息审查、信息员职责和考核指标等方面的管理制度。每项制度都应具有针对性、可操作性，保证落实到位。

（五）一个长效机制

农村综合信息服务站应有稳定的资金保证。所需资金主要用于服务站建设、运行维护、信息员收入等方面。各级信息化主管部门要积极争取专项资金支持，充分利用好政府、企业和社会等各方面的资金。鼓励公益性服务与有偿性服务相结合，鼓励有条件的地方政府，加大财政投入保证公益性服务需要，探索符合规律的长效机制。

二、服务规范

农村综合信息服务站要贴近当地经济和社会发展的现实需求，着力为农民提供政策法规、科技咨询和辅导、市场价格、生产经营、疫病防治、致富就业、文化生活等各类信息的查询、收集和发布等综合信息服务。

（一）服务内容

1. 公共服务。积极承担各级党委、政府开展的全国农村党员干部现代远程教育、文化信息资源共享工程、村务公开、计生、就业和科技下乡等工作，逐步成为农村基层公共服务的统一平台。

2. 信息咨询服务。为农民提供政策法规、教育、医疗保健等方面信息咨询和服务。帮助农民解决生产经营中的实际问题，提供生产经营相关的科技和市场信息，支持农产品产供销业务，促进农业、农民与大市场的有效对接。

3. 培训服务。为农民提供现代种养技术、生产经营、文化知识、信息技术等方面的培训和体验，提高农民自身文化素质和信息技能。

4. 文化娱乐服务。充分利用服务站和信息网络技术，播放农民喜闻乐见的文化娱乐节目，大力宣传新农村建设情况，宣传本地旅游、自然资源、产业优势、特色产品和历史文化等。

5. 各项代理服务。农村综合信息服务站可以经营农业生产资料，从事代购网上商品等电子商务业务，代理电信话费、电费、电视费、水费收缴和客户发展等有偿服务，使农民不出村即可办理相关业务事项。如在服务站从事实体经营服务，必须以独立业主资格办理相关手续，并承担经营责任。

（二）服务要求

1. 服务公开。农村综合信息服务站应对服务方式、服务时间、服务内容、联系方式予以公开，使服务对象了解服务站，学会利用服务站，提高服务站的使用效率。

2. 服务时间。农村综合信息服务站服务时间为每周不少于 20 小时，在农忙季节应尽量保证农民需求，错开农耕时段，保证生产学习两不误。

3. 服务响应。农村综合信息服务站应保持服务渠道畅通，对服务需求能及时给予积极响应，原则上对于农民提出的问题要在 48 小时内予以响应，服务态度好，讲求实效。

4. 服务禁则。农村综合信息服务站必须严格遵守国家法律法规和有关政策规定，恪守《广播电视管理条例》和《互联网信息服务管理办法》等行政法规的规定，严禁发布危害未成年人身心健康的各类有害信息，不得违法经营。

三、信息员资格与工作要求

（一）资格

1. 政治合格、责任心强，能够认真学习和宣传党的各项方针政策，遵纪守法，遵守社会道德规范，讲求诚信，愿意服务于"三农"。村级信息员的人选征得本地村委会的同意。

2. 有较强的语言表达能力、沟通能力和文字编辑能力，具备一定的计算机、互联网应用与操作基本技能和农业科技、市场、政策知识，达到"四会"，即"会操作、会收集、会分析、会传播"信息的要求。

（二）工作要求

1. 认真履行岗位职责，积极开展各项工作，态度热情。

2. 密切联系本地农民，主动了解市场需求动态，及时有效收集和传递信息。

3. 能够充分利用计算机、电话和电视等各类信息终端开展各项信息服务，并帮助和指导农民使用信息终端设备，提供信息咨询。

4. 能够对信息的真实性进行分析和把关，防止传播虚假信息，并将工作中出现的有关问题及时上报本地村委会和主管部门。

四、监督与奖励

（一）农村综合信息服务站的监督与检查

各级信息化主管部门会同相关部门按职责分工对农村综合信息服务站进行监督，要定期对服务站进行检查和考核，鼓励利用网络平台开展监督。对发现的问题及时整改，对优秀的服务站进行经验总结推广并给予奖励，对不合格的服务站予以淘汰。鼓励各地采用以奖代补等方式，充分调动各地区服务站的工作积极性。

（二）信息员的考核与奖励

各级信息化主管部门会同相关部门按职责分工开展信息员培训、考核和日常管理工作。要对信息员进行定期培训和考核，对信息服务工作成绩突出的信息员，可由县及县以上相关部门给予表彰，并给予适当奖励或者补助。

各省（市）信息化主管部门要统筹规划、管理和指导本地区服务站建设，可根据实际情况，不断完善农村综合信息服务站建设和服务模式，并提供必要的组织保障、技术保障和经费保障等，确保农村综合信息服务站顺利有效地开展工作。

附录Ⅷ　农村综合信息服务客体满意度的五点李克特量表

一、客体对农村综合信息服务的预期质量

1. 您在接受农村综合信息服务之前，对服务的整体期望如何？
   很低□　　较低□　　一般□　　较高□　　很高□
2. 您在接受农村综合信息服务之前，对其信息质量和服务水平的期望如何？
   很低□　　较低□　　一般□　　较高□　　很高□
3. 您对农村综合信息服务满足您个性化需求的期望如何？
   很低□　　较低□　　一般□　　较高□　　很高□

二、客体对农村综合信息服务的感知质量

1. 您所在地的农村综合信息服务内容是否全面？
   很不全面□　　不全面□　　一般□　　较全面□　　很全面□
2. 您认为所在地农村综合信息服务的规模和数量如何？
   很小□　　较小□　　一般□　　较大□　　很大□
3. 您对农村综合信息服务内容准确性的评价如何？
   很低□　　较低□　　一般□　　较高□　　很高□
4. 您对农村综合信息服务内容针对性的评价如何？
   很差□　　较差□　　一般□　　较强□　　很强□
5. 您对农村综合信息服务内容时效性的评价如何？
   很差□　　较差□　　一般□　　较好□　　很好□
6. 您觉得农村综合信息服务主体用于信息服务的设施/设备的完善程度和利用率如何？
   很低□　　较低□　　一般□　　较高□　　很高□
7. 您认为，农村综合信息服务人员的工作能力和态度如何？
   很差□　　较差□　　一般□　　较好□　　很好□
8. 您认为，农村综合信息服务主体的组织、管理制度是否完善？
   很不完善□　　不完善□　　一般□　　较完善□　　很完善□
9. 您认为农村综合信息服务主体在服务策略的多样性和灵活性方面做得怎样？
   很差□　　较差□　　一般□　　较好□　　很好□
10. 您认为农村综合信息服务主体采取的服务技术的实用性怎样？
    很不实用□　　不实用□　　一般□　　较实用□　　很实用□

11. 您对获得农村综合信息服务的便捷性和持续性的评价如何？

　　很差□　　　较差□　　　一般□　　　较好□　　　很好□

12. 您参与农村综合信息服务，与服务人员交流和互动的情况怎样？

　　很差□　　　较差□　　　一般□　　　较好□　　　很好□

13. 农村综合信息服务收费的合理性和规范程度如何？

　　很差□　　　较差□　　　一般□　　　较好□　　　很好□

三、客体对农村综合信息服务的感知价值

1. 您认为农村综合信息服务对当地经济、社会发展的影响程度怎样？

　　很小□　　　较小□　　　一般□　　　较大□　　　很大□

2. 农村综合信息服务使您经济、生活的受益程度怎样？

　　很小□　　　较小□　　　一般□　　　较大□　　　很大□

四、客体对农村综合信息服务的满意程度

1. 您对所在地农村综合信息服务的整体满意程度评价：

　　很差□　　　较差□　　　一般□　　　较好□　　　很好□

2. 您觉得农村综合信息服务质量与您期望中的质量相比的满意程度如何？

　　很差□　　　较差□　　　一般□　　　较好□　　　很好□

3. 您觉得农村综合信息服务质量与您理想中的质量相比的满意程度如何？

　　很差□　　　较差□　　　一般□　　　较好□　　　很好□

五、客体对农村综合信息服务的抱怨情况

1. 您对农村综合信息服务主体提出的意见或建议得到答复的情况怎样？

　　很不满意□　　　不太满意□　　　一般□　　　较满意□　　　很满意□

2. 您对农村综合信息服务主体解决服务纠纷的满意程度：

　　很不满意□　　　不太满意□　　　一般□　　　较满意□　　　很满意□

六、客体对农村综合信息服务的信任程度

1. 您对农村综合信息服务的信赖程度怎样？

　　很不信赖□　　　不太信赖□　　　一般□　　　较信赖□　　　很信赖□

2. 您对农村综合信息服务的利用频率怎样？

　　很低□　　　较低□　　　一般□　　　较高□　　　很高□

附录Ⅸ 2011 年湖北省县（市、区）农村综合信息服务投入、产出和环境变量数据

市（州、区）	县（市、区）	投入变量				产出变量					环境变量			
		广播电视人口覆盖率/%	人均邮电通信费用/元	乡村畜牧兽医站覆盖率/%	千人拥有卫生技术人员/人	单位服务业增加值对应的农林牧渔业增加值/元	万元农林牧渔服务业增加值对应的农村居民人均纯收入/元	农村人口从业率/%	农村居民人均消费性支出占纯收入的比例/%	人均创造农林牧渔业增加值/元	农村居民恩格尔系数/%	农村人均固定资产投资/元	农村年户均用电量/千瓦时	每公顷耕地农业机械总动力/千瓦
武汉市	蔡甸区	99.75	494.12	3.56	488.6	172.57	6.87	51.21	71.40	20328.68	45.20	505.96	1948.32	11.40
	江夏区	100.00	940.88	4.04	311.0	731.41	14.79	50.28	73.31	39166.50	29.36	2827.17	1087.63	8.23
	黄陂区	100.00	311.90	2.87	353.6	152.05	2.32	53.46	64.27	20473.02	47.40	1531.37	2262.92	7.30
	新洲区	95.90	107.90	2.18	350.0	196.44	4.08	48.55	76.35	17880.74	42.50	1138.47	842.47	7.81
黄石市	阳新县	96.51	103.92	6.69	398.5	100.76	1.87	50.61	85.07	13409.58	48.59	1117.62	1963.99	4.63
	大冶市	96.55	239.74	3.81	338.7	70.40	1.88	49.83	84.46	16462.30	48.24	975.10	3292.80	7.99
十堰市	郧县	90.89	102.74	5.87	256.2	87.30	2.45	49.44	81.61	6732.67	52.19	492.76	301.28	7.16
	郧西县	94.00	166.22	5.33	244.3	126.16	4.19	54.39	74.86	9972.06	52.84	616.79	418.20	6.23
	竹山县	85.77	185.59	6.69	345.4	118.07	3.38	48.78	102.83	9594.29	51.00	687.80	400.85	4.76
	竹溪县	88.46	72.96	5.08	363.6	102.20	3.16	50.31	81.40	12302.99	51.15	1824.17	319.00	5.74
	房县	92.33	101.35	6.58	357.5	84.81	2.52	56.30	85.66	10264.23	53.41	1374.22	393.29	5.36
	丹江口市	94.10	261.44	7.33	402.4	423.13	14.60	52.95	79.62	10994.60	48.30	1238.52	606.31	9.99
宜昌市	夷陵区	97.05	385.46	7.10	283.1	103.94	2.85	56.22	81.36	17395.78	38.50	2065.76	773.85	9.87
	远安县	92.97	117.63	6.86	513.4	206.08	14.11	58.94	65.36	18688.24	44.63	1573.11	533.40	14.90
	兴山县	91.26	128.23	7.84	305.7	601.73	31.95	60.39	95.75	12564.94	46.30	997.77	576.64	6.02
	秭归县	95.38	259.50	6.45	292.3	162.19	5.63	58.87	117.81	7120.27	53.62	2162.41	430.38	7.18
	长阳县	93.72	389.78	7.14	475.6	69.83	1.62	59.80	103.57	11606.54	52.70	1040.32	423.70	3.86
	五峰县	91.56	319.34	8.25	342.3	1170.08	44.40	54.52	124.14	11509.02	51.19	182.80	313.51	5.57

续表

市（州、区）	县（市、区）	投入变量				产出变量						环境变量		
		广播电视人口覆盖率/%	人均邮电通信费用/元	乡村畜牧兽医站覆盖率/%	千人拥有卫生技术人员/人	单位服务业增加值对应的农林牧渔业增加值/元	万元农林牧渔服务业增加值对应的农村居民人均纯收入/元	农村人口从业率/%	农村居民人均消费性支出占纯收入的比例/%	人均创造农林牧渔业增加值/元	农村居民恩格尔系数/%	农村人均固定资产投资/元	农村年户均用电量/千瓦时	每公顷耕地农业机械总动力/千瓦
宜昌市	宜都市	94.81	362.64	8.13	372.9	250.84	10.29	57.34	84.37	27346.83	39.70	575.86	703.51	10.58
	当阳市	97.98	117.39	6.33	416.7	831.87	17.84	58.26	81.49	33071.71	43.47	2341.28	1321.02	9.33
	枝江市	98.47	374.25	4.55	252.0	104.08	2.45	57.28	66.34	19330.70	41.58	2453.20	655.11	15.04
	襄阳区	98.62	218.92	2.84	508.6	30.12	0.48	49.48	55.76	13347.09	43.42	1364.14	595.78	9.57
	南漳县	97.45	267.05	3.91	351.7	115.47	2.79	52.52	97.83	17732.35	53.75	661.55	279.08	10.95
	谷城县	94.49	264.14	3.48	491.7	73.69	2.20	42.30	66.52	18648.41	52.99	695.99	386.66	8.36
	保康县	80.24	316.09	4.21	414.6	93.83	3.60	56.89	105.80	12084.09	51.01	1046.21	445.60	10.19
襄樊市	老河口市	99.19	284.14	4.57	414.9	185.69	5.21	58.38	65.26	20129.67	43.40	582.83	453.84	10.57
	枣阳市	97.73	251.07	3.55	293.2	24.16	0.31	52.23	67.38	27005.30	49.57	628.37	737.66	10.11
	宜城市	99.55	314.89	5.62	274.3	171.17	4.73	52.21	69.81	17844.80	43.95	1077.86	732.10	12.85
鄂州市		98.30	346.12	6.33	287.2	736.44	8.89	52.88	66.90	18191.43	50.40	1124.42	1372.22	11.08
荆门市	京山县	94.33	334.99	3.46	315.8	32.53	0.55	49.52	69.32	28196.86	44.29	2162.35	1031.43	11.44
	沙洋县	99.49	266.86	5.20	300.8	46.73	0.71	54.32	100.40	20045.90	46.05	1978.31	1495.10	6.33
	钟祥市	97.44	263.97	3.42	286.9	30.08	0.40	49.65	82.12	21297.92	43.89	1854.14	776.31	15.83
孝感市	孝南区	98.92	833.60	2.71	227.6	38.59	1.38	52.46	66.79	11365.98	44.21	1183.29	818.52	9.34
	孝昌县	96.28	418.48	2.91	254.7	103.47	2.44	47.45	105.61	11059.37	54.01	1229.31	408.01	6.98
	大悟县	94.87	27.21	4.70	246.7	337.76	8.16	53.75	73.64	10840.14	52.84	1414.04	590.02	4.26
	云梦县	97.32	271.64	4.20	258.9	58.82	1.87	61.80	70.07	14083.31	41.12	1357.23	629.85	8.21

续表

市（州、区）	县（市、区）	投入变量				产出变量					环境变量			
		广播电视人口覆盖率/%	人均邮电通信费用/元	乡村畜牧兽医站覆盖率/%	千人拥有卫生技术人员/人	单位服务业增加值对应的农林牧渔业增加值/元	万元农林牧渔服务业增加值对应的农村居民人均纯收入/元	农村人口从业率/%	农村居民人均消费性支出占纯收入的比例/%	人均创造农林牧渔业增加值/元	农村居民恩格尔系数/%	农村人均固定资产投资/元	农村年户均用电量/千瓦时	每公顷耕地农业机械总动力/千瓦
孝感市	应城市	98.99	107.64	4.11	256.0	74.93	1.89	46.69	71.26	21900.60	40.29	1195.92	671.27	6.13
	安陆市	98.33	74.16	4.20	249.5	55.93	1.46	47.83	78.34	18942.15	49.84	1502.45	278.95	8.17
	汉川市	98.19	29.52	4.20	239.6	78.37	1.30	59.34	68.39	14627.35	45.04	728.54	787.60	7.80
荆州市	江陵县	94.88	35.73	5.58	344.2	72.38	2.44	50.87	45.71	15152.45	54.69	820.09	193.70	7.66
	公安县	98.00	287.35	4.89	211.5	87.17	1.45	50.29	82.08	12883.01	50.78	1241.87	831.86	5.60
	监利县	100.00	236.37	2.99	276.0	97.51	1.09	48.54	64.26	15318.84	49.63	857.58	835.69	7.02
	石首市	98.78	333.28	5.05	344.1	78.37	2.26	53.34	82.18	12830.28	50.63	1282.65	678.54	9.55
	洪湖市	94.84	299.87	4.46	288.3	80.89	1.22	54.87	63.68	14713.64	50.20	510.65	1184.42	11.56
	松滋市	97.31	322.53	6.72	267.4	103.03	2.43	54.12	82.14	11311.81	48.51	1018.67	736.19	5.92
黄冈市	黄州区	100.00	1445.62	7.76	826.7	75.42	5.35	49.59	71.98	18257.41	34.28	827.40	2226.88	8.34
	团风县	94.32	233.74	3.47	255.8	47.02	1.92	50.76	83.68	10488.97	44.20	445.01	1288.28	7.52
	红安县	95.63	207.16	3.03	250.7	42.00	0.92	45.91	91.02	12908.04	47.82	470.81	961.83	4.07
	罗田县	95.83	214.90	2.91	271.7	118.03	3.63	55.19	41.43	10324.68	44.04	406.42	613.53	6.13
	英山县	92.43	261.59	3.58	344.9	208.24	4.59	56.59	124.01	18541.05	50.25	2021.14	574.45	9.08
	浠水县	97.93	179.62	2.62	369.6	99.94	1.42	50.37	96.07	16499.88	45.20	636.41	646.85	4.69
	蕲春县	94.16	221.91	2.60	367.0	365.04	6.32	47.81	93.80	12560.06	39.63	839.70	1322.60	5.10
	黄梅县	98.40	90.83	3.30	270.0	12.97	0.23	42.29	86.09	15952.61	45.14	967.01	1086.74	6.85
	麻城市	98.24	170.27	2.52	244.6	64.83	0.69	57.95	117.04	13769.17	49.31	746.54	747.88	4.29
	武穴市	95.69	299.13	3.81	328.5	985.79	17.70	49.87	77.73	19625.63	37.66	970.37	1108.73	5.55

续表

市（州、区）	县（市、区）	投入变量				产出变量					环境变量			
		广播电视人口覆盖率/%	人均邮电通信费用/元	乡村畜牧兽医站覆盖率/%	千人拥有卫生技术人员/人	单位服务业增加值对应的农林牧渔业增加值/元	万元农林牧渔服务业增加值对应的农村居民人均纯收入/元	农村人口从业率/%	农村居民人均消费性支出占纯收入的比例/%	人均创造农林牧渔业增加值/元	农村居民恩格尔系数/%	农村人均固定资产投资/元	农村年户均用电量/千瓦时	每公顷耕地农业机械总动力/千瓦
咸宁市	咸安区	97.48	179.56	10.14	337.1	107.57	3.53	44.90	74.87	14288.65	42.40	949.73	487.76	6.46
	嘉鱼县	95.00	256.42	10.13	290.0	97.77	2.71	47.19	55.21	31100.49	42.21	1262.67	1262.40	8.04
	通城县	81.56	275.85	6.59	296.7	91.45	3.14	47.58	85.34	17715.28	44.58	1233.64	503.83	8.72
	崇阳县	94.15	253.51	6.45	421.4	80.54	2.74	47.74	92.41	13574.94	51.31	1510.40	489.02	5.55
咸宁市	通山县	92.03	349.18	6.49	391.0	103.67	4.60	48.45	84.78	11159.20	55.40	1329.86	533.07	7.39
	赤壁市	98.45	554.38	9.15	441.2	82.46	2.69	41.49	76.62	27464.99	39.50	1095.77	765.39	9.71
随州市	曾都区	96.66	130.37	5.30	75.6	34.02	0.41	52.05	69.81	20912.46	42.98	239.77	592.20	12.31
	广水市	97.73	251.96	4.57	520.1	120.42	2.18	49.56	84.12	13458.18	48.60	507.36	409.11	6.55
恩施土家族苗族自治州	恩施市	92.87	311.73	9.30	562.1	175.20	2.71	51.16	122.17	9740.45	49.50	439.94	343.42	4.55
	利川市	95.71	61.20	2.46	289.2	302.91	4.02	51.56	96.05	9823.54	51.70	377.24	278.54	3.42
	建始县	94.10	246.18	2.54	219.7	52.95	1.18	57.95	85.33	8414.92	54.62	322.73	332.62	5.57
	巴东县	97.40	309.49	2.54	275.1	207.39	4.73	54.97	101.51	7277.94	54.78	227.43	383.28	6.40
	宣恩县	93.15	221.27	3.23	338.5	94.42	2.71	52.49	102.51	9588.58	51.20	153.75	321.74	5.75
	咸丰县	95.97	264.36	4.18	283.5	97.91	2.51	63.80	91.87	10569.07	60.38	650.26	296.84	5.65
	来凤县	96.07	269.15	4.32	370.5	188.76	6.78	62.69	98.30	9400.40	61.90	777.69	267.07	5.46
	鹤峰县	92.86	331.97	4.39	285.1	133.60	6.10	53.45	87.37	9407.90	53.44	445.01	449.84	12.37
省直管单位	仙桃市	99.65	362.04	7.20	192.8	47.32	0.57	55.76	53.48	15938.12	43.50	992.23	1304.54	11.01
	潜江市	100.00	339.09	6.10	570.6	45.35	0.64	44.66	65.08	24467.79	44.64	1486.12	997.26	10.91
	天门市	97.55	231.36	3.18	258.4	53.22	0.55	42.53	79.14	17714.75	42.70	820.85	561.10	10.33
神农架林区		64.33	442.60	12.12	441.3	55.23	15.56	56.88	94.23	7932.89	48.50	2279.26	636.09	9.69

资料来源：根据《湖北省农村统计年鉴2011》《湖北省统计年鉴2011》《中国县（市）社会经济统计年鉴2011》、2011年湖北省市、州、区国民经济与社会发展统计公报、2011年湖北省广播电视统计快报等的原始数据整理而得。